ラーメン最新技術

人気店の素材選び、味の構成、技と工夫

旭屋出版

CONTENTS

ラーメン最新技術

～人気店の素材選び、味の構成、技と工夫～

●本書に掲載している内容には、2014年発行の旭屋出版MOOK「ラーメン店繁盛ブック第14集」に掲載した記事を再編集したものも含まれています。
●各店の営業時間、定休日などのショップデータおよびメニューの値段、メニュー名、器、盛り付けなどは、2015年4月現在のものです。
●掲載している作り方、材料は、2015年の取材時のものです。各店とも材料や作り方、盛り付け、付け合せなどは日々進化を目指していますので、各店にとって改良途中の作り方であることをご理解ください。
●材料の呼び名、使用する道具・機器の名称は、各店での呼称に準じているところもあります。
●加熱時間、加熱温度などは、各店で使用している機器を使った場合のものです。

●大阪・高津

らーめんstyle JUNK STORY

店主 井川真宏

「食の楽しみ」を提供することをモットーに、2010年6月に『らーめんstyle JUNK STORY』をオープン。2013年5月には、魚介白湯専門の『麺と心 7』を阿倍野にオープン。2015年5月には千日前に辛口味噌肉そばの『ひるドラ』をオープン。

塩のキラメキ
926円（税込）

大山鶏のモモ肉とムネ肉のタタキ、砂肝のコンフィがのる。スープは、鶏ミンチ、鮮魚のスープと魚介スープのWスープ。2015年5月にスープと麺とトッピングをリニューアルした。見た目と味のワンポイントとして、ラズベリーのクランチを飾った。

「塩」の注文が９割。９席で週末は270杯を売る大人気店

塩ラーメンの人気店として、2010年のオープン以来、行列が絶えない。9席の小規模店ながら、平日で180杯、土曜日・日曜日は270杯を売っている。女性客も多く、近年は外国人のお客も多い。

醤油ラーメンもメニューに加えているが、注文の９割は塩ラーメン、塩つけ麺だ。店主の井川真宏さんが一貫して追求しているのは、「特長のあるラーメン」。それは、「他の店にはない味」。『ジャンクストーリー』でしか味わえないラーメンを通じて、「食に楽しみ」を提供することをコンセプトにして守り続けてきた。

大山鶏ムネ肉とモモ肉のタタキ、豚肩ロースのレアチャーシュー、魚介の香味油、国内小麦とデュラムセモリナ粉と焙煎胚芽を配合した、しなやかでハリのある自家製麺。スープも麺も具材も、独創的で、開店当初から行列を呼んだ。

シンプルな「塩らーめん」(税込720円)より、地鶏のタタキがのった「塩のキラメキ」(税込926円)や、地鶏のタタキとレアチャーシューがのった「塩のトキメキ」(税込1183円)のほうが断然売れることからも、「ジャンクストーリーの特長」を楽しみたくて来店するお客が多いことがわかる。客単価も1000円を超える。

2013年には阿倍野に『麺と心　7』を出店。「魚介白湯専門」という全国で唯一のジャンルで開業した。季節の魚介を使う限定麺も評判が高い。2015年５月には、「辛口味噌肉そば」の専門店を日本橋に開業。「他にはないラーメン」での挑戦をし続けている。

2015年の5月には、『ジャンクストーリー』の看板メニューである塩ラーメンのスープ、トッピングの具材、香味油、麺をリニューアル。丸鶏、鶏皮、鶏頭のスープと魚介スープのWスープだったが、鶏豚ミンチと鮮魚のスープと魚介スープのWスープに変えた。メンマの代わりには砂肝のコンフィをのせた。香味油は鯛煮干し油からホタテ貝柱油に変えた。とくにスープは材料だけでなく圧力鍋も活用して作り方も変えて大幅に改良した。

『ジャンクストーリー』は開業から５年目。「他の店にはない特長」を更新させることで、常連のお客にも、「新たな食の楽しみ」を提供し、前進した。

住所／大阪市中央区高津1-2-11
電話／06-6763-5427
営業時間／月曜日～金曜日11時～14時30分、18時～22時30分、土曜日·日曜日·祝日11時～22時30分
http://warm-heart.co.jp
規模／8.5坪·9席
客単価／1050～1100円

塩つけ麺 926円（税込）

つけ汁は、鶏ミンチと鮮魚スープ150mlに、魚介スープ150mlと塩ダレ、一味唐辛子、みりんを合わせ、たっぷりスタイルで提供。麺は12番の平打ち麺で、200g～300gを同一料金に(写真は300g)。麺の上に海藻麺とラズベリークランチをのせる。

レアチャーシュー丼 411円（税込）

ラーメンのトッピングにも使う豚肩ロースのレアチャーシューを角切りにして丼にした。ご飯が見えないほど盛って、ミニ丼ながら、豪華さを感じられる品に。

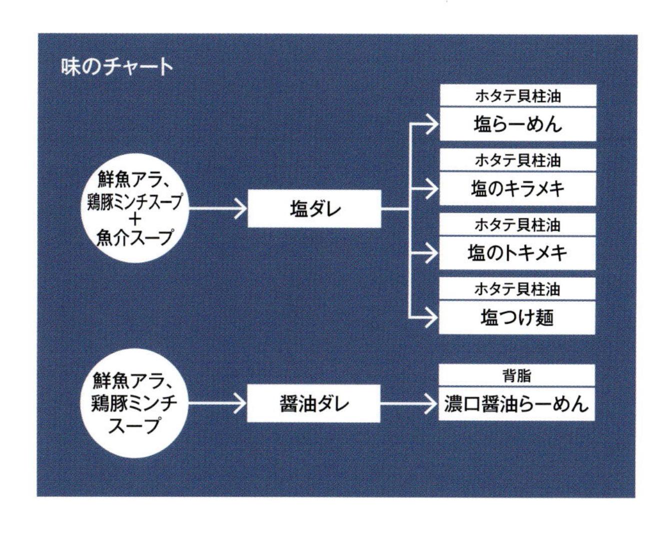

鮮魚アラと鶏ミンチのスープ

【材料】 マグロの骨・頭や鯛のアラなど、利尻昆布、鶏セセリのミンチ、鶏ハラミのミンチ、鶏ムネ肉のミンチ、豚モモ肉のミンチ、鶏節、片口イワシ煮干し、ホタテ貝柱油に使った貝柱、水

1

鮮魚のアラ、利尻昆布、ホタテ貝柱油を作ったあとの貝柱を圧力鍋で炊く。写真は鯛のアラだが、これからはマグロの骨と頭をメインにする予定。

アラは焼いてから炊いたこともあるが、鮮魚の香りを生かしたいので、生のまま炊く。沸いてフタをして圧力がかかってから90分炊く。香りは出したくないので圧力鍋にした。

2

炊いたアラは漉して冷やしておく。ここまでの作業は前日しておき、翌日に仕上げて、その日に仕上げた鮮度のいいスープを提供する。

3

鶏セセリ、鶏ハラミ、鶏ムネ肉、豚モモ肉のミンチを水でほぐす。鶏ムネ肉は皮を除いてミンチにしたもの。

6

15分ほど炊いたら、網ですくい取る。

7

続いて水でといたミンチの残りの半分を入れる。

またミンチが浮いてきたら、中央に穴を開けて弱火にする。ミンチを対流させないで15分炊いたらミンチを網ですくい出す。

8

残りのミンチを入れ、ミンチが浮いてきたら、カタクチ煮干し、鶏節を加える。

魚介スープ

【材料】

鯛煮干し、ウルメ煮干し、片口イワシ煮干し、水

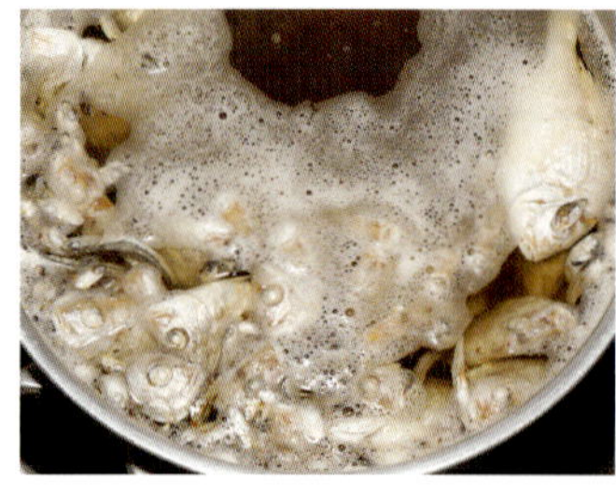

1

鯛煮干し、ウルメ煮干し、片口イワシ煮干しは、ひと晩水に浸けてから弱火で炊く。沸く直前のフツフツした状態から15分炊く。

2

火を止めて、そのまま60分ほど置く。

3

漉して、鮮魚アラと鶏ミンチのスープと合わせて使う。

しっかりとミンチを水にほぐし合わせる。塊が残っているとスープが透明に仕上がらない。

4

漉した鮮魚のアラのスープに、水で溶いたミンチの3分の1を加えて火にかける。

焦げやすいので、かき混ぜながら炊く。

中央に穴

5

ミンチに火が通ると、浮いてくる。浮いてきたら中央に穴を開けて弱火に。ミンチが対流しない火加減で炊く。

煮干しと鶏節を加えたら、アクを取りながら20分ほど炊く。

9

網の上にペーパータオルを置き、そのうえにシノワを置いて漉す。

仕上げたスープは、その日に使う。この鮮魚アラと鶏ミンチのスープ200mlと魚介スープ150mlを手鍋で温めてラーメンに使う。つけ麺のつけ汁は、鮮魚アラと鶏ミンチのスープ150mlに魚介スープ150mlの割合で合わせる。

4種類の挽き肉と鮮魚を使い、旨味をバージョンアップ

2015年5月からリニューアルする前は、魚介スープと鶏スープのWスープだった。鶏スープは、丸鶏、鶏皮、鶏頭、豚足を炊いていた。鶏頭は、鶏らしい香りをプラスできるので使っていた。

リニューアルに際しては、よりだしの旨味の出る挽き肉に着目。鶏セセリのミンチ、鶏ハラミのミンチ、鶏ムネ肉のミンチに、豚モモ肉のミンチを合わせて炊くスープに変更した。部位の違うミンチを合わせることでコクと味わいに深みを持たせた。

ただし、挽き肉だけのスープだとコストが上がる。そこで、鮮魚のアラを活用した。原価を上げないで旨みを上げるのが、今回のリニューアルでは大きなテーマだったという。

マグロの骨、マグロの頭を安定して仕入れられるようにし、また、生魚の匂いを出さないように圧力鍋で炊き、そこに、鶏ミンチを3回に分けて合わせて塩ラーメンによく合う透明度のあるスープに仕上げた。

魚介スープは変えていないが、合わせるスープを鮮魚アラと鶏ミンチのスープに変えて、狙いどおりスープの旨みは高まった。スープを変えたので、香味油は鯛煮干しの香味油からホタテ貝柱の香味油に変えた。また、メンマの代わりに鶏の砂肝のコンフィをトッピングして、鶏肉の味わいを全体に強めた。

地鶏のタタキ

【材料】鶏ムネ肉(大山どり)、大山鶏モモ肉、塩、柚子果汁

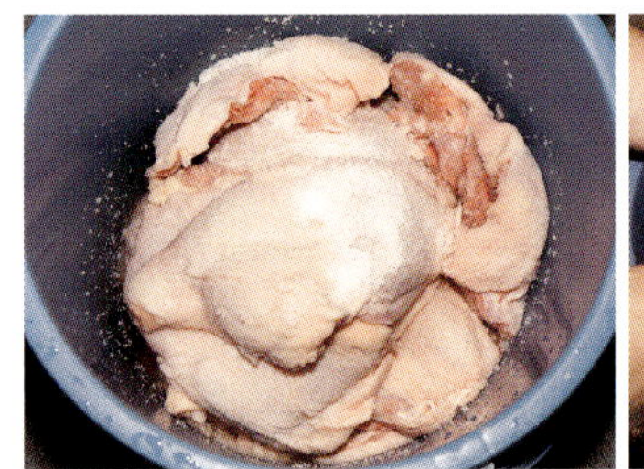

1
ムネ肉は皮を除く。モモ肉は皮付きのまま。両面に強めに塩をする。30分ほど置いて、肉の水分を抜いて旨みを凝縮させる。

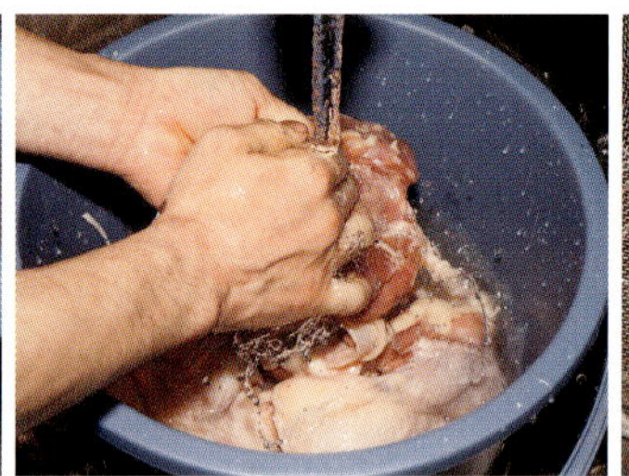

2
さっと水で洗って表面の塩を流す。

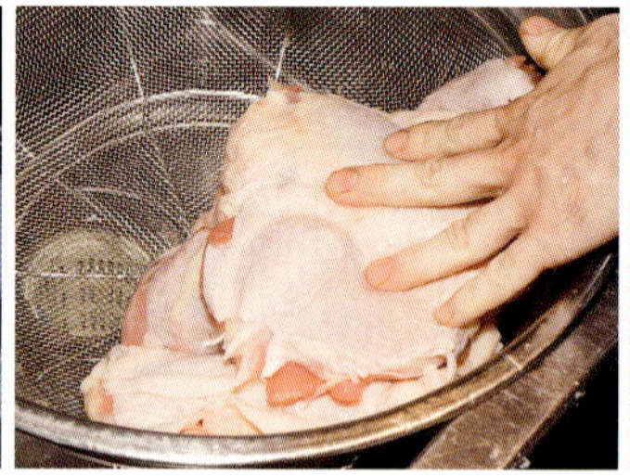

ザルの上にムネ肉、モモ肉を置いて水気を切る。

Point
表面に焦げめ

3
強火で、表面に焦げ目を付けるように焼く。

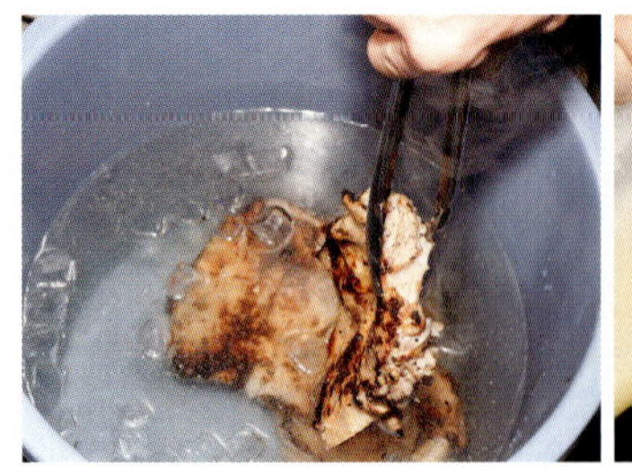

4
中まで火を通さないよう、両面に焦げ目を付けたら氷水に入れて急冷する。60分ほど浸けて塩抜きもする。

5
柚子果汁100%の絞り汁(徳島産)を薄めたものを用意。

柚子汁に半日浸けてカットして盛り付ける。

砂肝のコンフィ

【材料】

砂肝、匠鶏(鳥取)の鶏油、黒胡椒、塩

1
砂肝に塩と黒胡椒を振って下味をつける。

手でもみこんで、味を染みこませる。

2
鶏油を火にかける。60℃をキープして90分ほど炊く。

火が通っていることを確認して、油を漉す。鶏油は漉して使う。砂肝のコンフィはひとロサイズに切って盛り付ける。

ホタテ油

【材料】ホタテの干し貝柱、白絞油、ラード、唐辛子

1
干し貝柱、唐辛子を白絞油とラードに入れて弱火にかける。

2
弱火のまま、20分ほど炊く。

漉して、香味油として使う。残った貝柱は、鮮魚のアラと一緒に圧力鍋に入れて炊く。

塩ダレ

塩は、岩塩、ピンク岩塩、海塩を使用。白たまり醤油、日本酒、ハチミツ、バルサミコ酢も加え、煮干し、昆布、干し椎茸、干しエビ、鶏節、貝柱を合わせて旨みを重ねる。1週間ねかせたのち、使っている。

パーツ、パーツを独創的な味づくりで仕上げる

『ジャンクストーリー』は、いわゆるWスープの店ではあるが、そのスープは、鮮魚のアラを圧力鍋で炊いたスープに3つの部位の鶏ミンチと豚ミンチを合わせて取るスープと鯛の煮干しのスープ。鮮魚と鶏ミンチの組み合わせ、圧力鍋で炊く手法、鯛の煮干しをメインにして上品な香りで他の素材を引き立てる組み合わせ――ひとつ一つが独創的だ。

塩ラーメンの圧倒的な人気に影が薄いが、醤油ラーメンの醤油ダレも、ごま油と小麦粉でルウを作り、たまり醤油、赤ワイン、ニンニク、生姜、そして塩ダレを合わせて作る「濃口醤油」の旨みを強く感じられる独創的な味わいだ。

リニューアルに当たり、塩ラーメンにはクランベリーのクランチを飾り、つけ麺には海藻麺を飾った。意外な彩りだけでなく、クランベリーの酸味がスープを引き立てる。見た目だけでは伝わりにくい独創的なスープの内容を、意外な食材でワンポイントで表現した。

開店当初は10席あったが、厨房の作業効率を高めるために一昨年に改装し、席数は9席に減らしたが、提供スピードが上がったので、売れ数は増えたという。これからも「食の楽しみ」をラーメンを通じて提供し続けるために、新しいチャレンジをしていきたいと店主の井川さんは語る。

レアチャーシュー

豚肩ロースを64~65℃を保って2時間40分煮る。肉が熱々のうちに濃口醤油とニンニクと生姜と黒胡椒と水を合わせた専用タレに浸けてひと晩冷蔵する。端のほうは角切りにしてチャーシュー丼にして提供する。

麺

麺は自家製麺。阿倍野の『麺と心 7』の2階で製麺している。9割は国産小麦粉で製麺している。醤油ラーメン用には切り歯12番の太ストレート麺。ともに、焙煎した胚芽を配合し、強強力粉のデュラムセモリナ粉を加えて、しなやかでハリのある、もちっとした麺にしている。つけ麺用には、切り歯12番の平打ち麺を作っている。

●京都・壬生相合町

らーめん セアブラノ神

背脂煮干しそば
750円（税込）

スープの表面を背脂がぎっしりと覆った煮干しラーメン。見た目はこってりしていそうだが、スープ自体は清湯に近く、飲み口は意外なほどあっさりしている。燕三条系ラーメンを意識し、トッピングには生玉ねぎを合わせた。同店では、苦味が少なく、彩りもいい赤玉ねぎを使っている。

店主 中野 貴匡

元々は同じ場所で夜のみの焼き肉店を経営。我流でラーメン作りを覚え、昼のラーメン店を始める。その後、ラーメン店に専念するべく焼き肉店をたたみ、2013年7月に『セアブラノ神』を開店した。

京都初となる燕三条系ラーメンで、新境地を開拓

元々、同じ場所で昼はラーメン店、夜は焼き肉店という二毛作のスタイルをとっていたが、「方向性に迷っていた」と話す店主の中野貴匡さん。当時はいろいろなジャンルのラーメンを提供していたが、遠くからわざわざ店を訪ねてくるお客は皆無だったという。「新しいラーメンを一から考えて、ラーメン専門店として出直そう」。悩んだ末に誕生したのが、背脂と煮干しを使った燕三条系のラーメンだった。「それまで京都には煮干しラーメンを出す店がなかったのですが、背脂ラーメンを食べる文化は定着していたので、狙いどころはあると思いました」。味づくりのために一度店を閉め、3カ月後に、屋号を変えて現在の店をオープン。大量の背脂がぎっしり浮いたラーメンは、開業早々フリークたちの間で瞬く間に話題になった。「京都では初出店となるジャンルのラーメンだったので、店名にもこだわりました」。インパクトのある新しい店名も、相乗効果となって目をひいた。

見た目はいかにもこってりしていそうだが、実は飲んでみると意外なほどあっさりしている同店のスープ。動物系よりも煮干しの風味が強く立っていて、こてこてのビジュアルの印象を覆す“ギャップ”もまた話題になっている。噂を聞きつけて、今では東京から訪ねてくるラーメンファンも少なくない。

同店のラーメンの主役は、大量の背脂とパンチの効いた煮干しだしだが、地元の製麺所「麺屋 棣鄂（ていがく）」から仕入れている麺も個性があっておもしろい。たとえば、つけめん用に仕入れているT字の形状をした「ウィング麺」。麺の表面にくぼみがあるので、どろりとした濃厚なスープとしっかり絡む。ねじれも効いているので、もちもちの部分とぴろぴろとした部分の食感のコントラストも楽しい。他にも、ちぢれ麺を潰したような特殊の形状の平打ち麺「サンダー麺」を新メニュー用に取り入れるなど、話題性に事欠かない。

店があるのは住宅街の一角。近くに繁華街やビジネス街があるわけでもなく、商売をするには決して条件のいい立地とは言えないが、それでも、2013年7月のオープン以来、平日は100杯、週末は140～150杯を安定して売る。中野さん自身が店に立っていることが多く、ラーメンの原価率も28％程度に抑えていることから、利益率は高い。

住所／京都府京都市中京区壬生相合町25-4
電話／075-821-0729
営業時間／11時～15時、18時～22時
定休日／第3日曜日
規模／26坪12席、駐車場2台
客単価／900円

卓上の調味料。ラー油、ニンニク、ポン酢、リンゴ酢を置いていて、お客が好みに合わせて自由に味を変えることができる。

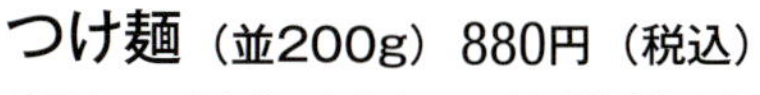

つけ麺（並200g）880円（税込）

韓国産の一味唐辛子や唐辛子、酢などを合わせた濃厚なつけ汁。背脂もたっぷり70g入っている。写真の麺は、断面がT字の形をした特殊な形状のウィング麺。麺の表面にくぼみがあるのでスープとしっかりからむ。

背脂まぜそば（中200g）800円（税込）

豚白湯に醤油ダレ、サバ節とウルメイワシ干しの魚粉。合わせるのは、麺の上にはたっぷりの背脂と食べるラー油がのる。トッピングは角切りチャーシュー、水菜、バラのり、メンマ、味玉。彩りも美しい。麺はラーメン用の太麺を使用。

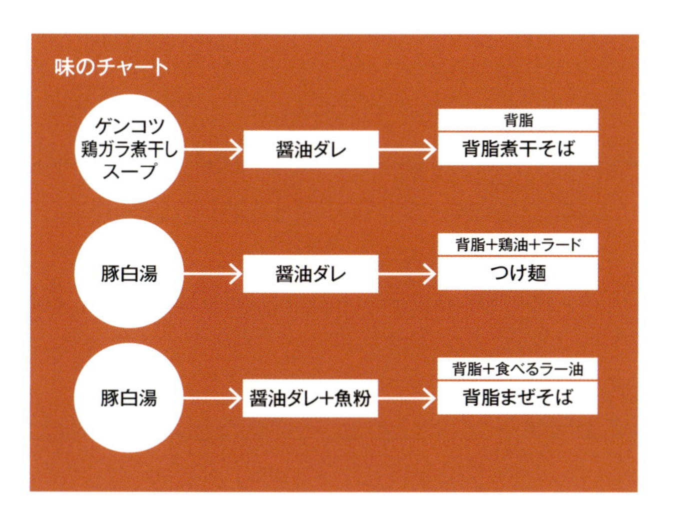

ゲンコツ鶏ガラ煮干しスープ

【材料】長崎産片口イワシ煮干し、九十九里産片口ワシ煮干し、ゲンコツ、大山どりの首付き胴ガラ、水、ねぎ青葉

1日目

Point
下茹でしてから掃除

1
ゲンコツは、金づちで叩いて割っておく。

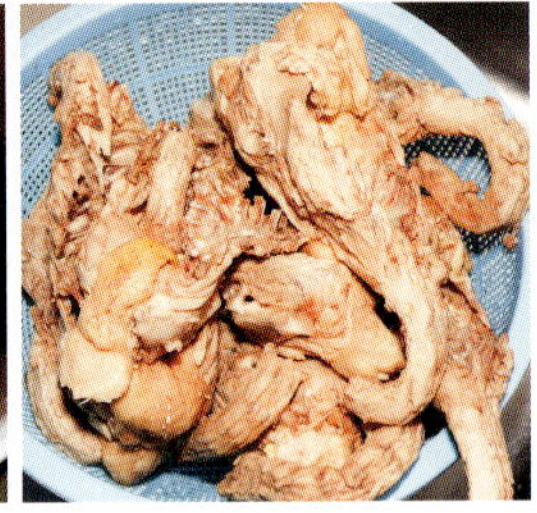

2
大山どりの首付き胴ガラは下処理せずに下茹でし、茹で終わったら流水で内臓の掃除をする。

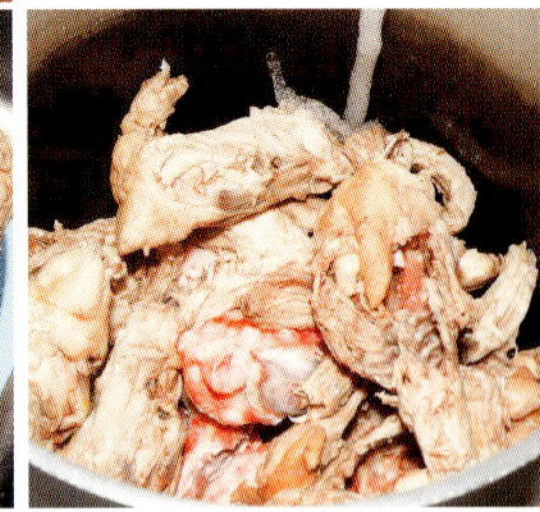

3
寸胴鍋に水を張り、割ったゲンコツと下茹でをして掃除をした大山どりの首付き胴ガラ、長ねぎ青葉を入れて強火にかける。

4
アクはきれいに取り除く。

9
白い泡状のアクが出てくるのできれいにすくい取る。沸騰したら弱火に落として30分炊く。この間、アクが出てきたらこまめに取り除く。

10
火を止め、煮干しを強く押し潰しながら漉す。シノワは目の細かいものを使用する。

11
シンクに氷水を張り、急冷させる。営業時間中は冷蔵庫に入れておき、注文ごとに手鍋で温めて提供する。

豚白湯

【材料】

ゲンコツ、背ガラ、豚皮、水、チャーシュー用肩ロースの茹で汁、背脂の茹で汁

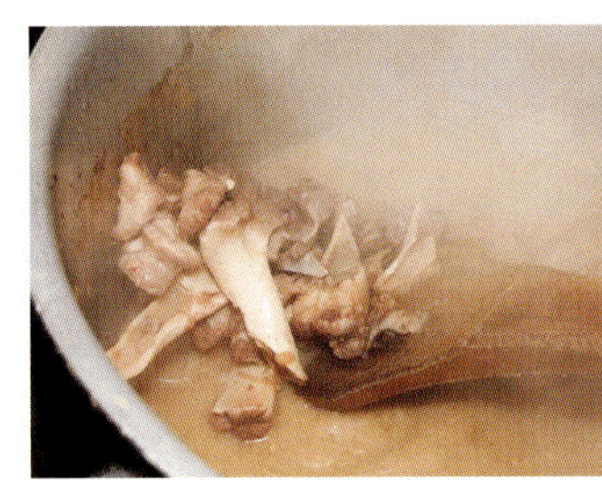

1
寸胴鍋にゲンコツと豚背ガラ、豚皮、水を入れ、焦げ付かないように随時混ぜながら中火~強火で2日間炊く。

Point
豚の煮汁を加える

2
仕込みの途中で出るチャーシュー用肩ロースの茹で汁と背脂の茹で汁を適宜スープに足す。スープの水位を上げては煮詰めて、という作業を繰り返しながら、最終的にBrix14%の状態まで持っていく。

2日目

Point
動物系スープで煮干しを炊く

5
沸騰したら中火～弱火にしてフタをする。スープの温度を110℃くらいにキープしながらそのまま10時間炊く。給水はせず、8割ぐらいまで水位を詰める。

6
翌朝、スープを温め、鶏油を取り除く。昼営業で使う分だけをシノワを使って漉す。

7
2種類の片口イワシ煮干しは、一晩かけて水出しをしておく。

8
一晩水出しした煮干しと動物系スープを1対1の割合で合わせて、強火にかける。

苦味とエグミを効かせた煮干しが主役のスープ

動物系スープのゲンコツと首付き胴ガラの比率は1対1。ゲンコツは膝の関節がつながったものを使っている。特に指定をしているわけではないが、関節まわりにほどよく肉が付いているため、骨だけで炊いたものよりも、結果的に旨味のあるスープに仕上がった。首付き胴ガラを下茹でするのは、下処理がしやすいという理由もあるが、一番はスープに鶏油が染み出さないようにするため。同店のスープにはたっぷりの背脂を使うため、余分な油分はいらないと考える。片口イワシ煮干しは大ぶりの長崎県産、やや小ぶりの九十九里産を1対1の割合でブレンド。思うようなだしがとれない時季は、瀬戸内海産のものを併用することもある。求めているのは、大量の背脂にも負けない苦味やエグミのある煮干しスープ。そのため、頭やハラワタなどはあえて取らずに、そのままだしをとっている。以前は昆布やシイタケ、サバ節、ウルメ節などを使っていたこともあったが、煮干しの風味が薄まってしまうので、現在は使っていない。スープは、最終的に、一晩水出しした煮干しに動物系スープを合わせて煮出す。動物系スープと煮干し出汁の割合は1対1だが、主役はあくまでも煮干しだし。動物系スープは、スープを下支えするイメージで使っている。

麺

ラーメンの麺は太麺と中太麺から選べる。太麺はオーション80%、内麦20%の割合でブレンドした加水率36%のストレート麺で、分厚い生地を細く切り出す縦切りの手法をとっている。切り歯は18番、太さは4～4.5㎜。中太麺は切り歯16番、加水率28%。つけめんの麺は、昼はT字の断面をしたウィング麺か平打ち麺から選べる。夜は、切り歯10番の極太麺を提供。

醤油ダレ

濃口醤油をベースに鹿児島県産の甘めの醤油をブレンド。牡蠣煮干しやホタテ、片口イワシ煮干しなどを漬けこみながらだしを重ねている。

背脂

【材料】国産豚の腹脂、国産熟成豚の背脂

Point
2段階の硬さに茹でる

1

国産豚の腹脂と国産熟成豚の背脂をブレンドしたものを55分茹で、やわらかめに仕上げる。茹で終わったものは包丁で手切りする。

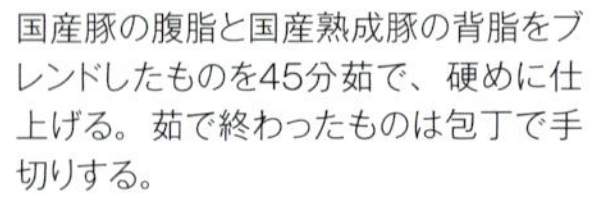

国産豚の腹脂と国産熟成豚の背脂をブレンドしたものを45分茹で、硬めに仕上げる。茹で終わったものは包丁で手切りする。

Point
硬めは細かく

2

硬めに茹でたものはミキサーで細かくミキシングする。

Point
やらかめは大きめ

3

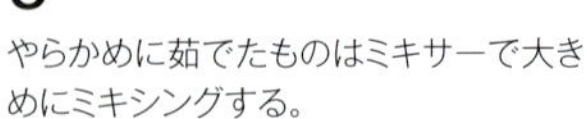

やらかめに茹でたものはミキサーで大きめにミキシングする。

4

硬めに茹でたものとやわらかめに茹でたものをブレンドする。

直火や湯せんにかけると熱で溶けてしまうので、営業時間中は冷蔵庫に入れて使用する。かたまってきたら、茹で麺機の上に置いてほぐす。

硬めとやわらかめに茹でた２種類の食感の背脂をブレンド

店名にもあるとおり、同店の料理には、ラーメンはもちろん、つけめん、まぜそばにも大量の背脂が使われている。１杯の丼に使用する量は、メニューを問わず70g。平ザルでたっぷりすくった背脂が惜しげもなく振りかけられる。しかも、ただ量をたくさん使うだけではなく、材料に国産熟成豚の背脂を使用するこだわりようだ。熟成豚の背脂は、一般的な豚の背脂と比べてコクと旨味があるのが特徴だが、値段が1.5倍近くもするため、原価を調整するために、国産豚の腹脂10に対して３の割合で合わせている。素材による茹で分けはしないが、どちらの脂もかたまりの状態のまま同じ寸胴鍋で茹で、45分と55分のタイミングで、時間をずらして取り出すのがポイントだ。茹で時間を変えることで、45分茹でたものは硬め、55分茹でたものはやわらかめの食感に仕上がる。茹で終わった脂はそれぞれ包丁である程度の大きさに手切りし、硬めに茹でたものは小さく、やわらかめの食感のものは大きめにミキサーでクラッシュする。硬さや大きさの異なる脂を混ぜることで、スープを飲んだ時にいろいろな食感が楽しめる仕組みを考えた。ブレンドする割合は6対４で、大きくカットしたやわらかめの食感のものがやや多めの配合。背脂の存在感がより際立つように工夫している。

チャーシュー

【材料】豚肩ロース、ラード、水、醤油ダレ(醤油２種類、みりんなど)

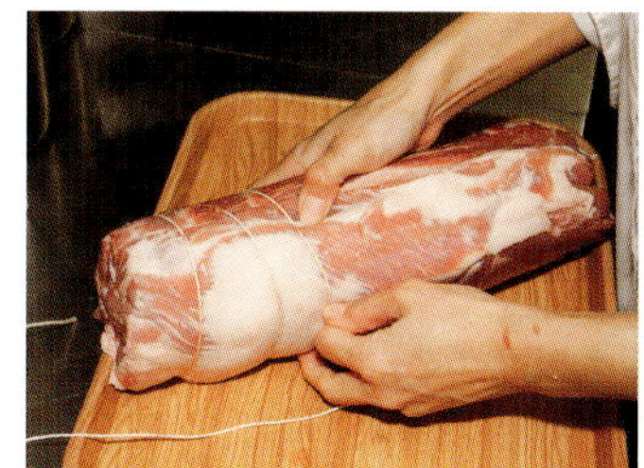

1
豚肩ロースをタコ糸で縛ってチャーシュー用に形成する。

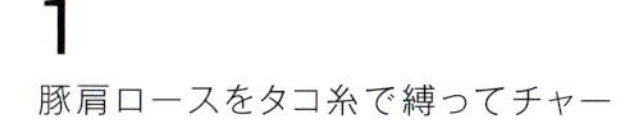

2
中華鍋にラードを入れて熱する。ラードは背脂を取った時に出るものを使用。

肉の表面に焼き目を付けて、肉汁を内側に閉じこめる。

3
水を張った寸胴鍋に豚肩ロースを入れ、弱火で3時間煮る。芯温が60℃を超えると肉が浮いてくるので、63℃になったところで肉を取り出す。

Point
80℃のタレに

4
継ぎ足しで使っている醤油ダレを熱し、80℃に温める。火を止めて豚肩ロースを漬ける。

肉の上に重石をのせて30分間タレに漬けこむ

5
タレから肉を取り出して、粗熱をとる。冷蔵庫に入れて1～2日間寝かす。

Point
隠し包丁を入れる

6
提供の直前にスライサーで厚めにカットする。噛み切りやすいように、肉の片面に隠し包丁を入れる。

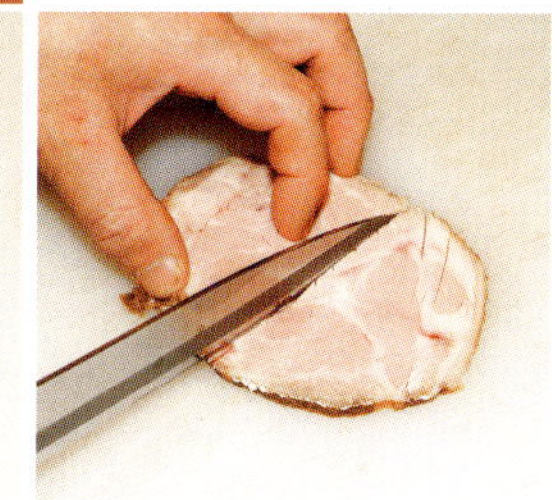

大きいので、食べやすいように半分に切って提供する。

隠し包丁を入れて提供する、しっとりやわらかな低温調理チャーシュー

同店のメニューには背脂が大量に入るので、脂の多い部位をチャーシューに使うとしつこくなりすぎる。そのため、豚バラではなく、ほどよい脂加減の豚肩ロースを選んだ。真空パックなどはせずに、湯の中に肉を直接入れて低温調理する手法をとるため、表面に焼き目を付けて肉汁がしみ出ないように工夫した。芯温が63℃になったら寸胴鍋から取り出し、80℃に温めた醤油ダレに漬けて調味。ただし、味付けが濃いとスープの煮干しの風味をかき消してしまうため、最小限の味付けに留めている。チャーシューは注文ごとにスライス。しっとりやわらかな食感だが、より食べやすいよう、焼き肉店で培った技術を生かして肉の片面に隠し包丁を入れている。チャーシューは分厚くスライスされているが、半分に切って出されるので食べやすい。つけめんやまぜそばを提供する場合は、大きめの角切りにして提供する。

●愛知・春日井

とんこつらーめん ひかり

ど・とんこつ
670円（税込）

20時間炊いた濃厚豚骨スープ。麺は自家製で、切り歯28番の低加水、極細ストレート麺。博多式にならい、粉おとし→ずんだれまで、7段階の茹で加減に対応する。チャーシューは当初はバラ肉だったが、脂身を残す人が多かったので肩ロースに変えた。圧力鍋でチャーシューは炊いて、その炊いたスープは「醤油」のスープに活用する。

住所／愛知県春日井市不二町3-1-13
電話／ 080-4301-5730
営業時間／ 11時30分～14時、18時～23時
定休日／ 水曜日
規模／18坪･24席 駐車場18台

豚骨スープを柱に、幅広い客層に対応するメニュー構成で大人気！

『とんこつらーめん ひかり』は、ウエブのレストランサイトの人気ランキングで、愛知県内でベスト10内をキープしている評判店だ。

7年前の開店当初は苦戦したそうだが、味の改良を繰り返し、また、豚骨ラーメンだけだったメニューを幅広い客層に対応するメニュー内容に変えて客数を伸ばしてきた。現在は、2種類の豚骨スープと、3つのスープで味を展開している。18坪・24席で、平日で130杯。土曜・日曜日は家族連れのお客も多く、170杯売っている。

メニューは増やしたが、一番人気は開店当初からある豚骨スープの「ど・とんこつ」。20時間炊いた濃厚豚骨スープを使用する。タレは、九州の淡口醤油に魚介だしを合わせたもの。麺は加水が17～18%の切り歯28番のストレート麺を合わせている。

この濃厚豚骨スープ3に、魚介スープ7の割合で合わせたのが「ひかりらーめん」。魚介スープは煮干し、宗田カツオ節、ムロアジ節、カツオ節のだし。魚介スープの割合を多くして、あっさりさせた。オープン当初は、この2種類だけのメニュー構成だった。

愛知県下では、豚骨スープは馴染みが薄かったこともあり、当初はヒマな日が多かったという。学生が下宿するアパートが多い立地ではあるために豚骨スープのみで開業したが、住宅も多いので家族連れが大事なお客であることもわかり、年配の人も好むラーメンをと、魚介スープだけの「タンメン」や、炊く時間の短い豚骨スープと野菜・丸鶏のスープを合わせた「び・とんこつ」、肉系スープの昔ながらのラーメンと言える「醤油」を増やした。

豚骨ラーメンの味の幅を広げ、家族連れも利用しやすい構成にして評判を高めるのに成功した。

さらに、毎週、限定ラーメンを提供する販売促進も実行した。豚骨スープを活用したつけ麺や、まぜそばも開発したこともある。また、自家製麺であることを生かし、「ど・とんこつ」、「ひかりらーめん」、「まぜそば」などで麺を作り分けて、ラーメン好きの関心度を高めた。来店客の写真も店内に貼り出すこともした。そうした“話題性”の積み重ねが、学生客にウケて、ネットでの評判も広がり、それが、ウエブサイトの人気ランキングで県内ベスト10内をキープする要因の一つにもなっている。

び・とんこつ
670円（税込）

10時間炊いた若い豚骨スープに、丸鶏と野菜のスープを合わせてあっさり味にした。麺は「ど・とんこつ」と同じ。替え玉は100円。2年前にメニューに加えたメニュー。

醤油 730円（税込）

チャーシューを圧力鍋で炊くときにとれるスープを使う、昔ながらの中華そばをイメージした品。「タンメン」と同じ中加水のストレート中細麺。麺の茹で時間は80秒ほど。

ひかりらーめん
730円（税込）

濃厚豚骨スープ3に、魚介スープ7の割合で合わせたあっさり味。切り歯20番、加水22～23%の手もみの中細麺。生の刻み玉ねぎがのる。このラーメンだけ、チャーシューには、サンマ節を加えた甘辛い醤油ダレをかける。スープに溶けて味が変化するのも楽しめる。

国道からそれた場所に。遠方から車で来る人も多い。近くには、スーパーや飲食店の集合施設もあり、土曜・日曜日は家族客が増える。大学が近くにあって学生も多い。

タンメン 700円（税込）

魚介スープのみで作る。キャベツ、ニラ、人参、玉ねぎと豚ミンチを炒めてスープと合わせる。麺は「醤油」と同じだが、炒め野菜とのバランスで茹で時間は150秒ほどに設定。野菜の上に、ニラとキムチを漬けたものを細かくしてサラダ油で和えたものをアクセントにのせる。

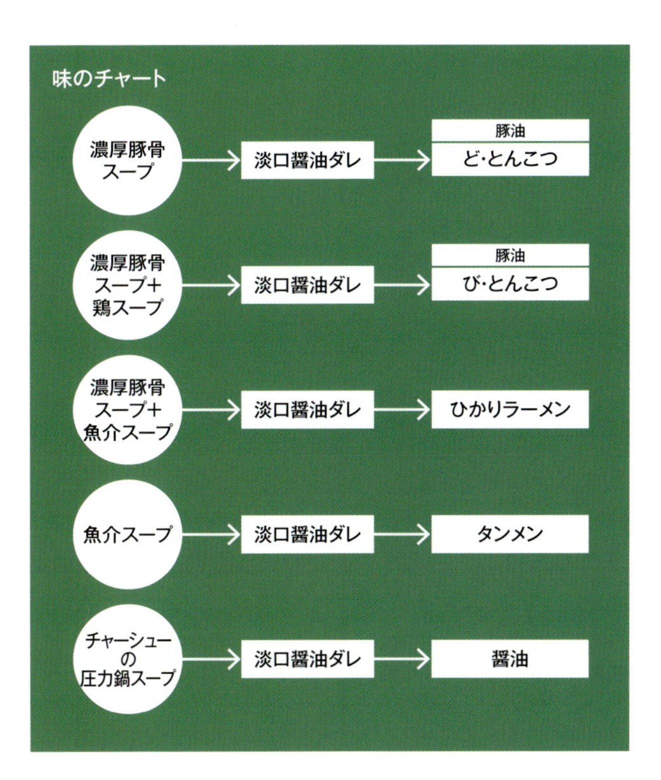

豚骨スープ

【材料】背ガラ、水、鶏挽き肉、ねぎ青葉、生姜、ニンニク、日本酒

前日B寸胴鍋で10時間炊いた豚骨を移して水を足して10時間炊いたのがA寸胴鍋。A寸胴鍋のスープに豚骨を新たに合わせてさらに10時間炊いたのがB寸胴鍋。ともに弱火でフタをして営業時間中炊き続ける途中、混ぜたりアクを取ったりもしない。閉店時に一旦強火で沸かして火を止める。骨が熱を帯びて保温効果が働き、翌朝で70~80℃になっている。

1

翌朝、B寸胴鍋に点火する前に、上に固まっている脂を除く。固まっているのは、脂とアクが固まったもの。この脂は捨てて、点火する。

2

表面の脂を取り出す。この脂は香味油として使う。ねぎや生姜と合わせて炊いて調えたこともあるが、「豚骨のにおい」を生かすためにそのまま香味油として使うようにした。

3

脂を取り出したら、豚骨を混ぜる。このとき、豚骨がどのくらいぼろぼろになっているかと、鍋底で焦げているものがないかを確認する。

7

A寸胴鍋の手前の骨を取り出す。手前の骨は20時間炊いたもので、破棄する。奥の骨は、前日にB寸胴鍋から移した骨。それを手前に移し、そこにB寸胴鍋の骨（手順5）を移す。

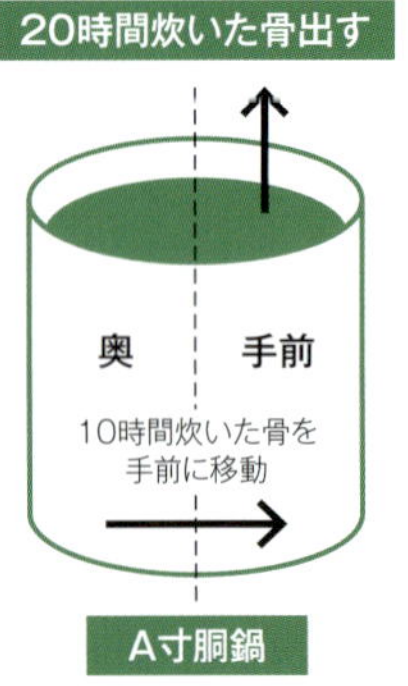

8

営業用の「ど・とんこつ」のスープを取り出したB寸胴鍋に、血抜きした骨を足し、A寸胴鍋のスープを足す。A寸胴鍋のスープは「び・とんこつ」用にも分けておく。

11

翌朝、B寸胴鍋は手順1の作業、A寸胴鍋は手順7の作業からスタート。このローテーションを繰り返している。

ゲンコツ、豚頭、背ガラのみで 2種類の豚骨スープに

開店当初は、ゲンコツだけで炊いたり、背ガラだけで炊いたり、配合したり、いろいろ試したという。ここ3年は、作り方は安定している。野菜も鶏ガラも入れないで、豚骨だけを炊く。ゲンコツがメインで、豚頭と背ガラを使用。特徴的なのは、火加減。強火が炊き続けて乳化させる豚骨スープが多い中、最初から弱火を維持して炊いていく。豚骨の下茹でと掃除は丁寧にするが、炊き始めたら混ぜたりアクを取ったりしない。寸胴鍋にフタをしてそのまま弱火で炊く。弱火で炊くことで余分な脂を出す。こうして、濃厚だけどクセは少ない豚骨スープと、その前の若い豚骨スープを時間差で仕上げる。

4

ハンドミキサーで豚骨からはがれた肉片を崩しながらスープに混ぜ込む。こうすることでコッテリ感が増す。

5

骨を出す。この骨は、A寸胴に移して（手順9）、水を足して炊く。骨を半分ほど出してから、もう一度、ハンドミキサーで混ぜ込む。

6

B寸胴鍋からスープを100杯分ほど出す。これが営業用の「ど・とんこつ」のスープになる。常温で置いて、営業中は注文ごとに手鍋で温めながら使う。

9

B寸胴鍋から出した骨をA寸胴鍋の奥に入れる。水を足して点火する。

10

A寸胴鍋、B寸胴鍋、ともにフタをして点火。沸いたら弱火にして炊き続ける。ここまでを毎朝、営業時間前に終える。営業時間中は、混ぜたり、アクを取ったりせず、このままの状態。

営業用のスープ

濃厚な「ど・とんこつ」のスープは、火にかけておくと分離するので、常温で置いて、注文ごとに手鍋で温めて使う。

「び・とんこつ」のスープはB寸胴鍋で10時間炊いた骨と水で10時間炊いた“若い”スープなのでハンドミキサーで乳化させてから使う。

豚骨スープの作り方

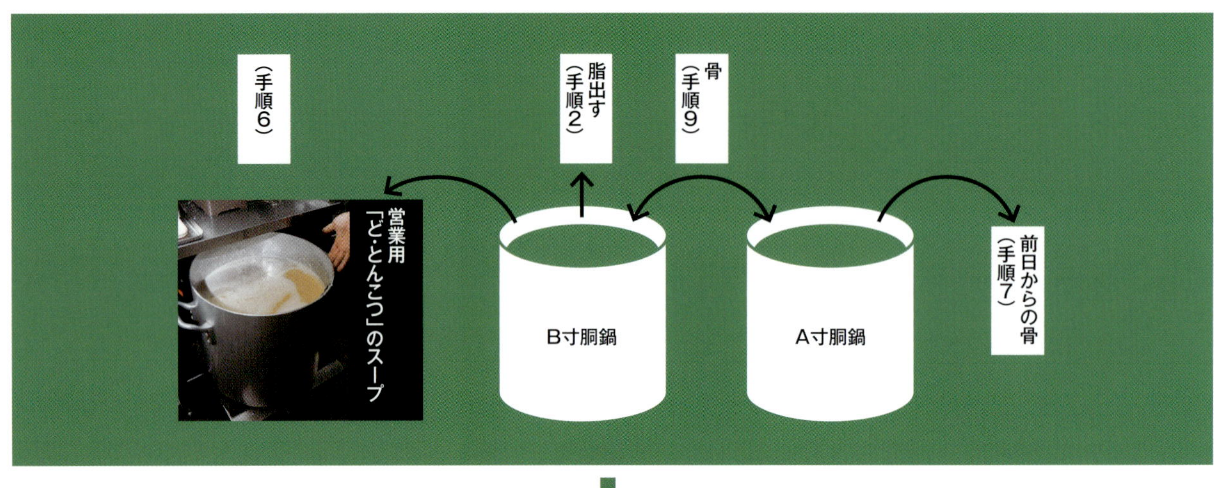

「ぴ・とんこつ」のスープはB寸胴鍋で10時間炊いた骨と水で10時間炊いた〝若い〟スープなのでハンドミキサーで乳化させてから使う。

限定ラーメン

定休日前の火曜日に来店してもらうように始めた限定ラーメンの写真を張り出してきた。これも壁一面になろうとして、楽しいムードを盛り上げている。

「楽しい&おいしい」を感じてもらう売り方で

おいしさを追求して開業してから3年間は試行錯誤の連続だったという。さらに、店を楽しくすることも、いろいろ実行してきた。

苦戦していた当初、店に愛着を持ってもらおうと、何度か来てくれているお客に声をかけ、写真を撮らせてもらって壁に張り出した。今では壁一面、写真で埋まり、"味"を出している。

学生も多い地区なので、つけ麺を出したときには、麺を2倍(240ｇ)にしても同じ料金に設定した。「ど・とんこつ」と同じ極細ストレート麺を使い、茹で時間は100秒ほど。冷水で洗い、氷の上に盛り付けて提供して山盛り状態をよりアピールする提供法で話題を呼んだ。また、ご飯と生卵も付けて、食べ終えたら、ご飯に卵をかけ、つけ汁で味付けして卵かけご飯にできるようにした。

また、以前出したまぜそばは、タレは塩ダレとごまペーストを合わせたもの。すりごま、九条ねぎ、メンマ、玉ねぎスライスのマヨネーズ和え、煮玉子、豚肉と玉ねぎの甜麺醤炒めがトッピング。麺は切り歯18番の太麺。まぜそばには、ご飯かパンを付けた。途中でパンにさんで焼きそばパンならぬ担々麺ドッグで味わえるという趣向が喜ばれた。

店内には、紅生姜、高菜漬け、爆辛醤(ニラとキムチを漬けたもの)、おろしニンニクを置くコーナーを設けて食べ放題にした。いろいろな楽しい食べ方で、満腹度も満足度を高める売り方が、評判を維持するパワーにもなっている。

麺

麺は自家製麺。スープに合わせて4種類の麺を使っている。つけ麺では2玉(240g)でも同じ料金で提供。

薬味

YAKUMI　BARと表記したコーナーを券売機の横に。高菜漬け、紅生姜、おろしニンニク、ニラとキムチ漬けを食べ放題に。替え玉をして、味変えとして加える人も多い。

香味油

表面の脂を取り出す。この脂は香味油として使う。ねぎや生姜と合わせて炊いて調えたこともあるが、「豚骨のにおい」を生かすためにそのまま香味油として使うようにした。

●長野・長野市

麺道 麒麟児

中華そば
700円（税込）

鶏の旨味が凝縮された濃厚な清湯に、魚介のだしを効かせた醤油ダレを合わせている。ビールに合うラーメンをイメージして作られた。トッピングには、豚肩ロースと鶏ムネ肉の低温調理チャーシューが2種類のる。

店主 星 博仁

燕三条系の背脂煮干しラーメンの店で14年修行後、独立。モットーは、いかに効率よくクオリティの高いものを作るかどうか。工程を複雑にするとブレが生じるため、合理的な手順を追求している。

クオリティの高いラーメンを効率よく提供し、繁盛店に

元々は燕三条系のラーメン店で修業していた店主の星博仁さん。「スープを残して帰る人も多かったことから、自分の店では、好き嫌いの分かれる豚ではなく、鶏のスープで個性を出そうと思いました。いろいろな材料を使わなくても、しっかり量を使えば、鶏だけでも重厚感は出せると思っています。たとえば1kg 1000円の煮干しを使うなら、鶏ガラ10kgを使った方がいいんじゃないかな、と。原価が安くても、ひとつの材料を集中して使った方が、おいしさが伝わりやすいと、私は思います」。グランドメニューは、すべて『鶏』を軸にしたものにこだわった。幅広い客層を狙うため、あっさり系からこってり系まで扱うタイプはさまざま。ただし、安定したクオリティのものを出し続けるには、7種類が限界だと星さんは考えているため、メニューが増えすぎた場合は精査して、それ以上数が増えないように意識している。看板ラーメンは、鶏の旨味を全面に押し出した清湯系の「中華そば」。鶏だけでだしをとっているとは思えないほど深いコクがある。

店をオープンした2011年は、長野でも濃厚ラーメンが台頭していたが、同店は、洗練された今風のあっさり系ラーメンをいち早く打ち出し、ニッチに入り込むことに成功。開業早々、話題を集めた。「苦いくらい煮干しが効いているようなラーメンは、このあたりでは受け入れられません。長野ではどの店でも出している『味噌ラーメン』もまた、差別化を図るため、うちの店では出さないと決めています」。目指しているのは、インパクトのあるラーメンではなく、万人受けするような平均値の味づくり。「6～7割のお客様が満足してくれればいい」と話すが、売り上げは右肩上がりだ。

以前はJR長野駅から徒歩圏内の場所に14坪12席の店を構えていたが、40坪32席の現在の店舗に移転してからは、平均130杯から200杯ほどまで売り上げが伸びた。「注文から10分以内の提供を目指しているため、主力メニューで使用する麺は、茹で時間1分のものを使っています」。餃子は注文ごとに焼くと通常15～16分かかるが、あらかじめ7～8分焼いておくことで、ラーメンと同じタイミングで提供できるよう工夫もしている。「提供時間を短くすることで回転率を上げるよう意識しています」。平日の回転率は平均7回。週末は10～12回転するため、300杯ほどを売る。

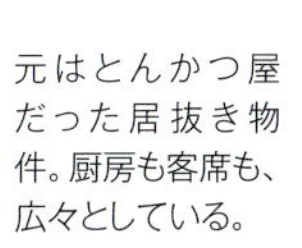

元はとんかつ屋だった居抜き物件。厨房も客席も、広々としている。

住所／長野県長野市川中島町原657-4
電話／026-214-2985
営業時間／11時～14時20分LO、18時～20時50分LO
定休日／月曜日
規模／40坪32席、駐車場12台
客単価／960円

鶏炊きそば750円（税込）

スープは、中濃鶏白湯に醤油ダレ、鶏油を合わせたもの。タレに合わせて、醤油味でローストした照り焼き風の鶏モモ肉チャーシューを使っている。メンマの他に、刻みねぎ、玉ねぎのみじん切り、青ねぎがのる。

つけそば（鶏搾り）
850円（税込）

丼に特濃鶏白湯と専用の醤油ダレ、鶏油を合わせ、三温糖と韓国産一味唐辛子、柚子を入れて200Wで1分レンジアップ。チャーシューは塩味の鶏モモローストを使用。割りスープは鶏清湯をポットに入れて提供している。

焼豚そば
850円（税込）

2014年6月から発売しているチャーシューメン。チャーシューメンはラーメンの花形なので、メンマなどの余計なトッピングはせずに、チャーシューとねぎのみをのせている。脂の融点が低い「信州米豚」の豚バラチャーシューを使用。（現在は販売休止中、2015年秋口に再開予定）

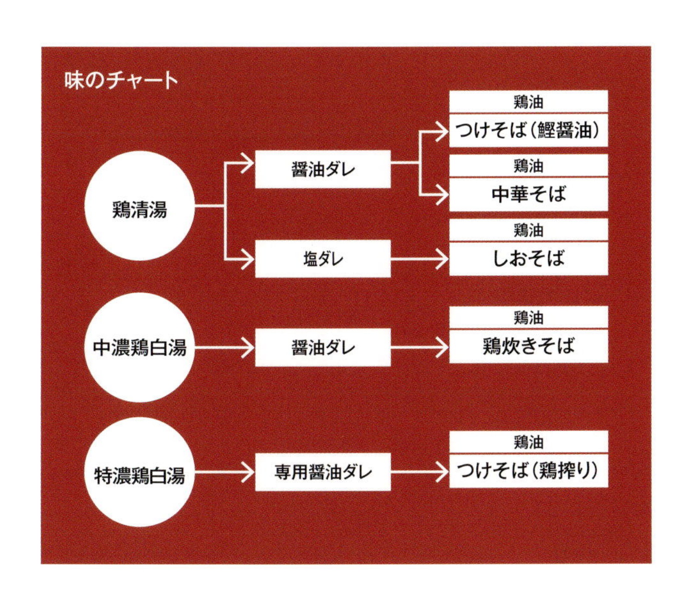

タレ類

塩ダレ

精製塩に昆布と貝類のだし、うま味調味料を合わせて作る。しおそばで使用。

醤油ダレ

塩ダレ1に対し、濃口醤油（2種類）を2の割合でブレンドして作る。片口イワシ煮干しやカツオ節、シイタケ、みりん、砂糖を入れて火入れしている。中濃鶏白湯を使った鶏炊きそばとあっさり系つけめん・つけそばで使用。

つけそば用の醤油ダレ

醤油ダレ1に対してさらに塩ダレを1の割合で加えたもの。濃厚つけめん・鶏搾りのみで使用する。

鶏清湯

【材料】鶏の首付き胴ガラ、モミジ、丸鶏、鶏の厚削り節、水（レシピは取材当時のもの）

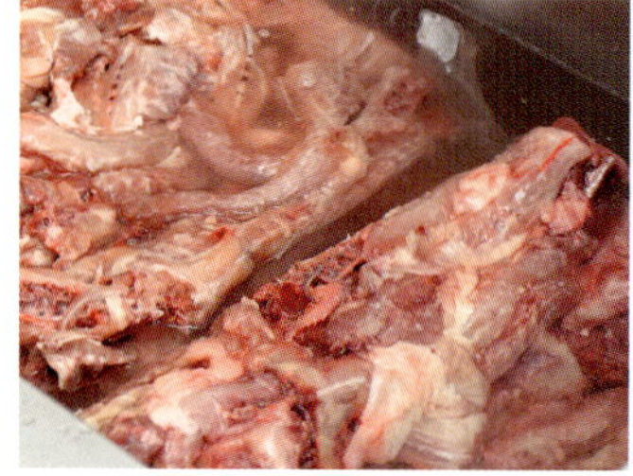

1
ガラ類は水で解凍、モミジは下茹でをしておく。

2
沸騰させた湯に鶏の首付き胴ガラ、丸鶏、モミジの順で入れ、水位調整のために湯を足す。

3
90～95℃の温度を保ちながら、弱火で4時間炊く。途中、スープの表面に浮いたアクと鶏油を取り除く。

4
火を止めて常温で2時間置く。

7
冷水に充てて急冷させ、ひと晩冷蔵庫に入れてねかせる。

8
翌朝、冷やしてなじませておいたスープを火にかけ、鶏節を加えて香りを重ねる。沸騰の直前で火加減を最弱まで落とし、沸かないように1時間ほど火にかける。

営業時間中

営業時間中は最弱火にかけて保温。提供の直前に手鍋で温めて使用する。

中濃鶏白湯

【材料】鶏の首付き胴ガラ、モミジ、水

1日目

1
圧力鍋の中に、ガラを下、モミジを上にして入れる。水は1/3くらいの高さまで入れる。

2
フタをして強火にかける。加圧後は弱火に落とし、2時間30分～3時間炊く。火を止めてそのままひと晩置く。

2日目

3
翌朝フタを開け、水位調整をして沸騰するまで強火にかける。

Point

2つの寸胴鍋に分ける

5

ガラが沈んできたらシノワで漉す。シノワに家庭用の水切りネットを敷くと、小さい肉片もきれいに取れる。

ガラの位置が動かないように静かに手鍋を沈めてスープをすくう。鍋の上の方からすくって漉したものと、下の方からすくって漉したものと2本の寸胴鍋に分ける。

6

2つのスープをいったりきたりさせながら、両方の寸胴鍋のスープが均一の濃度になるよう混ぜ合わせていく。

上澄みと底の方を分けて漉し、最後に均一の味に仕上げる

あっさり系の中華そば、しおそば、つけそばで使用する鶏清湯。ガラ類は、水から炊き始めると夏と冬で温度が違ってくるため、湯を沸騰させてから炊く。こうすることで、年間を通じて均一の味に仕上げることができる。材料を入れてからは90 ～ 95℃の温度を保つように弱火で4時間炊く。沸騰させせないので、水位調整は必要ない。スープを漉す際は、そのまま漉すと上澄みと底の方とでは濃度が異なるので、あえて2つの寸胴鍋に分けて漉し、最終的にスープをいったりきたりさせて同じ濃度、味に仕上げる。スープは冷蔵庫で寝かせてなじませるが、香りが減るため、鶏節でフレッシュな風味を重ねている。

鶏油

全メニュー共通で使用している鶏油。その他の香味油は使っていない。

4

乳化が進んで、スープ表面の脂がなくなったら杭で混ぜる。

5

ひととおり混ぜると焦げやすくなってくるので、外の火から弱めていく。20～30分間混ぜながらガラ類を崩す。スープが焦げ付かないように注意しながら水位、濃度を詰めていく。

6

手鍋で軽く押しながらシノワで漉す。

26ページに続く ⟶

中濃鶏白湯

営業時間中

7
営業時間中は炊飯ジャーに入れて70℃の状態で保温。注文ごとに手鍋で温めて使用する。

圧力鍋を使って効率よく仕込む クセのない濃厚な鶏白湯

鶏の首付き胴ガラとモミジの割合は１対２。野菜や魚介を使うと、劣化が早まり、味もぼやけるのでスープには使用しないと決めている。圧力鍋で調理すると温度が100℃を超えるため、生姜などの臭み消しも不要と考える。１日目は圧力をかけて効率的に素材をやわらかくする日。ひと晩置くことで、さらにやわらかくすることができる。この段階ではまだ非乳化の状態なので、２日目に一気に乳化させる。圧力鍋を使うのは、クセのない濃厚なスープに仕上げるため。「ガス代の節約にもなる上、平炊きするとスープが蒸発するので、焦げるリスクが高まります」。素材がやわらかくなるので、撹拌もしやすく、味もなじむ。

特濃鶏白湯

【材料】漉す前の中濃鶏白湯

1
漉す前の中濃鶏白湯をガラごと別の鍋に移し入れ、バーミックスで撹拌する。

2
手鍋で強く押しながら、搾るようにして漉す。

営業時間中

3
営業時間中は湯煎にかけながら30〜40℃をキープ。タレと合わせた状態でレンジで温めて使用する。

漉す前の状態の中濃鶏白湯を ガラごと撹拌して特濃スープに

濃厚系のつけめん・鶏搾り用の専用スープ。「ラーメンで使用するとスープ量をたくさん必要とする上、残される率も高いので他のメニューでは使いません」。漉す前の段階の中濃鶏白湯を利用することで、効率よく濃度の異なるスープを仕込んでいる。中濃鶏白湯をガラごとバーミックスで撹拌させ、乳化を促進。肉の旨味を抽出する。濃度が高いため、火にかけっぱなしにしておくと焦げ付くので、営業時間中は湯煎にかける。注文ごとに、タレと合わせた状態でレンジアップをして提供する。

チャーシュー

手前左から時計回りに、豚肩ロースの低温調理チャーシュー、鶏モモローストチャーシュー（塩）、鶏モモローストチャーシュー（醤油）、鶏ムネ肉の低温調理チャーシュー、豚バラチャーシュー。ラーメンごとに使い分けている。

5種類のチャーシューを用意し ラーメンごとに使い分け

他店との差別化を図るため、ラーメンごとに5種類のチャーシューを使い分けている。あっさり系の中華そばとしおそばで使用するのは肩ロースと鶏ムネ肉の低温調理チャーシュー。鶏炊きそばには照り焼き風の鶏モモローストチャーシュー（醤油）、つけそばには鶏モモローストチャーシュー（塩）を使用する。オーブンで焼き上げる豚バラチャーシューは焼豚そばのみで使用し、特別感を演出。煮豚はどこの店でも扱っているので、あえて提供していない。

豚肩ロースの低温調理チャーシュー

【材料】豚肩ロース肉、塩水、黒胡椒、乾燥バジル

豚肩ロースは半分に切ってタコ糸で縛っておき、塩分濃度1.4％の塩水に1時間からひと晩漬ける。塩水に漬けるのは、浸透圧でドリップを抜くため。漬け終わったら塩水を洗い流し、黒胡椒と乾燥バジルをまぶして真空パックする。寸胴鍋に湯を沸かしておき、肉を入れて芯温が70℃になったら火を止める。1時間半～2時間置き、最終的に芯温が68℃になったら肉を取り出す。脂身が多い部分を調理する場合はさらに20分湯に漬ける。パックごと冷水に当て、粗熱をとったら冷蔵庫に移し、1日以上ねかせてから使用する。

鶏胸肉の低温調理チャーシュー

【材料】鶏ムネ肉、塩水、白胡椒、食塩

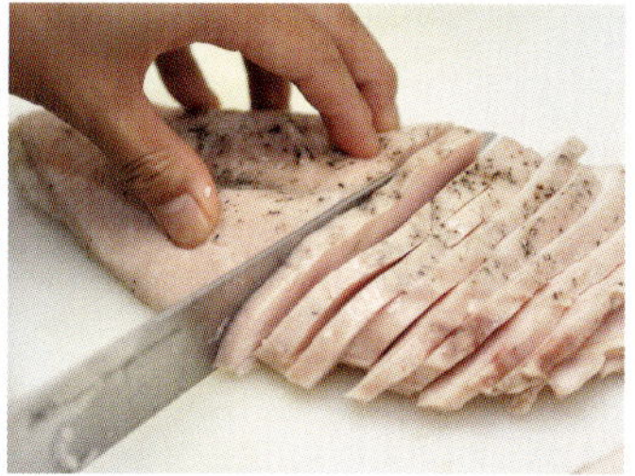

皮を取り除いた鶏ムネ肉を1.4％の塩水に1時間漬け、ドリップを抜いておく。鶏肉を洗い流した後に白胡椒と食塩をふって味付けし、真空パックにする。寸胴鍋に湯を沸かしておき、鶏肉を入れて、芯温72℃をキープしながら40分煮る。真空パックごと冷水に当てて急冷し、粗熱がとれたら冷蔵庫で保存する。1日ねかせて、翌日以降使用する。豚肩ロースの低温調理チャーシューと共に、真空パックを開封しなければ、冷蔵庫に入れた状態で2週間保存することができる。しっとり、やわらかな食感が特徴。

チャーシュー

豚バラチャーシュー

【材料】信州米豚のバラ肉、濃口醤油、みりん、上白糖、水

1
ビニール袋の中に濃口醤油とみりん、上白糖、水を入れて、豚バラチャーシュー専用の漬けこみダレを作る。

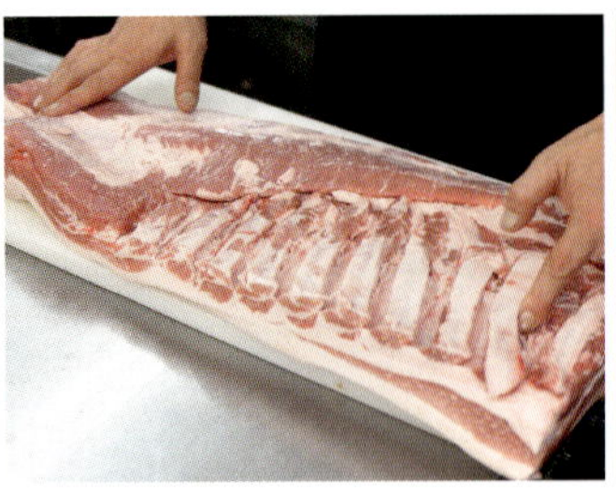

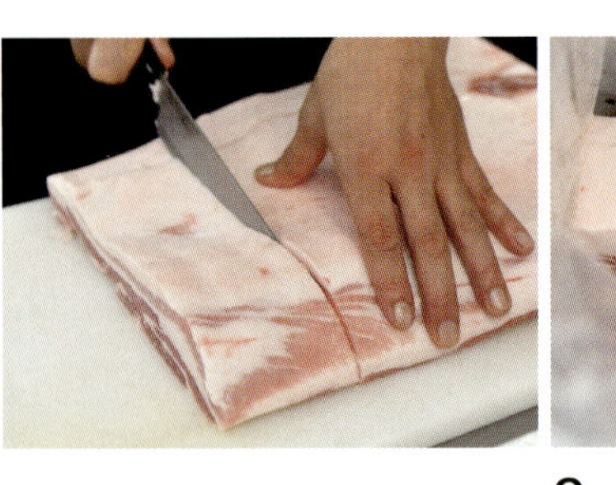

2
豚バラ肉は骨が残っていたら取り除き、10cmの幅にカットする。

3
漬けこみダレを入れたビニールの中にカットした豚バラ肉を入れる。

鶏モモローストチャーシュー（塩）

【材料】鶏モモ肉、塩、白胡椒

1
鶏モモ肉を解凍し、塩、胡椒をふって30分ほど置く。

2
油をひいて210℃に温めておいた餃子焼き器に、皮の部分を下にして入れ、フタをして焼く。

3
餃子焼き器から自動で出た水がすべてなくなったら、鶏モモ肉を裏返して、130℃の設定でさらに2、3分焼く。

小麦粉が溶け出してスープの味がぼやけないよう乾燥卵白を使用

細ストレート麺は、中力粉と強力粉を6対4の割合でブレンドし、乾燥卵白を合わせたもの。味のよさを追求し、小麦粉はそれぞれ北海道産のものにこだわった。乾燥卵白は、熱凝固の働きを利用するために使用。スープに粉が溶け出して、味がぼやけるのを防ぐ目的で使っている。スープにコクがあるので、麺が旨味をしっかり吸うよう、多加水ではなく低下水の麺をセレクトした。麺量は1人前150ｇ。茹で時間は1分に設定している。

太ストレート麺は、中力粉ベースのうどん粉と外麦の強力粉、デュラムセモリナ粉を6対2対2の割合でブレンドしたもの。細ストレート麺と同じ理由で、乾燥卵白も使っている。デュラムセモリナ粉は、かん水と結合しやすく発色がいいので、ビジュアル6、味4の目的で使用。麺量は1人前270ｇ、茹で時間は4分に設定している。

Point

水圧を利用して真空に

4
容器の中に水を入れ、水圧でビニールの中の空気を抜いて口を縛る。この状態で3日間冷蔵庫に入れてタレに漬けこみ、味をしみ込ませる。

5
クッキングシートを敷いたバットに豚バラ肉をのせ、150℃に予熱しておいたオーブンで30分焼く。この時、脂の部分は上にして焼くと、仕上がった時にシートにくっつきにくい。

6
30分経ったら上下段の肉を入れ替え、120℃の温度で70分さらに焼く。

7
粗熱がとれたら冷蔵庫に移し入れ、その日のうちに使い切る。

鶏モモローストのチャーシュー（醤油）

【材料】鶏モモ肉、濃口醤油、みりん、上白糖、水

油をひいて210℃に温めておいた餃子焼き器の上に、鶏モモ肉を皮を下にして入れる。濃口醤油、みりん、上白糖、水を合わせたタレを鉄板に入れ、20分焼きながら味付けをする

麺

メインで使っているラーメン用の細ストレート麺（左）。もちもちとした食感を求めて、中力粉を多めに使用している。加水率は34%、切り歯は24番。つけめん用の太ストレート麺（右）は、デュラムセモリナ粉を使っているので、弾むようなコシがある。加水率は39%、切り歯は16番。

●長野・長野市

拉麺 阿吽

サンマ拉麺
790円（税込）

お客の4割が注文する主力メニュー。半生タイプのサンマ節を使っているため、皮の部分の脂から力強いだしがとれる。相性のよい豚骨スープと組み合わせることで旨味が増し、マイルドな味わいになる。サンマ節の風味がぼやけてしまうため、他のだし素材や香味油は使わない。

個性あふれる多彩なメニューで、老若男女のリピーターを獲得

JR長野駅から徒歩約25分、車の往来の激しい幹線道路沿いに店を構える同店。大通りに面しているため、道路を横断するのに苦労するが、連日多くのお客でにぎわっている。場所柄、車で来店するサラリーマン客が多いが、近くに大学や住宅地があることから、若者から家族連れ、老夫婦まで客層は幅広い。あっさり系から濃厚系まで、さまざまなメニューを扱うのはそのためだ。『何かひとつでもハマる味があれば足を運んでくれるのでは』という想いでいろいろな味を展開しています」と話すのは、店主の岩井将人さん。平日は150～200杯、週末は250～300杯をコンスタントに提供している。

普段のメニューで使用するスープは4種類。仕込みの手間が増える分、ひとつひとつのスープにかかる手間は最小限に収まるよう工夫している。使用頻度の高い豚骨スープこそ2日間かけて仕込むが、1日目はほとんど触ることなく、フタをして豚頭を炊き続ける。他のメニューで使うスープも、工程はいたってシンプルだ。看板メニューのサンマ拉麺で使用する魚介豚骨スープも、前述の豚骨スープをベースにサンマ節のだしを重ねて作ることで作業を簡略化している。あっさり系の鶏スープは、短時間でだしがとれるようミンチ肉を使用。塩甘海老拉麺で使用する甘エビのスープも、乾煎りからだしをとって漉すまで1時間程度と手がかからない。「スタッフに仕込みを任せることもあるので、作り手によってブレが出ないよう極力シンプルな手順、味付けを心掛けています」。いろいろな材料を使えば使うほどスープの味がぼやけていくという考えから、使用する素材もシンプルを貫く。その分、量をたくさん使うことで、他店にはない個性とインパクトを出している。

定休日の月曜日は、屋号を『鶏そば庵 あうん』に変えて営業。普段は出していない「鶏」に特化した別メニューを提供している。「わざわざ月曜日に来店してもらうのだから」と、チャーシューも専用のものを用意するこだわりようだ。2015年4月からは、曜日限定ラーメン（平日のみ・1日30食）の提供を開始。火曜は担々麺、水曜は鯛塩拉麺、木曜は背脂煮干の中華そば、金曜は鶏モモ肉ががっつり1枚のった鶏JIRO DXと、メニューを一層充実させ、さらなるリピーターの獲得に乗り出している。

塩拉麺750円（税込）

鶏ムネ肉と鶏皮のミンチ、アジ煮干しでとった上品なスープを、昆布やアサリのだしを効かせた専用の塩ダレが引き締めている。メンマやチャーシューの味付けが強すぎないので、丼全体で見た時のトータルバランスもよい。

塩甘海老拉麺
730円（税込）

甘エビの頭、殻、味噌でとったスープに、同じく甘エビの頭、殻、味噌でとった香味油を合わせて作る。動物系のだしは一切使わないのに、味に深みがあり、物足りなさがない。限定麺で出したところ、評判が良かったことから、グランドメニューに加わった。

醤油つけ麺（300g）800円（税込）

サンマ節の香り、だしがしっかり効いた力強い魚介豚骨スープを使用。濃度も十分にあるため香味油は使わない。麺はしっかりコシが楽しめる、切り歯12番の太ストレート麺。麺量は並で200g･750円、大盛りは400g･850円。

塩豚骨拉麺780円（税込）

クリーミーな豚骨スープに塩ダレを合わせた濃厚系塩ラーメン。マー油をかけてインパクトを加えている。マー油は玉ねぎがメインのため、甘味が強く苦味はほとんどない。飽きずに食べ進められるよう鶏油も使っている。

鶏澄まし
750円（税込）

1杯につき2.5羽分もの首付き胴ガラを使用した月曜日の限定ラーメン。あっさりしているが、しっかりコクがあり、旨味が濃い。タレは、グランドメニューの塩拉麺で使っているアサリ塩ダレを使用。麺は細麺を合わせている。

濃厚白湯750円（税込）

月曜日限定で提供している鶏白湯。とろりとしていて、まろやかな鶏の旨味が楽しめる。麺は、もちもち、つるつるの中太麺。トッピングには、粗めに挽いた鶏モモ肉の鶏団子や醤油ダレで煮た鶏チャーシューなどがのる。

住所／長野県長野市若里4-15-18
電話／026-225-7781
営業時間／11時30分～15時、17時30分～22時
定休日／無休(月曜日は「鶏そば庵 あうん」として営業)
規模／21坪35席、駐車場11台
客単価／850円
HP／http://masato1010310.naganoblog.jp/

豚骨スープ

【材料】豚頭、首付き鶏胴ガラ、モミジ、豚バラ軟骨、背脂ミンチ、チャーシュー用の豚肩ロース肉、水

1日目

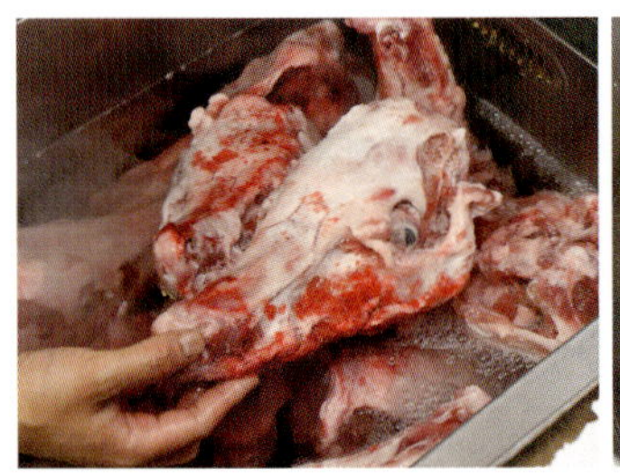

1
熱湯を張ったシンクに豚頭を入れ、40〜50分間漬けて血抜きを行う。

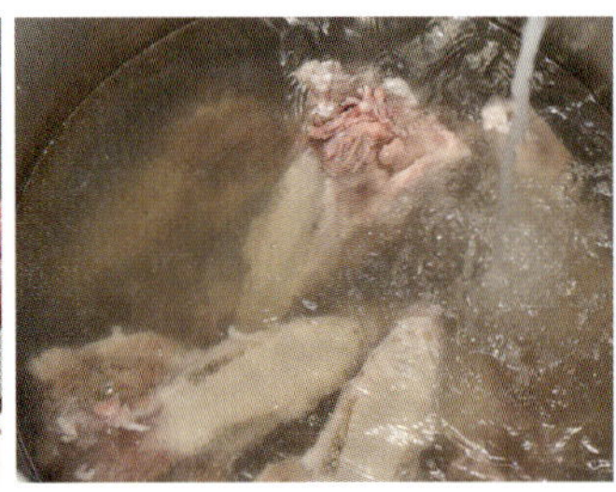

2
血抜きが済んだ豚頭を寸胴鍋に移し入れ、湯を張る。フタをして30分強火にかけて豚頭を下茹でする。

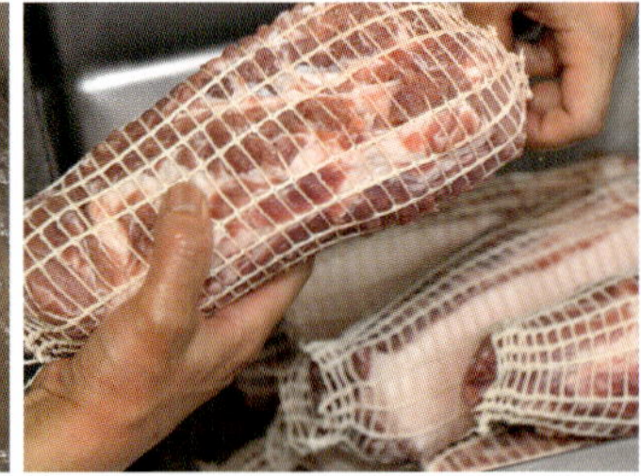

3
豚肩ロースのブロック肉を上下半分にカットし、ネットに入れて、チャーシュー用に形成する。

4
別の寸胴鍋に湯を張り、チャーシュー用の豚肩ロースを強火にかける。

味のチャート

スープ	タレ	香味油	メニュー
豚骨スープ	醤油ダレ	鶏油	醤油豚骨拉麺
	塩ダレ	マー油+鶏油	塩豚骨拉麺
		マー油+鶏油	塩野菜焼拉麺
魚介豚骨スープ	醤油ダレ		サンマ拉麺
			醤油つけ麺
	塩ダレ		塩つけ麺
鶏スープ	アサリ塩ダレ	煮干し油	塩拉麺
	黒たまり醤油ダレ	煮干し油	醤油拉麺
エビスープ	塩ダレ	エビ油	塩甘海老拉麺
鶏澄まし(月曜日限定)	アサリ塩ダレ	鶏油	極濃澄まし
鶏白湯(月曜日限定)	塩ダレ		濃厚白湯

2日目

1
前日のスープを強火にかけ、沸騰してから3時間炊く。3時間経ったら、首付き鶏胴ガラとモミジ、豚バラ軟骨、背脂ミンチを入れる。アクを取り終えたらフタをする。

豚バラ軟骨で肉の旨味を補強
マイルドな味わいの豚骨スープ

意識したのは、なめらかでクリーミーな乳化スープ。1日目は、豚頭を崩すために圧力をかける日と考え、フタをした状態で強火で3時間30分炊く。2日目は、その他の材料を加えて、スープをひとつにまとめあげる日。首付き鶏胴ガラとモミジ、豚バラ軟骨、背脂ミンチを加えて炊いていく。「肉がないと味が出にくい」という考えから、同店では、ゲンコツではなく肉の付いた豚バラ軟骨を使用。軟骨にはコラーゲンが含まれているため、乳化剤としてもひと役買っている。背脂は、溶けやすいよう、効率を考えてミンチ状のものを選択した。途中、炊いたご飯を入れることで、スープの分離を防いでいる。

Point
下茹でをしてから洗う

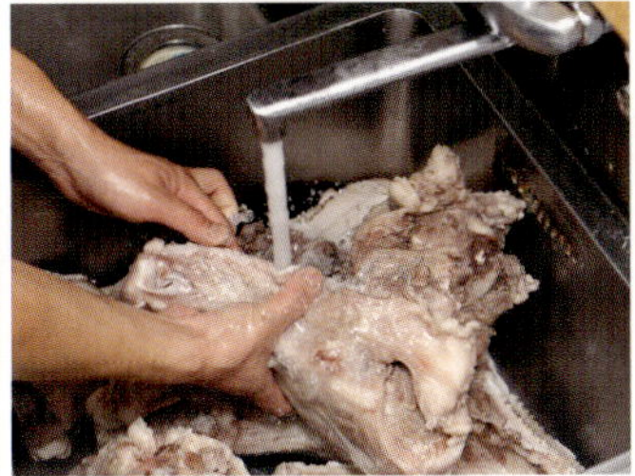
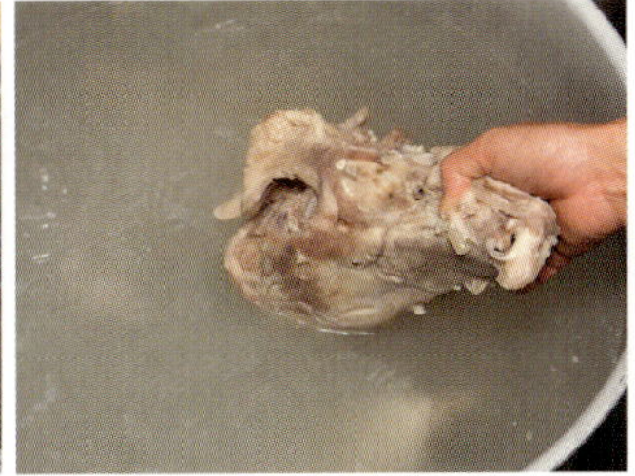

5
豚頭から出る黒いアクは臭みの原因になるので、浮いてきたらきれいにすくい取る。

6
豚頭を入れた寸胴鍋の湯の表面に白いアクと脂が浮いてきたら豚頭を取り出し、流水で表面に付着した汚れを洗い流す。その際、鼻の部分から水を入れると、中に溜まっている汚れをきれいに流すことができる。

7
チャーシュー用の豚肩ロースが入っている寸胴鍋は、軽くアク取りをしておく。そこに、洗った豚頭を入れ、フタをして強火で3時間30分炊く。豚肩ロースは、沸騰してから1時間ほど経ったら取り出す。

Point
豚バラ軟骨を使用

骨だけでは思っているような味が出にくかったため、肉の付いているコラーゲン部位・豚バラ軟骨を使った。

2
3時間半経ったら、骨類を叩いて潰す。鍋底で骨類が焦げ付かないよう、下から持ち上げるようにしながら、随時混ぜる。火は強火の状態を保つ。

Point
炊いたご飯を入れる

3
炊いたご飯をスープの中に入れる。ご飯を入れることでスープにとろみが付く他、時間が経った後もスープが分離しにくくなる。

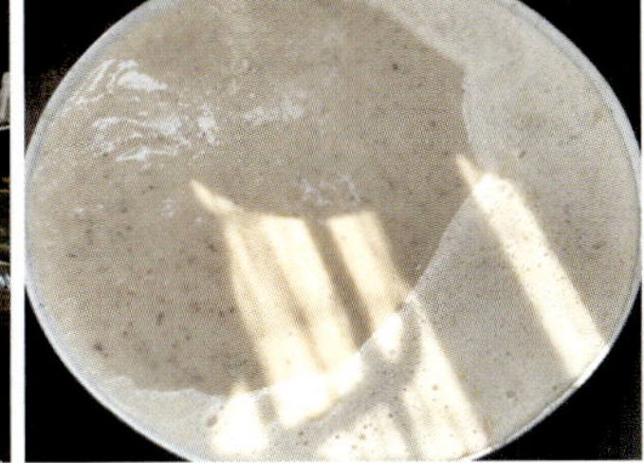

4
寸胴鍋の中身を潰しながら、さらに30分間混ぜ続ける。最後に寸胴鍋の縁ギリギリまで湯を足し、水位調整を行う。

5
シノワでスープを漉す。水位が下がってきたら、強火の状態から少しずつコンロの火を弱めていく。漉し終わったら、同じシノワを使ってもう一度漉す。

6
冷水を張ったシンクに漉し終わったスープを入れて粗熱をとる。冷蔵庫で寝かせて翌日使用する。

魚介豚骨スープ

【材料】豚骨スープ、サンマ節、サンマ節の２番だし

Point

サンマ節の２番だしを加える

1

サンマ節は腹の部分を割って、あらかじめワタを取っておく。温めた豚骨スープにサンマ節と、サンマ節でとった2番だしを入れ、強火にかける。スープが沸いてきたら中火に落とし、コトコト2時間炊く。

2

スープに粘度があるので、シノワを振りながら漉す。

3

冷水を張ったシンクで粗熱をとり、冷蔵庫に入れてねかせて翌日使用する。

サンマ節の２番だし

魚介豚骨スープを炊き終わった後のサンマ節を取り出し、湯を張って再び中火で30分間煮出す。

他のだし素材は使わずに、力強いサンマ節の風味に特化

差別化を図る目的で、他店ではあまり使われていない素材をスープに使おうと考えたが、色物は使いたくなかったのでサンマ節を選んだ。サンマ節は煮込んで干して燻製にしたもの。より力強いだしをとる目的で、完全に乾ききっていない、半生タイプのものを仕入れている。雑味や苦味、エグミもスープに使いたいので、アクは取らない。むしろ、アクを取らないことで、サンマの脂や旨味がスープになじむと考える。試作当初はサンマ節を水出ししたものをスープに使おうとも考えたが、おいしくなかったので、最終的に相性のよかった豚骨スープと組み合わせることで落ち着いた。サンマ節の原価は、950円/1kgほど。いろいろな材料を使うと、せっかくのサンマの味がぼやけてしまうため、他のだし素材は使わない。その代わりに、たくさんの量のサンマ節を使うため、他のメニューに比べて原価率は43%と高めの設定になっている。

鶏スープ

【材料】鶏ムネ肉のミンチ、鶏皮のミンチ、アジ煮干し、水

1
鍋に水を張り、強火にかける。沸騰する前に鶏ムネ肉のミンチと鶏皮のミンチを入れ、固まらないようにかき混ぜる。ミンチがほぐれたらアジ煮干しを入れる。

万人受けする上品な鶏だしに アジ煮干しのインパクトをプラス

「肉の付いていないガラは旨味が弱い」と感じていたことから、「ならば、肉だけでだしをとろう」と考え、ミンチを選択。コストはかかるが、効率よくだしがとれる点が気に入っている。鶏モモ肉は脂と肉をバランスよく併せ持つものの、原価がかかるため、鶏ムネ肉と鶏皮を組み合わせて使うことでコストカット。油分と旨味をカバーすることにも成功した。ファーストインパクトも大事にしたかったので、アジ煮干しも併用。荒々しい風味を生かすべく、あえてワタも頭もとらずに使っている。鶏スープは酸化しやすいため、朝と昼の2回仕込みをし、冷やしてから使用。注文ごとに手鍋で温めて提供している。

2
沸騰したら内側の火を消し、外側だけ弱火の状態にして60分煮る。アクが出てきたらきれいにすくい取る。

3
シノワでスープを漉す。漉し終わったスープの表面に浮いた脂はきれいにすくい取る。

4
酸化しやすいのでシンクで冷水に当てて冷やしてから使用する。スープはその日のうちに使いきる。

エビスープ

【材料】甘エビ(殻・頭・味噌を冷凍したもの)、水

Point
乾煎りしてミキシング

1
解凍した甘エビを30分間強火で乾煎りする。焦げないように炒め続け、水分とアンモニア臭を飛ばす。炒め終わったらなるべく細かくミキシングする。

2
鍋に水を張り、火にかける。沸騰したらミキシングしたエビを入れ、中火でボコボコ沸かしながら30分煮出す。

3
シノワで漉す。

4
冷水を張ったシンクで粗熱をとり、冷蔵庫に移す。劣化が早いので、その日のうちに使いきる。

製麺（中太麺）

【材料】うどん粉、準強力粉、粉末かん水、精製塩、水

1

前日のうちに粉末かん水、精製塩と水を合わせて練り水を作り、冷蔵庫で冷やしておく。うどん粉と準強力粉は製麺機に入れ、30秒空回しをする。

Point
練り水は分けて入れる

2

小麦粉の空回しが終わったら、練り水を7割ほど加え、5分間ミキシングする。残りのかん水を加え、さらに2～3分間ミキシングする。

Point
生地を手でほぐす

3

ふわふわとした感触からさらさらとした感触になるまで生地を手でほぐしながら、さらに5～6分間ミキシングする。撹拌する時間はトータル14分。

4

バラがけを行い、1.5㎜厚の麺帯にする。

6

圧延は2回行う。1回目は2㎜、2回目は1.6㎜の厚さになるように設定している。2回目の圧延の際に打ち粉をする。

Point
生地を休ませる

7

麺帯にビニールをかけ、24℃に設定した製麺室で5分休ませる。

8

切り出しを行う。麺線は乾燥しないよう新聞紙で包んで密閉し、3℃に設定した冷蔵庫で熟成させる。麺は最低1日熟成させてから使用する。

月曜の限定スープ

鶏澄まし

【材料】
首付き鶏胴ガラ、モミジ、水

月曜日限定で販売している「鶏澄まし」専用の鶏清湯。首付き鶏胴ガラとモミジだけを使い、沸騰後は最弱の火加減で、触らず、静かに4時間炊いて作る。鍋の底の部分のスープは濁っているので、透き通った上澄みだけを漉して使用する。18ℓのスープをとるために、50kgのガラ類を使っている。

鶏白湯

【材料】
鶏澄ましのガラ、鶏澄ましの底のスープ、首付き鶏胴ガラ、モミジ、水

月曜日限定で販売している「鶏白湯」専用のスープ。鶏澄まし用のスープを漉した後のガラ類と底の方に溜まった濁ったスープを強火でさらに2時間炊いたものと、同時進行で新しい首付き鶏胴ガラとモミジ、水を加えて強火で2時間炊いたものを、ひとつの寸胴鍋にまとめて、さらに強火で1時間炊いて作る。

5
麺帯を2枚重ね、複合を行う。回数は3回。1回目は1.5㎜、2回目は2㎜、3回目は2.5㎜の厚さに設定している。

最初にできた麺帯の仕上がりが麺のなめらかさに影響する

同店のこだわりは、ミキシングの段階で、とにかく生地をさらさらに仕上げるということ。「生地がボロボロと塊状になるということは、加水率38%以上の多加水麺を除き、水分が均一にまわっていないということです。『さらさらしているけれども、手で握れば固まる』というのが理想の状態」と店主の岩井さんは話す。バラがけをする前にいかにさらさらの状態にできるか、最初の麺帯をいかにきれいに仕上げるかが、麺のなめらかさに大きく関係してくると考える。そのため、水分が均一にまわるよう、練り水は2回に分けて入れ、ダマになっているところがあれば手でほぐしながらミキシングを行っている。

麺

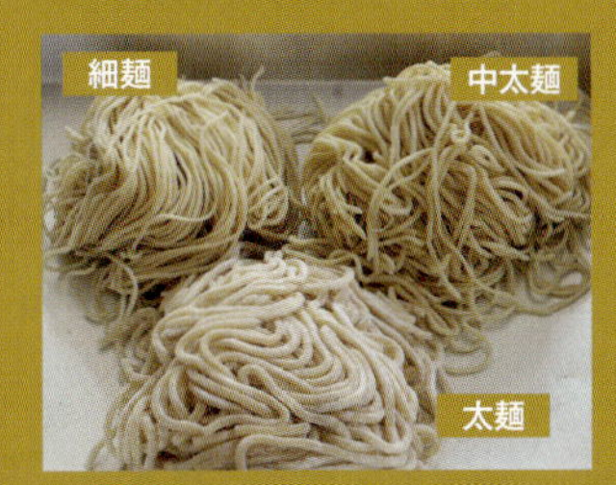

細麺と中太麺は自家製、太麺は製麺屋から仕入れている。細麺は外麦の準強力粉とうどん粉を3対1の割合でブレンドしたもので、もちもち、つるつるとした食感が特徴。中太麺は準強力粉がメインで、うどん粉とは11対1で合わせている。どちらも加水率は35%。共に20番の切り歯を用いるが、細麺は厚さ1㎜、中太麺は厚さ1.6㎜で切り出して、太さを変えている。太麺は加水率37〜38%、切り歯は12番。つけめんで使う場合は茹で時間7分、ラーメンは3分に設定している。

タレ

醤油ダレは醤油豚骨拉麺、サンマ拉麺、醤油つけ麺で使用。濃口醤油にチャーシューを漬けこんだものに昆布とカツオの厚削り節を加えて作る。黒たまり醤油ダレは醤油拉麺で使用。醤油ダレをベースに黒たまり醤油を加えている。塩ダレは塩豚骨拉麺、塩野菜焼き拉麺、塩甘海老拉麺で使用。粗塩、昆布、カツオの厚削り節、魚醤、香味野菜を合わせて作る。アサリ塩ダレは塩拉麺で使用。粗塩に耳昆布にアサリのだしを重ね、玉ねぎ、みりん、料理酒、酢を入れている。値段の安い耳昆布を使う代わりに、大量に使うのがポイント。

香味油

塩豚骨拉麺で使うマー油は、ニンニク300gに対し、玉ねぎ3kgを合わせたもの。ラードと植物油を合わせ、ニンニクはきつね色、玉ねぎは焦げ茶〜黒っぽくなるまで揚げて作る。塩豚骨拉麺や豚骨醤油拉麺などで使う鶏油は、ぼん尻の部分を溶かして作ったもの。スープにインパクトを重ねる意味で使っている。塩甘海老拉麺専用で使うエビ油は、植物油に甘エビ(殻・頭・味噌)を入れて30分煮出して作る。焦げやすいので最弱の火加減で仕込む。煮干し油は、片口イワシ煮干しとサバ節の風味を植物油に重ねたもの。あっさり系のラーメンで使用する。

チャーシュー

【材料】
豚肩ロース肉、醤油ダレ(濃口醤油にチャーシューを漬けこんだ継ぎ足しのもの)

硬すぎず、しっとりとした食感が特徴。肩ロースのブロック肉を上下半分にカットし、ネットに入れて強火で1時間ほど煮たものを、まだ熱いうちに醤油ダレに漬けて作る。重石をのせて1時間置いた後、取り出したチャーシュー肉は冷蔵庫で寝かせて翌日以降使用する。漬けこみ用のタレはラーメンの醤油ダレとしても使うので、濃口醤油以外の調味料は使わない。火入れをしていない濃口醤油にチャーシューを漬けこみ、醤油を継ぎ足して使っている。

メンマ

【材料】
塩漬けの短冊メンマ、ゴマ油、醤油ダレ、オイスターソース、水

塩漬けの短冊メンマをひと晩水に漬けておき、翌朝、水で洗って食べやすい大きさにカット。寸胴鍋に湯を入れてメンマを茹で、沸騰したら湯を捨て、きれいに洗う。この工程を2度繰り返した後、再び水に漬ける。2時間経ったら一度水を取り替えてひと晩置く。翌朝、水切りしたものを中華鍋に入れてゴマ油、醤油ダレ、オイスターソース、湯を加えて強火で炒め煮る。汁が煮詰まるまで約10分炒め、冷蔵庫で半日寝かせてから使用する。

●神奈川・湯河原

らぁ麺屋 飯田商店

店主 飯田将太

2010年3月オープン。その人気は、県下だけでなく、他府県にもおよび、遠方から車で訪れる人も多い。2013年6月には、セカンドブランドの『しあわせ中華そば食堂　にこり』を「飯田商店」近くにオープンした。

醤油らぁ麺 750円（税込）

両立が難しい、コクがあってキレがあるスープを2種類の鶏を使うことで追求。スープを取るときに出る鶏油を香味油として使う。ソミュール液に漬けて低温調理した鶏ムネ肉のチャーシューと、薫煙で仕上げる豚外モモ（シキンボウ）のチャーシューをのせる。

麺、だし、醤油のおいしさで４時間で120杯を売り切る

スープより先に麺を仕上げたという店主の飯田将太さん。飯田さんが麺づくりで重視したのは、喉越しの良さ。なめらかで、するすると食べ進みやすく、だしのきいたスープの味わいを引き立てる麺を追求した。

そうした繊細な味わいの麺づくりのため、あらかじめブレンドされた小麦粉は使わないで、６種類の銘柄の小麦粉を店で配合して製麺している。銘柄ごとの特徴を考え、天候や季節に合わせて１グラム単位で計量して微調整している。

現在は、片岡農園の「はるゆたか」をメインに５種類の小麦粉を使っている。

加水にはスープ同様に逆浸透膜水を使う。「醤油らぁ麺」用の麺は、加水率は水だけの割合で35.5～38%。比内地鶏の全卵も合わせる。切り歯は20番。

「つけ麺」用の麺はそれより若干、加水率は低い。はるゆたか2等粉と全粒粉を加え、見た目の違いも出した。切り歯は18番だが、たとえば、暑くなりそうな日は細めにしたりし、自家製麺だからできる柔軟な対応をしている。

麺はねかせると空気が抜けて食感に影響するので、基本的に、その日に製麺した麺を使い切る。

ラーメンは、「醤油らぁ麺」と「ニボっちゃん」と「つけ麺」。「醤油らぁ麺」は、コクとキレを共存させた鶏中心のスープ。比内地鶏のメスの丸鶏、胴ガラ、モモの骨と、山水地鶏の丸鶏などを使い、温度管理に注意して炊いていく。比内地鶏の、ふくよかで横に広がる旨味に、山水地鶏の旨味を合わせて、さらに旨味に厚みをもたせるイメージだ。醤油のいい香りが立つ醤油ダレと合わせる。

「ニボっちゃん」は、煮干しと昆布だけのだしと醤油ダレを合わせたもの。年配のお客も多いので、メニューに加えた。

醤油ダレは、現在、６種類の生醤油で作っている。生醤油には必要以上に火入れしないで、有機のみりん、数種類の酢と合わせて醤油ダレにする。肉系と魚介系だしは加えていない。酢を加えるのは、酸味で味まとめるためと、飽きのこない味にするため。

濃厚に炊き出したカツオだしを急冷し、そこに大量の2種類の昆布で水出したもので、そのぬめりが麺にからみつく。

住所／神奈川県足柄下郡湯河原町土肥2-12-14
電話／0465-62-4147
営業時間／11時～15時
定休日／月曜日（祝日の場合は営業し、翌日休み）
店舗規模／15坪・9席　駐車場7台
客単価／1000円

つけ麺 900円（税込）

「つけ麺」のつけ汁は、「醤油らぁ麺」と同じ醤油ダレと鶏スープで作る。麺には、昆布カツオ水をかける。まず、麺に塩（ぬちまーす）を付けて食べてもらい、麺そのものを味わってもらう食べ方を進めている。麺をつけ汁につけて食べ進むにつれ、つけ汁の風味が増す。湯河原産の柑橘と吟酒海苔（浜名湖産の生海苔と大吟醸清酒を合わせたもの）も添えて、味の変化を楽しんでもらう。（現在は海苔のトッピングはなし）

ニボっちゃん　わんたん麺
850円（税込）

煮干しと昆布のだしに醤油ダレを合わせた。麺は、「醤油らぁ麺」と同じ。配のお客にファンが多いので、消費税が8%に上がったときも値上げはしなかった。

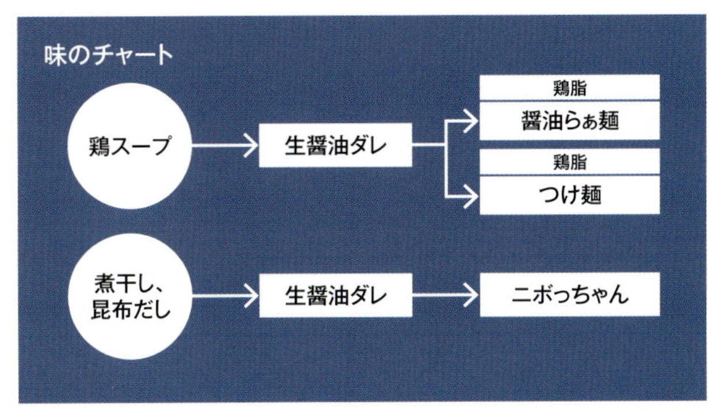

麺

【材料】小麦粉（はるゆたか特等粉、はるゆたか２等粉、春よ恋、ネバリゴシ、きたほなみ）、逆浸透膜水、比内地鶏卵、内モンゴル産かん水、ジェファー液、海塩（ぬちまーす）

Point
確実に計量

1
6種類の小麦粉を計量。毎日同じ配合ではなく、気候に合わせて微調整。1グラム単位で計量している。

粉類とかん水溶液、全卵を合わせてミキシング。冷たい溶液と合わせるので、ミキシングは15分ほどと長めにして、生地の温度を24～26℃に合わせる。

2
ミキサーの羽のまわりの生地を取って、バラがけして粗麺帯を2つ作り、2つを複合する。

3
しなやかで伸びのある麺にしたいのでグルテンを壊さないように複合は1回のみに。

つけ麺用の麺

【材料】
はるゆたか特等粉、はるゆたか２等粉、春よ恋、ネバリゴシ、きたほなみ、美粉彩春よ恋

1
「つけ麺」用の麺は、加水が「らぁ麺」用より少し多め。中力粉の割合も少し少なめに。美粉彩春よ恋を加え、見た目で「らぁ麺」用の麺との違いも出した。

Point
気候で対応

2
「つけ麺」用は切り歯18番。しかし、気候に合わせて20番にしたり、臨機応変に対応。1玉110gにまとめ、1人前では2玉使用する。

3
麺帯の端は、麺にすると食感が少し悪いので、端は薄く伸ばして短冊状に切る。茹でて、つけ麺の麺の上にのせて食感の違いを出している。

のど越しを重視した、味わいのある自家製麺に

「らぁ麺」用、「つけ麺」用ともども、喉越しのいい麺を追求する。繊細な味わいを大切にし、ブレンド粉は使わないで、店でブレンドして製麺する。現在は、２種類の中力粉と４種類の強力粉を合わせる。メインは片岡農園の「はるゆたか」。毎日同じレシピで作るのではなく、気候や天気も加味して、１グラム単位で計量して作っている。

また、伊勢原産の全卵から比内地鶏の全卵に変えたり、材料も工夫を続けている。塩も、仙台の『五福星』の早坂雅晶さんに沖縄海塩の「ぬちまーす」を教えてもらい、モンゴル岩塩から変えて、豊富なミネラルが生み出すコシがプラスできた。飯田将太さんは、麺のさらなる改良を前提に今も情報収集に余念がない。

4
複合した麺帯はビニールで包んで30分程度休ませる。

5
休ませた後、圧延を3回。3回目は、ローラーに巻き取るときに麺帯が引っ張られるのでうち粉をしながら圧延。

うち粉は祖母手作りの木綿袋を使用して打つ。

6
「醤油らぁ麺」用のこの麺は、切り歯20番。カッター付きでない製麺機なので、長さを測りながらハサミで麺線を切りながら丸めて麺箱に。1玉145g。

飯田さんのパソコンの壁紙は、尊敬する佐野実さんの姿。製麺作業に入る前にまずパソコンを立ち上げる。「大先輩が見ている」ことを意識しながら、気をゆるめないように毎日の製麺作業をしているという。

チャーシュー

【材料】

豚外モモ肉(シキンボウ)**、専用の醤油ダレ、ザラメ**

1
外モモを醤油ダレに漬けてパックして一晩冷蔵庫で置く。

2
漬けた外モモをパックから出して、175℃のオーブンで焼く。焼き目が付いたら110℃に落として、計50~60分焼く。

3
仕上げに、炭火で薫煙。肉からしたたり落ちた脂のところに火の付いたごく小さな炭火を置いて炭火焼の香りでいぶす。

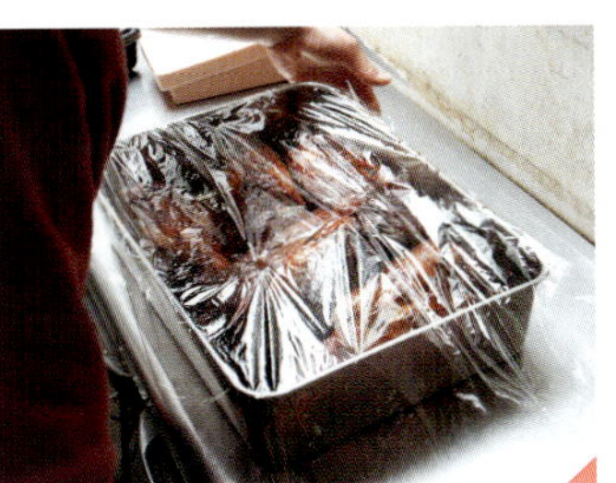

4
1分半ほどいぶし、肉はラップをして置く。冷蔵して肉をしめてからカットする。

スープに合わせたチャーシューに

あっさりした醤油スープに合わせて、脂身の少ない豚外モモのチャーシューを合わせる。外モモでも、「シキンボウ」と呼ばれる芯のところの柔らかい部位を使う。専用の醤油ダレに2日漬けて味をしみ込ませ、オーブンで焼く。

焼き上がりの仕上げに炭火で燻煙して風味を付けるのが特徴。香ばしい風味が、醤油スープとの相性を高めている。

●長野・長野市

ゆいが総本店

らーめん
756円（税込）

清湯と濃厚、2種のスープを1対2の割合でブレンド。醤油ダレ、煮干し油、カツオ節粉を入れた丼に、注文ごとに手鍋で温めたスープを合わせる。上質な魚だしの旨味と動物系だしの深いコクをバランスよくまとめた一杯。

上質な天然だしを武器に、二等立地でも平日150杯、週末200杯を売る

長野県内で5店舗を展開し、2013年には東京・曳舟に『下町中華そば すずめ食堂』を開業した『ゆいがグループ』の総本店。「ひと口目の旨さも大切だが、飲み干した後の満足感を追求したい」と、2006年3月のオープン以来、無化調を貫く。看板商品は、節や煮干しでとった深みのある魚介だしを、コクのある動物系のだしでまとめた「らーめん」。開業当初はインパクトを重視し、魚の風味を強く打ち出していたが、現在は魚介系と動物系の味のバランスは、1対1ぐらいの割合にシフトチェンジしている。「当時は『旨い』よりも『すごい』ラーメンを作りたいと思っていた」と話す店主の田中崇志さん。「以前は、味の分かる方に来ていただければそれでいいと思っていましたが、今は、味にうるさいお客様に物足りないと感じさせず、一般の方にもおいしいと思ってもらえるバランスのとれた味を目指しています」。

独学で店を開業したため、最初は仕入れ先すらも分からなかったという。「素材の味も出し切れずに捨てていたので、原価率は50%近くかかっていました」。スープをとる技術が向上したことで、半年後には40%代、さらに3カ月後には30%代と、少しずつ原価率を下げることに成功した。効率よくだしがとれるようになり、材料をたくさん使う必要がなくなったからだ。

そうは言っても、田中さんの性分から「原価が下がったのなら、その分入れよう」と気前よく材料を増やしてしまうため、看板の「らーめん」は36～37%ほどの原価率がかかっている。グループ全体の平均原価率は32～33%。

店の立地は、通行量の多い大通りに面しているものの駐車場に入りにくく、決していいとは言えない。「出店の際は、立地は二等地、三等地を狙います。こうした物件は家賃交渉がしやすく、周囲に人口さえあれば人を呼ぶことも可能だからです。ただし、立地にひきがない分、そこにしかないひきのある味作りをしなければなりません」。

1日500杯を売るには二等地では厳しいが、100～150杯程度なら二等地で十分。箱が小さければ家賃や人件費が抑えられるので利益も出しやすい。『ゆいが総本店』では、開業以来、着実に客足を伸ばし、平均月商300～350万円を維持している。

長野市郊外の、車の往来が激しい県道に建つ。敷地が三角形の形をしているため、駐車しにくいのが難点だが、16席の店で平日でも連日100〜150杯、週末は150〜200杯を売る。

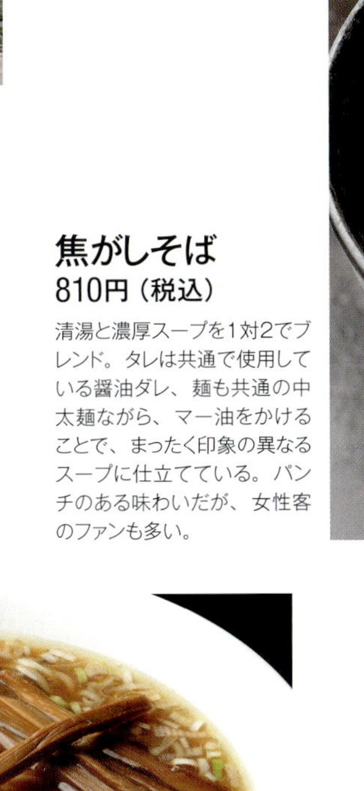

焦がしそば
810円（税込）

清湯と濃厚スープを1対2でブレンド。タレは共通で使用している醤油ダレ、麺も共通の中太麺ながら、マー油をかけることで、まったく印象の異なるスープに仕立てている。パンチのある味わいだが、女性客のファンも多い。

中華そば702円（税込）

スープは清湯100％。共通の醤油ダレ、煮干し油、ゆずを合わせて作る。味の印象は魚だしがベースのあっさりとしたものながら、煮干し油を合わせているのでまろやかでコクがある。麺は「らーめん」などにも使用する切り歯20番の中太の角ストレート麺。加水率は32％。2種類の外麦と内麦、スープとの絡みをよくする目的で全粒粉も合わせている。もっちりしていながらも歯切れがいいのが特徴。「らーめん」では1分20秒、「中華そば」では1分50秒と、同じ麺でも茹で時間を変えている。

つけそば
864円（税込）

つけ汁は濃厚スープ100％。タレは、オリジナルだし醤油「無双」と米酢、一味唐辛子をあらかじめ合わせておいた専用の醤油ダレを使う。煮干し油は、香りを重ねるほか、スープの粘度を補強する役割も兼ねている。麺は切り歯12番の極太ストレート麺。太麺は自家製麺に切り替えた。

マー油

「焦がしそば」と「味噌らーめん」で使用するマー油。ベースのラードは、豚バラ肉をタレで煮てチャーシューを作る際に浮いてきたもの。質がよく、冷めても固まりにくい。ニンニクは、揚げてすぐのまだ白いものから15分揚げた真っ黒なものまで、6〜7段階の焦げ色のものを使用している。

煮干し油

「らーめん」「中華そば」「つけそば」などに使用する煮干し油。「清湯」の魚介系スープからとったものを使う。ラードや白絞油で片ロイワシ煮干しや香味野菜などを直接煮出していた時期もあったが、現在は魚介系スープを仕込む際、ラードも一緒に炊き込むという手法をとっている。こうすることでスープと一体感のある味に仕上がる。

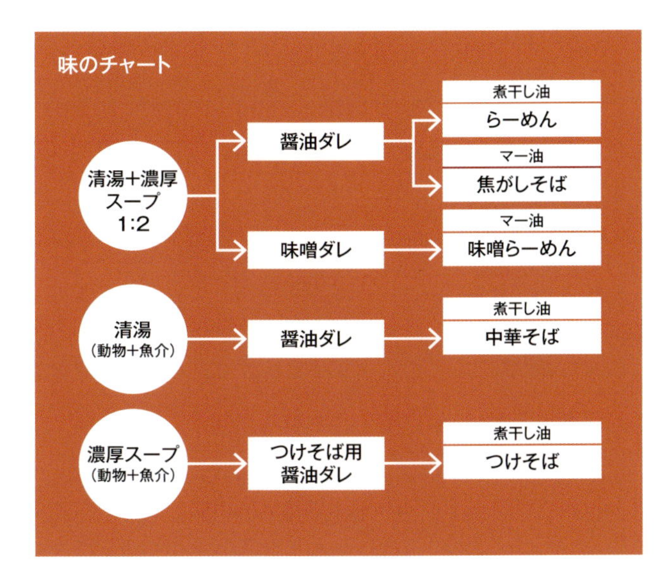

住所／長野県長野市川中島町御厨829-2
電話／026-284-1107
営業時間／11時30分〜15時、17時30分〜21時30分ラストオーダー ［土曜日・日曜日・祝日］11時30分〜21時30分 ※火曜日は、「煮干し火」として営業。11時30分〜80食売切れ次第閉店
定休日／無休
規模／18.8坪・16席、駐車場8台
客単価／900円前後
http://www.yuiga-style.com/

清湯

動物系スープ

【材料】ゲンコツ、モミジ、水

1
前日の夕方からゲンコツの血抜きを行う。その際、水が透明になるまで小まめに水を替える。

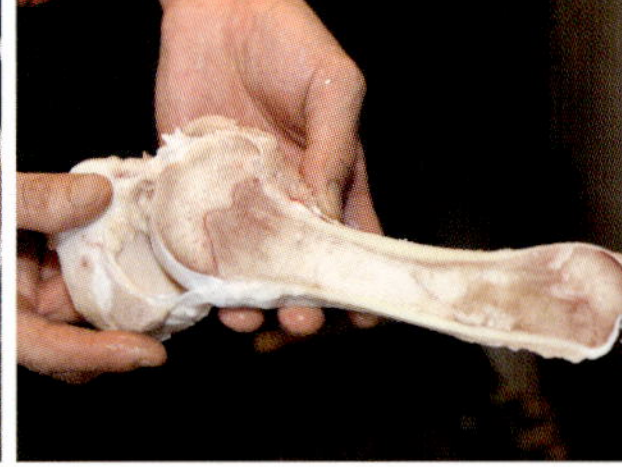

ゲンコツは骨が太く、髄が詰まったものを指定。縦半分にカットしたものを使用する。

2
仕込みの早い段階で髄がスープに出てしまわないよう、ひとつずつ置くようにしてゲンコツを寸胴鍋に入れる。

骨よりも20㎝ほど上の位置まで湯を張り、強火にかける。

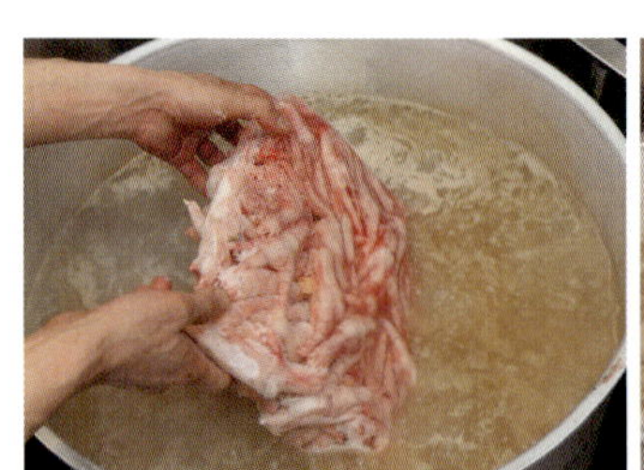

6
ゲンコツのアクを取り終わったらモミジを入れる。寸胴鍋の内側にアクが付着している場合は、キッチンペーパーできれいにふき取っておく。

7
モミジのアクも取り除く。その際、寸胴鍋の内側にアクが付いていればキッチンペーパーでふき取る。

ひと通りアクを取ったら、内側の火を消して外側だけ弱火にする。スープの表面がポコポコと小さく沸くぐらいの状態で5時間30分炊き、途中、アクが出れば小まめにすくう。

Point
火加減による対流調整

8
外火を消し、内側の火をやや強めの状態にする。こうすることでスープが内側から外側に対流し、清湯には不要である脂を自然に避けることができる。

魚介系スープ

【材料】

人参、玉ねぎ、ニンニク、生姜、ラード(液体)**、タイ煮干し、サンマ煮干し、イタヤ貝干し貝柱、羅臼昆布、干し椎茸、片口イワシ煮干し、白口イワシ煮干し、特注の本枯本節厚削りミックス**(ソウダ節、サバ節、本ガツオ節)**、だしパック**(ウルメ節の粉砕、マイワシ節の粉砕、サバ節の粉砕)**、サバ荒本節**(厚削り節と粉砕の混合)**、水**

1
人参はいちょう切り、玉ねぎは1/12の大きさにカット。ニンニクは皮付きのまま上下に半分、生姜は皮ごとスライスする。

中華そば

Point
丁寧なアク取り

3
湯が沸き始めたら、表面に浮いてきた泡状のアクのかたまりをすくい取る。火は強火を維持する。

4
表面のアクを取ったら、寸胴鍋の底を持ち上げるようにしてやさしくかき回す。骨と骨の間に溜まっているアクが浮いてくるので、そのアクもきれいに取り除く。アクがなくなるまで約5分間、3と4の作業を繰り返す。

5
沸騰させたままの状態だと骨と骨の間でアクが固まってしまうので、沸いてきたら差し水をする。

寸胴鍋の骨をやさしくかき回すと再びアクが浮いてくるので、すくい取る。スープの状態を見て、この作業を繰り返す。

液体ラードを加えて油を〝焼く〟ことで、懐しさのある味や香りを作る

ゲンコツとモミジで炊いた動物系スープと、イワシの煮干しを軸にした魚介系スープを別々に炊き、仕込みの最終段階で１本にまとめて使用する。

特筆すべきは、魚介系スープを仕込む際に液体ラードを加え、一緒に炊いているということ。80 ～ 90℃で炊き、油をじっくり〝焼く〟ことで、昔ながらの懐かしい中華そばのような味や香りを演出した。魚介だしだけだとシャープな味に仕上がるが、ラードを一緒に炊くことで適度なこってり感も加えることができる。懐かしさと洗練された印象を併せ持つ、ありそうでない味。表面に浮いたラードは、煮干し油として使っている。

漉した動物系スープ

上の部分から15~20ℓ分だけをすくい取り、漉し網で漉す。必要な量を取ったら火を止める。

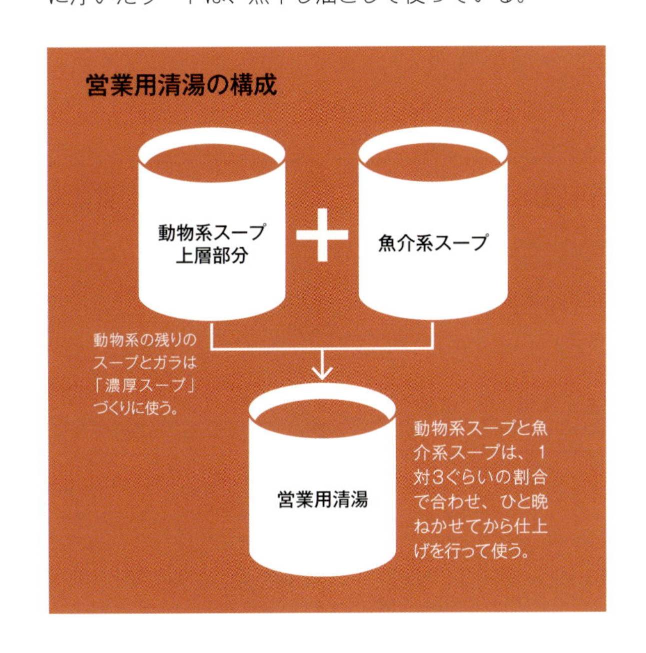
営業用清湯の構成
動物系スープ
上層部分
魚介系スープ
動物系の残りのスープとガラは「濃厚スープ」づくりに使う。
営業用清湯
動物系スープと魚介系スープは、1対3ぐらいの割合で合わせ、ひと晩ねかせてから仕上げを行って使う。

Point
液体ラードの使用

2
寸胴鍋に水を張り、人参と玉ねぎ、液体ラードを入れて火を全開にする。湯が沸いたら内側の火は消し、外火を弱火の状態にして80~90℃の温度で1時間炊く。

46ページに続く →

3

ニンニク、生姜を加える。火加減は変えずに80~90℃の温度を維持しながら、さらに1時間炊く。

4

タイ煮干し、サンマ煮干し、サバ荒本節、イタヤ貝の干し貝柱、羅臼昆布、干し椎茸、片口イワシ煮干し、白口イワシ煮干し、特注の本枯本節の厚削りミックスを加える。同じ火加減で80~90℃を保ち、40分炊く。

6

だしの香りが立ってきたら、表面に浮いたラードを手鍋ですくい取り、漉し網で漉す。取り出したラードは煮干し油(香味油)として使う。

7

火を止めてスープを漉す。この時、だしが弱いようであれば、強火にかけて味を調整する。漉す際は、手鍋でだし素材を押しつぶし、中に残っている旨味のエキスをすべて抽出する。

漉した魚介系スープ

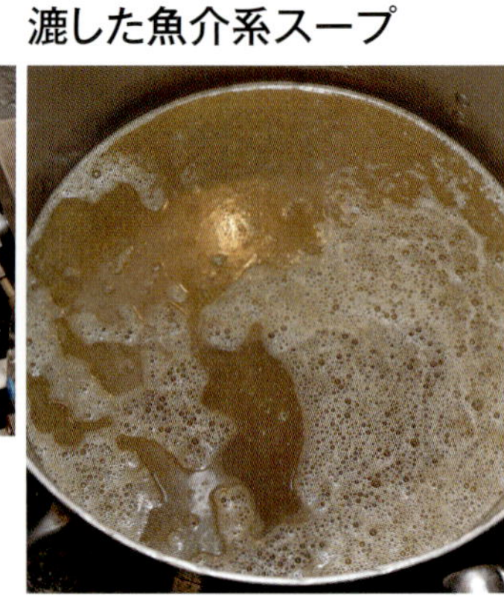

営業用清湯

【材料】

動物系スープ、魚介系スープ、イタヤ貝干し貝柱、片口イワシ煮干し

1

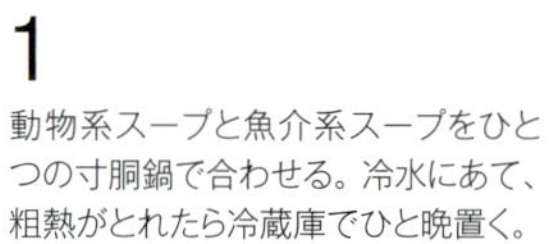

動物系スープと魚介系スープをひとつの寸胴鍋で合わせる。冷水にあて、粗熱がとれたら冷蔵庫でひと晩置く。

2

翌朝、表面に固まっている油をすくい取る。

Point

漉し網の目の細かさ

スープが温かい時には取ることのできなかった余分な油や節粉のかすを除くために、昨日よりも目の細かい漉し網を使ってさらに漉す。

Point

節の加熱の状態

5

しっかりだしがとれるよう、あらかじめ袋から出しておいただしパックの節素材とサバ荒本節を加え、80～90℃で40分炊く。

ここで加える素材は表面のラードに香りを重ねるためのものなので、最初の20分間はかき混ぜない。

スープの使い方

「清湯」と「濃厚スープ」、2種類のスープを使ってメニュー展開している。

清湯 + 濃厚スープ 1:2

メイン商品の「らーめん」などには、「清湯」1に対して、「濃厚スープ」2の割合でブレンド。注文ごと小鍋で合わせて温める。

清湯 100%

「中華そば」には「清湯」のみを使う。

濃厚スープ 100%

「つけそば」には「濃厚スープ」のみを使う。

→濃厚スープの作り方は48ページ

3

その日使う分の量のスープを取り、イタヤ貝の干し貝柱と片ロイワシ煮干しを入れたテボを沈める。強火にかけ、80～90℃で炊く。1時間したら火を消し、テボも抜く。ただし、だしの出具合によってはテボを抜かず、さらに1時間ほど余熱で旨味を引き出すこともある。営業前に1時間ほど味をなじませて使用。営業中は火にかけず、1杯ずつ手鍋で温めて提供する。

味付け玉子

①あらかじめ画鋲で殻に穴を開けておく。
②継ぎ足しのチャーシューダレに塩、三温糖、水、前日から水出ししておいた羅臼昆布を入れ、専用の漬け込みダレを作る。80℃前後の温度を保ちながら1時間～1時間30分煮たら火を止める。昆布を抜き、常温で冷ましておく。
③卵をザルに入れ、沸騰した湯で7分～7分20秒茹でる。
④2分経ったら菜箸でかき回し、均等に熱を入れる。さらに2分したら、もう一度かき回す。
⑤茹で上がったら流水で粗熱を取り、氷水に漬ける。余熱で火が通らない程度まで冷めたら殻をむく。
⑥常温の漬けダレに玉子を入れて、ひたひたに浸す。キッチンペーパーをかぶせ、冷蔵庫で最低1日漬ける。茹で加減は黄身がたれない程度の半熟。味付けはスープの味を壊さないよう薄味に仕立てている。

チャーシュー

スープで煮ると肉の味がしみ出てしまうので、生の豚バラ肉を直接専用のチャーシューダレ(濃口醤油、みりん、ニンニク、生姜)で煮て作る。中火で2、3時間煮て、粗熱がとれたら冷蔵庫でひと晩寝かせる。注文ごとにチャーシューダレを片面に塗り、バーナーで炙っている。

メンマ

3～5日かけて塩抜きした短冊メンマを、チャーシューダレとみりんを合わせた専用のタレで煮て作る。タレが沸騰したら火を止めてメンマを取り出し、ひと晩冷蔵庫で寝かせて使用する。さっと煮るだけなので、スープの味を邪魔しない程よい味付け。コリコリとした食感が活きている。「らーめん」「焦がしそば」「つけそば」には太いメンマ、中華そばには2、3等分した細いメンマを使用。太さが変わるだけで味付けの印象がガラリと変わる。

濃厚スープ

【材料】 清湯の仕込みで使ったゲンコツとモミジ、清湯用の動物系スープ、鶏ネック、モミジ、背脂、人参、玉ねぎ、片口イワシ煮干し、白口イワシ煮干し、特注の本枯本節厚削りミックス（ソウダ節、サバ節、本ガツオ節）、だしパック（ウルメ節の粉砕、マイワシ節の粉砕、サバ節の粉砕）、サバ荒本節（厚削り節と粉砕の混合）、水

1

44～45ページ清湯の「動物系スープ」工程8の翌朝、ゲンコツとモミジが入ったままの残りの清湯用の動物系スープに鶏のネックとモミジ、背脂、いちょう切りにした人参、縦半分にカットした玉ねぎ、湯を加え、強火にかける。

2

1時間ほどするとスープが沸いてくるのでアクを取り除く。寸胴鍋の内側に付着したアクがあればキッチンペーパーでふき取る。水位が低くなりすぎている場合は、湯を足して調整する。

Point

適度な力加減と多方向からの混合

4

木べらを使い、10～15分素材を叩く。寸胴鍋の底の方に素材が溜まってきたら、焦げないように底の方から持ち上げるようにしてかき混ぜる。

5

いろいろな方向から混ぜ、30～40分かけてスープをなめらかにしていく。ざらつきの原因となるため、ゲンコツは極力崩さずに髄だけが落ちるよう、力加減に気を付ける。

火加減は、外火は弱火、内火は消した状態から徐々に火を強めていき、最終的には全開にする。

Point

混ぜる温度

7

10分経ったら蓋を外して強火にかける。鍋底が焦げつかない程度に軽く混ぜ、スープが沸いたら、再び蓋をして火を消す。蓋を外して温度が下がった時に混ぜると、旨味が飛びにくい。だしの出具合を見ながら、この作業を3～4セット繰り返す。

8

だしの香りが立ってきたら、あらかじめ袋から出しておいただしパックの素材とサバ荒本節を加える。強火にかけ、鍋底が焦げつかない程度に軽く混ぜる。スープが沸いたら、再び蓋をして火を消す。だしの出具合を見ながら、約10分間隔で、この作業を3セット繰り返す。

9

だしの香りが立ってきたら火を全開にし、5～10分、だし素材を潰しながらスープをかき混ぜる。

10

火を止めて、スープを漉し網で漉す。その際、手鍋でだし素材を潰し、旨味やスープを絞りきる。

Point

弱火の火加減

3

アクを取り終わったら内火は消し、外火だけ弱火の状態にする。寸胴鍋に蓋をして4時間30分炊く。

途中、1時間30分おきに蓋を開けて焦げ付かないように軽く混ぜる。

6

片ロイワシ煮干し、白ロイワシ煮干し、特注の本枯本節の厚削りミックスを入れて強火にかける。

沸騰してスープ全体に熱がまわったら、火を止めて蓋をする。

弱火で旨味が出やすい状態にし、仕上げに強火で乳化させる

ベースは、清湯の動物系スープと、その仕込みで使ったゲンコツ、モミジ。さらに、鶏ネックや背脂、香味野菜や魚介だしの素材を加えて、一本の寸胴鍋で炊いて作る。動物系の軸は、乳化しやすい点と髄が持つ独特のコクに魅力を感じ、ゲンコツを選んだ。ゲンコツは、骨の大きな外国産を指定して仕入れている。

仕込みの際は、強火で炊き続けると旨味が飛んでしまうので、弱火で長時間かけて味が出やすい状態にして、最後に一気に混ぜて旨味を抽出。少しずつ乳化させながら、完成時に旨味のピークがくるように調整している。

11

スープが傷まないよう、小分けする寸胴鍋の底に米酢を少量入れる。

小分けする際は、濃度にばらつきが出ないよう上の部分、真ん中の部分、底の部分と、スープを少しずつ順番にまわし入れる。

12

翌朝、スープを弱火にかける。温まったらサバ荒本節と片ロイワシ煮干しを入れたテボを沈める。

温度は80~90℃を保ち、フレッシュな魚介の風味を重ねる。1時間~1時間30分したらテボを抜き、火を止める。営業中は火にかけず、1杯ずつ手鍋で温めて使用する。

●神奈川・横浜

麺館 SHIMOMURA

店主 下村邦和(右)
店長 浜畑憲吾(左)

店主の下村さんは、様々な日本料理店での経験を経て、関内の創作和食店『月』にて総料理長を務めた後、2009年に『SHIMOMURA』を開業。独立前から数々のヒットメニューを開発し、2013年にはラーメン店を出店する。現在、『麺館SHIMOMURA』は店長の浜畑さんが全て仕切っている。

黒とんこつ香味
850円(税込)

コク深い豚骨スープにひじきが心地よく香る、同店の看板メニュー。鶏素材によるコクやとろみの効果で、口当たりもなめらか。豚骨スープ330mlに西京味噌を使ったタレ38mlを合わせ、上にひじき油をかける。トッピングはチャーシュー、味付玉子1/2個、海苔、ねぎ、ごま。豚骨のラーメンは、麺を太麺、細麺から選べる。

「クリーミー豚骨スープ×ひじき油」で、和食店の豚骨ラーメンを表現

2013年11月オープンの『麺館SHIMOMURA』は、横浜・元町の和食店『SHIMOMURA』が母体。同和食店は、オーナーシェフ下村邦和さんのアイデアが光る独創的な料理を、おまかせコース(昼2600円~、夜3900円~)で楽しませる人気店だ。その『SHIMOMURA』が、まったく異なるジャンルであるラーメン店を開いたとあって注目を集めてきた。

下村さんは、ラーメン店開業の理由を、だしのとり方をはじめとする和食の技術はラーメンづくりに活かしやすいこと、和食店に比べ店舗展開をしやすいこと、よい商品を作れば反応をもらいやすいこと、と挙げる。また、季節や時間を問わず食べてもらえ、いつの時代にも愛されるラーメンの普遍的人気にも魅力を感じたという。

看板商品は、クリーミーな豚骨スープに、和の食材“ひじき”の香味油を組み合わせた「黒とんこつ香味」。このラーメンは、以前に「日経レストラン メニューグランプリ」で優勝を獲得した、下村さんの代表作「黒豚の黒煮」がモチーフになっている。「黒豚の黒煮」は、ペースト状にしたひじきを煮汁に加えて黒豚を炊いた、角煮のアレンジ料理。ひじきを加えることで、互いのクセや油を緩和させ、味の深みと真っ黒な見た目のインパクトを出した。この豚とひじきの組み合わせをラーメンに置き換え、前述の組み合わせが誕生。熊本ラーメンの「マー油」がヒントになり、ひじきの香味油を合わせるアイデアに至ったという。

豚骨スープ自体も和食店らしく品よくまとめ、臭みや雑味を抑えたまろやかな味わいを魅力にしている。この豚骨スープでは、香味油にチャーシュー脂を使った「白とんこつコク旨」や「つけ麺」などをメニュー展開する。

このほか、丸鶏を味のベースにした清湯を用意し、塩味と醤油味のあっさり系のラーメンを提供。現在、豚骨系統と鶏系統のメニュー注文比率は7対3ほどだ。

ラーメン店の仕込みや営業はスタッフに任せている。そうしたなか、下村さんがスタッフに常々口にしているのが、プロ意識を持つ大切さ。特に豚骨ラーメンはブレやすいので、ひとつひとつの作業を丁寧に行う、味見を徹底するなど、安定した品質を保つための指導を重点的に行っている。和の味の表現だけでなく、味のバランスや素材の感じさせ方に「和食店ならでは」というDNAを伝え、オリジナルのラーメンを表現していきたいと下村さんは考えている。

店内はわずか4坪·8席。1～2人で営業できる規模を選んだ。最寄りの京急·井土ヶ谷駅から徒歩6分程で、平日は近隣に勤務する30～40代の男性客、土·日曜は家族連れが多い。

つけ麺 850円（税込）

つけ汁は、西京味噌ベースのタレ38ml、砂糖と混ぜた粉ガツオのほか、とろみを出すために水溶き片栗粉を合わせ（写真右）、豚骨スープ200mlを注いだもの。刻みチャーシューとねぎ、ごまが入る。来客の2割が注文。

鶏しょうゆ 780円（税込）

鶏スープ330mlに、九州の甘味のある醤油を使った醤油ダレ30mlを合わせた、塩カドがなくまろやかな味わい。鶏スープ系統では1番人気メニュー。角煮の製法で作るやわらかなチャーシューは同店の名物に。

海老塩 780円（税込）

クリアな鶏スープに桜エビの香味油が映える一杯。桜エビを低温からじっくり加熱して作る香味油は、桜エビだからこその香りの高さ。手づくりのエビ餃子と干しエビ、水菜がのる。今後は、油やトッピングの種類を増やし、多彩なメニューを展開していきたいと考えている。

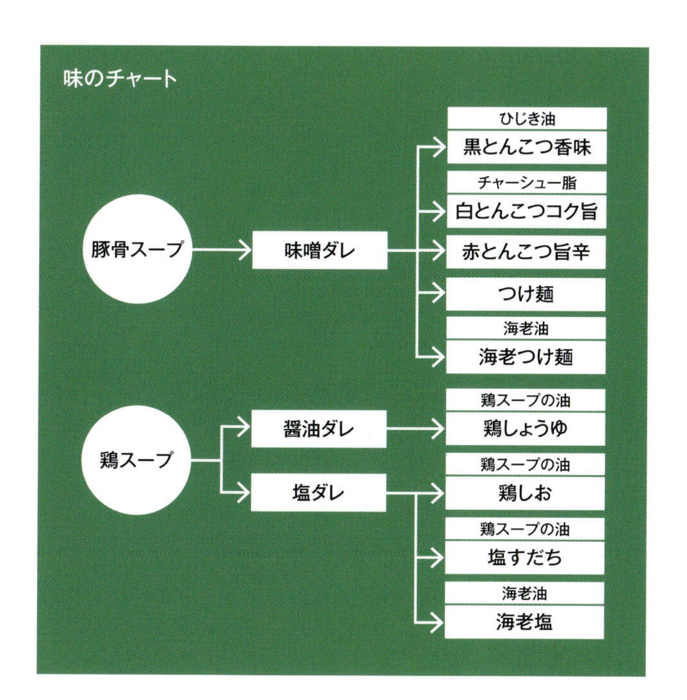

住所／神奈川県横浜市南区井土ヶ谷中町8番地
電話／045-715-2489
営業時間／11時30分～24時
定休日／火曜日
規模／4坪·8席
客単価／950円
http://www.shimomura-kunikazu.com/

豚骨スープ

【材料】ゲンコツ、モミジ、グリ、背脂、水、前日のスープ

Point

ゲンコツの鮮度と材料の組み合わせ

1
クリーミーなスープをイメージし、材料はコク、油を意識して選択。味の主体は豚骨の中でも旨味の強いゲンコツを選んだ。臭みを出したくないので、ゲンコツは鮮度のよいものを指定している。

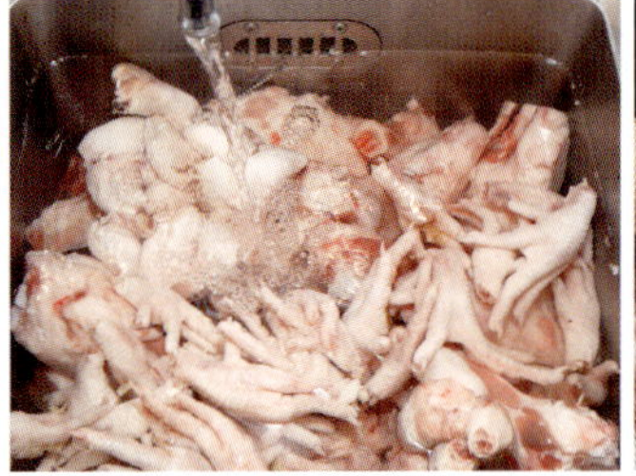

モミジとグリ（くるぶし）の鶏素材も併用する。モミジはとろみを出すために、グリはコクを高めるために加える。

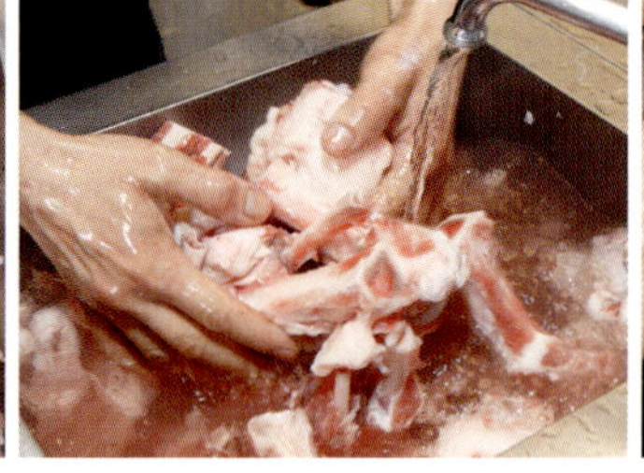

ガラ類は湯にさらして血抜きをする。血抜きをしない場合、味への影響は大きくないが、仕上がりのスープの色が赤っぽくなってしまう。きれいな白色のスープを目指しているため血抜きをしっかりと行っている。

2
寸胴鍋に湯を沸かし、血抜きを終えたガラを入れる。

Point

だしを出しきる加熱時間

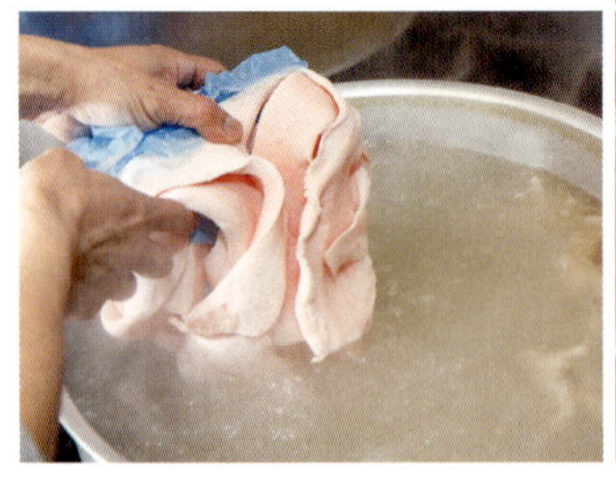

4
アクを取り終わったら（炊き始めて1時間後ぐらい）、スープに油分を足す材料として背脂を加え、さらに蓋をして強火で炊いていく。

5
炊きはじめから4時間後ぐらいのスープ。10時間という総加熱時間は、材料の量、水量、火力から、おいしさのピークを算出したもの。

炊きはじめから7時間30分後ぐらいのスープ。乳化が進んで白濁が深くなっている。

炊きはじめから9時間後ぐらいのスープ。左の写真よりもやや黄味がかっている。煮詰める間、水は加えない。

「1番だし」のイメージで作り出す、臭みがなくコク深い豚骨スープ

和食の職人である下村さんが自店の豚骨スープづくりで思い描いたのは「1番だし」。雑味や臭みを出さずに、豚骨のクリーミーな味わいだけを抽出するスープを目指した。

それを実現する最大のポイントは、豚骨の鮮度。冷凍焼けをしたガラは劣化していて臭みが出やすく、だしの質も落ちる。同店では、鮮度のよい豚骨を指定して、チルドで仕入れている。以前には、朝締めの豚骨を使った経験もあり、まるでクリームシチューのような大変コク深いスープができたという。

材料はクリーミーな味を作る「油とコク」を念頭に選択。力強い旨味を持つゲンコツを主体に、背脂で油分を、鶏のモミジやグリでとろみやコクを加える。加熱時間はゲンコツからだしが出きって、おいしさのピークを迎える10時間に設定。きれいな乳白色のスープは、とろみがあって舌触りなめらか。臭みはなく、かといって薄っぺらい味ではない、ふくよかなボディが魅力だ。

Point

丁寧なアク取り

炊き終わりまで強火の火加減で、蓋をして約10時間炊いていく。

3

表面にアクが浮かんできたら、蓋を開けてすくい取る。

木べらでガラを混ぜて一旦蓋をすると、再びアクが沸いてくるので随時取り除き、出なくなるまで何度か行う。臭みのない味を目指し、アク取りは丁寧に行っている。

7時間半経過からは焦げやすく、様子を見ながら木べらでガラを混ぜる。ただし、骨粉を出したくないので混ぜる作業は最小限にとどめており、回数は少ない。

6

10時間後の炊き終わり。水位は1/3程度まで詰まり、味の凝縮したスープができている。

炊き終わりの見極めの一つはスープのとろみ加減。ザルにスープを通すと、さらっと流れずに材料に若干とどまってから落ちるぐらいだとよい。

7

前日のスープが入っている寸胴鍋に、スープをザルで漉しながら移す。前日のスープに継ぎ足すのは、味を安定させるため。

8

漉し終えたスープ。蓋をしてそのままひと晩おき、翌日一旦温める。そうすると底部分に骨粉が沈むので、上澄みだけをすくうようにして注文ごと小鍋で温めて使う。骨粉が入るとスープの口当たりが悪くなってしまう。

工程7で残ったガラ類は捨てずに寸胴鍋にもどし、無駄にせず再活用する。血抜きしたゲンコツとモミジを足し、同様にしてさらに10時間炊いてスープをとる。

豚骨スープ用のタレ

下村さんがラーメンを開発するなかで気づいたことがタレの重要性。おいしいスープは醤油、塩だけでも旨いが、ラーメンにおいては、スープにぴったりのタレを作れば旨さはさらに増幅することを実感したという。豚骨スープには、西京味噌を使ったタレを合わせる。西京味噌は「甘味とコクを兼ね揃えた万能調味料」と、和食店で重宝している素材。西京味噌を主体に、塩、酒、みりん、淡口醤油、砂糖、水、うま味調味料をバランスよく合わせ、スープを引き立てるような味わいで構築している。

ひじき油

【材料】ひじき、玉ねぎ、生姜、ニンニク、サラダ油

1
ひじきを水に漬けてもどす。通常使用する戻し加減でよい。

2
フライパンにサラダ油を熱し、ひじきを少量落として細かい泡が出るぐらいの温度に上がったのを確認してから、水気を絞ったひじきを入れる。

Point
充分な加熱

ひじきがカリカリになるまで、焦がさないように菜箸で混ぜながら10分ほど加熱する。ひじきの水気をしっかりと出し、磯臭さを消すことが目的だ。混ぜると最初は重たいが、水分が抜けて軽くなってくる。油が跳ねやすいので充分に注意すること。

3
玉ねぎ、生姜、ニンニクの皮をむき、みじん切りぐらいの大きさになるまでフードプロセッサーにかけておく。

Point
香味野菜の風味

4
ひじきがカリカリになったら、3の香味野菜を加えてさらに加熱する。これらの香ばしい風味がおいしさを作る。

5
香味野菜がきつね色になったら火を止める。そのまま少し冷ます。

6
フードプロセッサーに移せるぐらいまで冷めたら、ペースト状に極力なるまでまわす。ひじきをカリカリに揚げておかないとペースト状にしたときに分離してドロドロにもなってしまう。

ひじきをじっくり加熱して磯臭さを消すことが旨さの秘訣

「和食店のラーメン」という個性を底上げする、ひじきを使った香味油。香味がきいた味わいは幅広い食材と相性がよく和食店でも愛用している。熊本ラーメンの「マー油」の感覚で豚骨スープに合わせた。

調理のポイントは、ひじきの味がストレートに出ると磯臭さが前面に出てしまうので、まずひじきだけを油でじっくりと加熱して水分を飛ばし、ひじきの風味はほんのりと感じる程度に仕上げること。香味野菜の香ばしい風味が立ち、後を引くおいしさが生まれる。

完成したひじき油

野菜の豊かな香味にひじきの風味がほどよくのる。まっ黒の目を引く色も魅力。営業時は温めて使う。

チャーシュー

【材料】豚バラ肉、大根、生姜、煮汁(茹で汁、本みりん、料理酒、濃口醤油、上白糖)

Point
豚バラ肉の脂

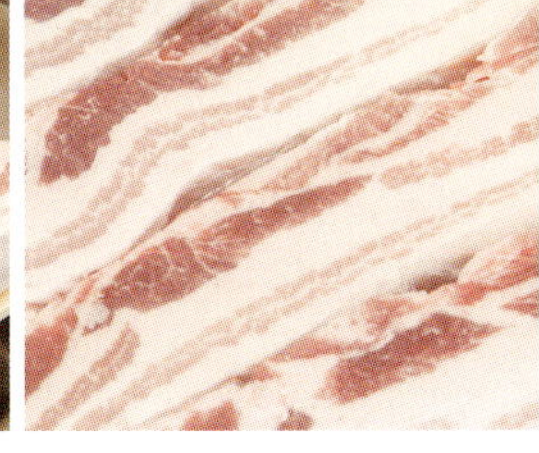

1
豚バラ肉は生をかたまりで仕入れ、使う幅に切り分ける。業者には脂の多い肉を指定しており、脂が多いとやわらかくしっとりと仕上がる。

写真のように赤身にも脂のさしが入っていると肉全体に脂が多い証拠。

2
肉を下茹でする。まず、水を張った寸胴鍋にカットしたバラ肉を入れ、臭み消しの生姜のせん切りを加える。

Point
大根の働き

続いて、拍子木切りにした大根、大根の皮と葉も加える。大根と一緒に茹でると肉がやわらかくなる。蓋をして強火で2～3時間加熱する。

3
箸を刺してすっと通るやわらかさになったことを確認し、火を止めてそのまま冷ます。

4
触れるぐらいに冷めたら一旦バラ肉を取り出し、茹で汁は漉す。寸胴鍋にバラ肉を戻し入れる。

Point
茹で汁の使用

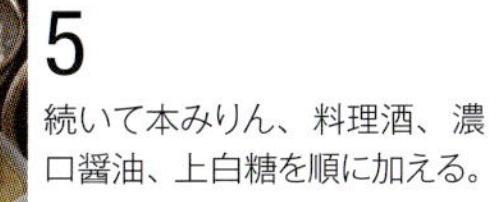

漉した茹で汁を計量して必要分を鍋に入れる。茹で汁には肉から出た脂が含まれている。それを煮汁に使って肉に再び含ませることで、ぱさつかせずジューシーに仕上げる。

5
続いて本みりん、料理酒、濃口醤油、上白糖を順に加える。

6
蓋をして火にかけ、沸いたら小さな気泡が静かに上がる程度の弱火にし、30分コトコト煮る。強火で煮ると肉がかたくなる。30分経ったら火を止めて、そのまま冷ます(写真)。

チャーシューは1cmほどの厚切りに。チャーシューの煮汁の脂は、「白とんこつコク旨」の香味油として使う。

豚肉の脂が出た下煮の茹で汁を煮汁に利用して肉に油を戻す

角煮の製法で作るチャーシューは、「トロトロやわらかな肉のおいしさが抜群」と大評判のトッピング。肉をやわらかに仕上げる秘訣は3点あり、まず、肉の脂の多さ。赤身部分にもさしで脂が入る、全体に脂が多い良質な肉を仕入れている。次に、下茹での際に肉をやわかくする大根を一緒に加熱すること。3つ目は下煮の茹で汁を煮汁に利用すること。下煮の際、豚肉の脂は茹で汁に逃げてしまう。そこで、それを煮汁に使って豚肉に再び含ませることで、しっとりやわらかな仕上がりにできる。

鶏スープ

【材料】丸鶏(老鶏)、モミジ、ゲンコツ、昆布、皮付きニンニク、長ねぎの青い部分、水

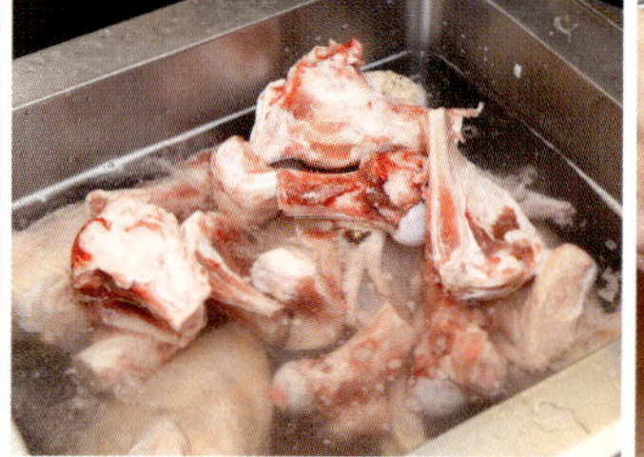

1

ガラ類を湯にさらして血抜きする。鶏スープの味の軸は丸鶏（老鶏）。胴ガラも試したが、ほんのりと甘い味や脂が出せる丸鶏を選んだ。

ガラ類は他に、モミジとゲンコツを使う。モミジはとろみ、ゲンコツは旨味とコクを足すため。

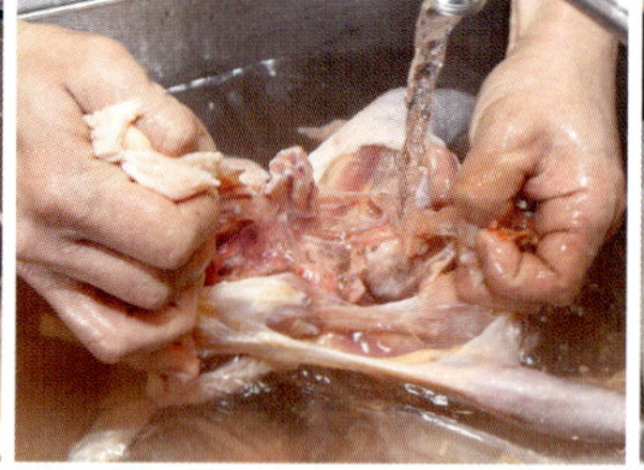

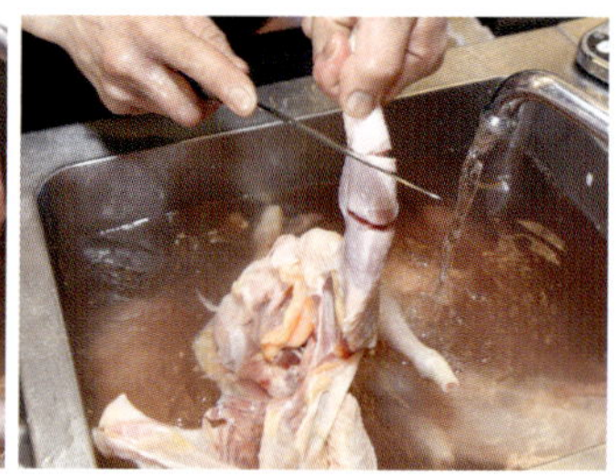

2

丸鶏は腹を開き、水を流しながら肺など残っている内臓類を取り除く。これらを残すと臭みが出やすい。

足、手羽、腹の部分に包丁で切れ目を入れてだしを出やすくする。

5

アクを取り終えたら、皮付きのニンニクを入れる。

続いて長ねぎの青い部分を表面に蓋をするようにかぶせる。香味野菜は臭み消しの役目。

Point

昆布の旨味

昆布を鍋のふちに沿って差し入れる。昆布はコクを補う目的で多量に使うのが特徴。だしがよく出る中国産の昆布を使っている。

Point

弱火での加熱

6

蓋をしてごく弱火にし、約5時間30分炊く。火加減は重要なポイントで、ぐらぐら沸かすと濁り、昆布からエグミも出てしまうので必ずごく弱火でじんわりと火を通す。

丸鶏に足りないコクを昆布で補い、あっさりながら深みのある味に

鶏スープは、元々、土瓶蒸しをイメージした塩ラーメン「塩すだち」のスープとして開発したもの。スープそのものをストレートに活かす味の構成をとっているため、下村さんが追求したのは「澄んだスープながら、コクのある味わい」。あっさりとして、かつ味に深みがあるスープを目指した。

鶏材料は、胴ガラも試してみたが、油分とほんのりと甘さがある丸鶏を選択。鶏だけではコクが足りないので、コクを補う素材として昆布をたっぷりと使うのが大きな特徴だ。昆布の甘さとコクは味わいに奥行きを出してくれるという。また、旨味とコクを強化する役割でゲンコツも併用している。

昆布は長時間煮るとエグミが出やすいので、丸鶏とガラを炊き出してアクをとってから時間差で鍋に加え、ごく弱火で5時間30分じっくり加熱して完成させる。スープをクリアに仕上げるためにも、昆布からエグミを出さないためにも、ごく弱火で炊くことが重要である。

3

湯を張った寸胴鍋に丸鶏、モミジ、ゲンコツを入れ、沸くまで強火にかける。

4

アクが浮かんできたら取り除く。木べらで軽く撹拌しながら、アクが出なくなるまで丁寧に取る。

7

時間で味見をして、味が出ていたら火を止める。冷める過程でも材料からだしが出るので、そのままおいて粗熱が取れてから漉す。

冷蔵庫でひと晩おいて翌日使う。営業時はとろ火にかけて温めておく。

鶏スープ用のタレ

醤油ダレ

カツオと昆布のだしに、濃い色味と甘さが特徴の九州の醤油を合わせたタレ。シンプルにまとめ、醤油の甘さを活かして仕上げている。

塩ダレ

赤穂の塩、カツオと昆布のだしなどを合わせたもの。スープに合わせて、甘味を持たせている。

麺

麺は太麺と細麺の2種類あり、鶏スープのラーメンは細麺、つけ麺は太麺、豚骨スープのラーメンは両方から選べる。太麺は切り歯14番のモチモチとした食感のある多加水麺。1玉ラーメン150g、つけ麺225g。細麺は切り歯22番の低加水麺で、1玉140g。三河屋製麺から仕入れている。

メンマ

塩蔵メンマを塩抜きし、水、酒、砂糖、濃口醤油、みりんを合わせた煮汁で汁気がなくなるまで煮たもの。スープの味を邪魔しないうすめの味付けにしている。

味玉

卵は6分茹でて水に落とし、殻をむいて、醤油、煮きりみりん、砂糖、水を合わせた漬けダレに漬け、冷蔵庫で3〜4時間おくと完成。メンマ同様にスープの味を邪魔しない控えめな味付けにしている。

●東京・桜台

桜台 らぁ麺 美志満

塩らぁ麺 750円（税込）

開業に当たって、塩らぁ麺から開発し、塩味のみで開業した。澄んだスープを追求し、貝などの深みのある塩ダレに味の主体を置いた。細麺ではなく、もちっとした中太平打ち麺が合う塩らぁ麺にして個性化もした。トッピングする鶏チャーシューも穂先メンマも、浅漬けザーサイも繊細な味付けにして塩ダレの豊かな風味を邪魔しないようにしている。

店主 **高木　浩**

中国料理の調理場を15年経験したのちに『らぁ麺　美志満』を2,012年5月に開業。看板商品の塩らぁ麺の他、季節の限定麺を目当てに、とくに週末は遠方からのお客を増やしてきている。

貝や昆布、椎茸の塩ダレを生かすスープ、トッピングに

店主の髙木　浩さんは、塩ラーメンのみで開業した。追求したのは、澄んだスープの塩ラーメン。中国料理の調理場で15年勤めた高木さんにとって、澄んだ清湯は、丁寧な仕事の証しであり、第一印象のおいしさにつながる要因だった。ただ、上等な丸鶏や金華ハムなどでとる高級中国料理店のスープとは違い、ラーメン店のスープはそんなに原価はかけられない。骨類中心にどうしたら濁らないスープが作れるか、開業してから1年ほどは苦労をしたという。

そうして、塩ダレの複雑な旨みを生かすスープとして、背ガラと鶏ミンチだけのシンプルなスープで、脂の少ないスープを仕上げ、なおかつ、1人で営業中もスープづくりをしやすい方法に辿り着いた。背ガラを水から炊いて、途中で強火にしてしっかりアクを出して目の細かいアミですくってから、水で溶いた鶏ミンチを加える。温度を上げないようにして浮いてくる脂を除き、続いて浮いてくるアクを除く。温度調節をしながらアクを上手に除いて澄んだスープにする。営業前の時間にしっかりアクを取り、営業中は放置できる調理法なので、1人で営業しながらスープを仕上げられる。

脂の少ないスープなので、チャーシューは皮を除いた鶏ムネ肉で作った。しかし、そのまま炊いたのではパサパサになるので、マリネして低温調理し、さらに肉の繊維を断つ切り方も工夫してふっくら仕上げる。

そして、味わいの要の塩ダレには、手間とコストをかけた。水出しした干し椎茸、昆布、貝柱、干しエビなどを圧力鍋にかけてから詰め、大島の海塩や淡路の藻塩やモンゴル塩、白醤油、魚介エキスで仕上げる。

ミニ鶏皮丼 250円（税込）

鶏チャーシューに使うムネ肉の皮を活用。当初は鶏皮はスープと一緒に炊いていたが、脂が出るのが気になり、入れるのを止め、味付け玉子用のだし醤油で炊いてミニ丼にした。とろける食感で、一度食べた人はファンになる人が多く、1日3〜4食分しかないこともあり、毎日早々にに売り切れる。

魚介塩らぁ麺 750円（税込）

煮干し、真昆布、干し椎茸、節類の魚介だけのだしと塩ダレを合わせ、ストレートの細麺で。鶏チャーシュー、もやし、笹打ちねぎ、貝割菜、キクラゲ、穂先メンマ、海苔、ナルトを盛り付けるが、全てを麺の上に盛ると見た目にゴチャゴチャしておいしそうな美観に欠けるので、笹打ちねぎは鶏チャーシューの下に隠して盛り付けた。

醤油らぁ麺 750円（税込）

魚介塩らぁ麺の魚介だしは醤油ダレにも合うことから、開業後に加えたメニュー。醤油らぁ麺の香味油としては牛脂をのせる。麺は、魚介塩らぁ麺と同じストレートの細麺。魚介塩らぁ麺、醤油らぁ麺は見た目が似るので丼の色を変えている。

住所／東京都練馬区桜台1-2-9
モトビル桜台103
電話／03-6761-3252
営業時間／11時30分〜14時頃、18時〜22時頃
定休日／火曜日
ブログ
http://ameblo.jp/mishima-sakuradai/
規模／7坪·8席
客単価／900円

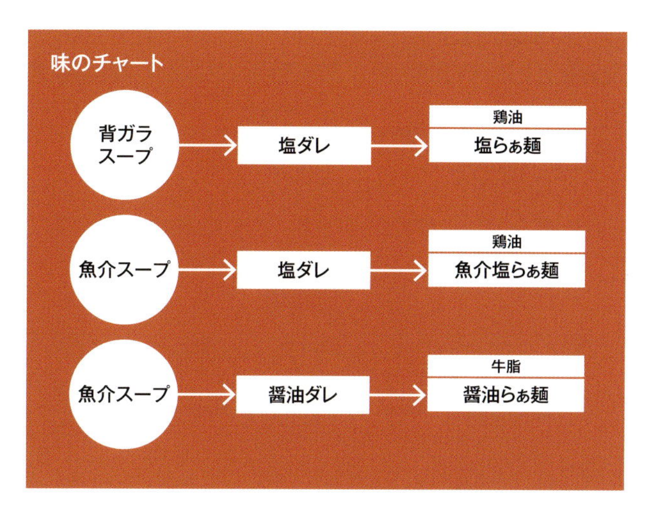

背ガラスープ

【材料】背ガラ、水、鶏挽き肉、ねぎ青葉、生姜、ニンニク、日本酒

Point

半解凍で炊き始める

1

背ガラは半解凍の状態から水から炊く。解凍するとドリップとともに旨みも出てしまうと考えるから。同じ理由で下茹でもしない。

水は浄水器を通した還元イオン水を使用している。豚骨は背ガラのみ。多めの水を入れ、目指す水位まで炊いていく。途中で水を足すことはしない。

2

臭いを除きたいのでフタをせず炊く。沸騰する前から出てくるアクは除く。アクは浮いてきたら除き、徹底的に除く。

3

沸騰前に、木べらでしっかり混ぜて、アクを出させる。

浮いてきたアクを除き、また混ぜてアクを取る。アクを取る手網は目の細かいものを使う。

6

日本酒を入れる。臭みを消す役割と、塩ダレに使う貝の旨みとの相性をよくするため。貝の旨み成分でもあるコハク酸の多い日本酒を選んでいる。

続いて、ねぎの青葉、横にカットしたニンニク、生姜を加える。シンプルな背ガラスープにしたいので、香味野菜はスープに味が移らないよう、少量だけ使う。野菜は臭み消しと酸化防止のために入れる。

沸いてくると、白いアワ状のアクが浮いてくるので除く。鶏ミンチを入れる前と後のアク取りが不十分だと、ここで黒いアワになる。

7

挽き肉が沈んだら、フタをせず4時間ほど中火で炊く

魚介スープ

【材料】

真昆布、干し椎茸、マイワシ煮干し、カタクチ煮干し、水、だしパック

1

煮干し、昆布、干し椎茸を一晩水に漬けてから炊く。沸いてきたら昆布を出す。

Point

だしパックを追加

2

真昆布、煮干し、節類の3つのだしパックを入れて20分炊く。火を止めて20分ほど置く。

入れるだしパックの数で仕上がりを調整する。出しパックは漉す前に取り出して、絞る。

Point
鍋の内側を拭く

4
ペーパータオルで、寸胴鍋の内側にこびりついたアクをふき取る。

Point
火加減を調節

5
沸騰前にアクはしっかりとる。水で溶いた鶏ミンチを入れて混ぜるとスープの温度が80℃くらいに下がるので、その温度をキープする火加減にして、アクが浮いてくるように炊く。

まず、ミンチのアクと同時に背ガラに残ったアクが浮いてくるので、網で除く。

その後に浮いてくる鶏ミンチの脂を除く。

Point
静かに漉す

8
目指す水位を見ながら炊く。後半は、鍋の内側にこびりついたものははがしてスープに落す。

濃度計で3～4になる間でスープの味見をして仕上がりを調整する。

Point
上の脂だけ除く

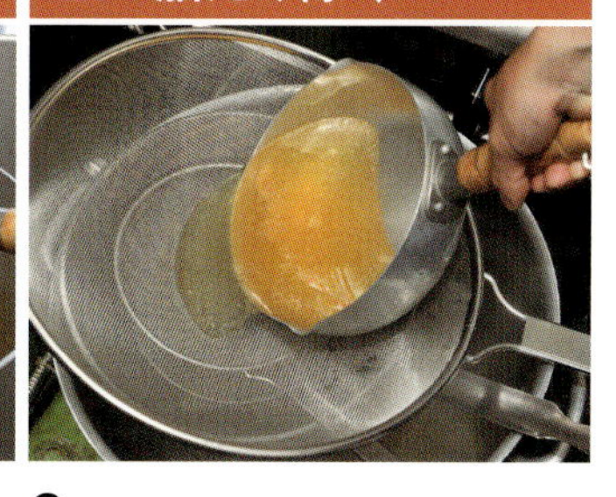

9
上から静かにすくって漉す。網は3つ重ねて漉す。水に浸けて粗熱を取って冷蔵庫に移す。冷えて表面に固まる脂だけ除きたいので、スープが冷えてゼラチン状になる前に取り除く。

3種類のだしパックを翌日合わせて風味を調整

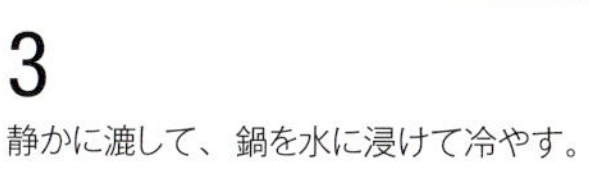

3
静かに漉して、鍋を水に浸けて冷やす。

煮干しは脂の多ほうがラーメンの味に必要と考えて、脂ののったものを使う。

魚介スープは、煮干し、真昆布、干し椎茸でとる。魚介塩らぁ麺も醤油らぁ麺も、Wスープではなく魚介スープだけで作るので、スープに多少インパクトも必要と考え、煮干しは脂の多い煮干しを使い、頭もワタの部分も除かず使っている。日本酒を加えた、多めの水に一晩漬けるのは、臭みのためと、日本酒にはコハク酸が含まれていて、塩ダレには同じくコハク酸を多く含む貝柱を使っているので相性を良くするためもある。多めの水のほうがだしが出やすい。水は還元イオン水を使っている。

水出しした後、翌日に炊くとき、だしパックを追加する。だしパックは風味づけのために活用している。昆布系、煮干し系、節類系に分けてパックを使っている。

鶏チャーシュー

【材料】鶏ムネ肉、マリネ液、黒胡椒

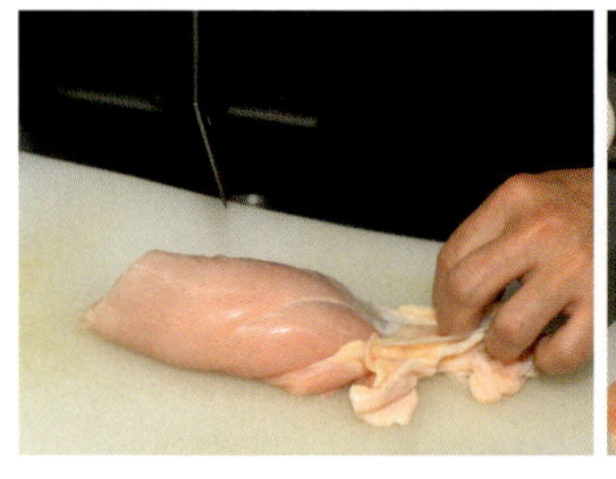
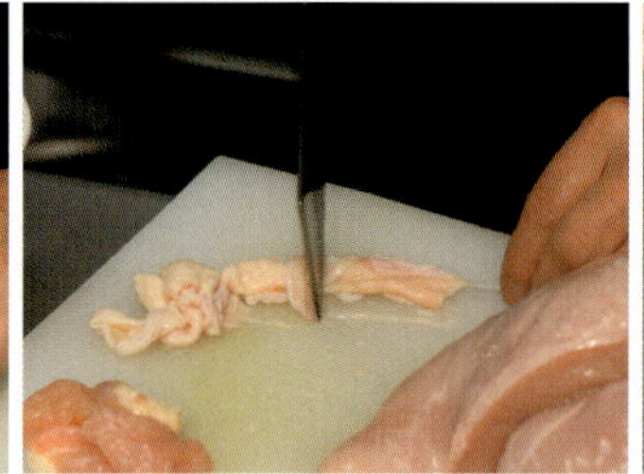

1

鶏ムネ肉の皮を除く。同店のは脂が少ないラーメンなので、ムネ肉を選んだ。

鶏皮は刻んで、味付け玉子の漬け汁で炊いて「ミニ鶏皮丼」(●ページ)として売っている。

Point

ミートテンダーライザーで切り込み

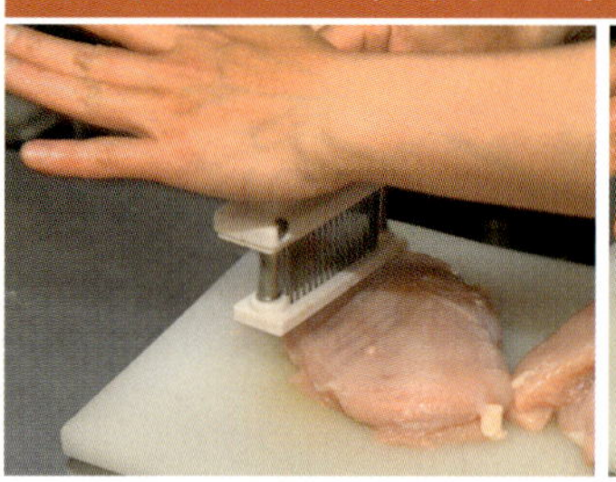
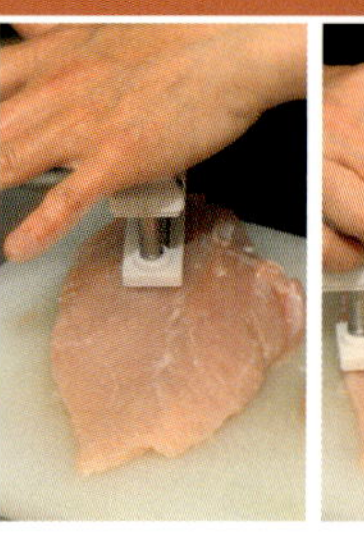
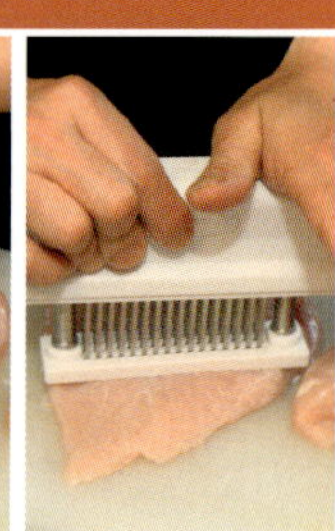

2

マリネする前にミートテンダーライザーで肉に切り込みを入れる。肉の繊維を断ち切るようにミートテンダーライザーの刃を入れる。肉の繊維を見て、ミートテンダーライザーの向きを変えながら、全体に切り込みを入れる。

オモテもウラも、しっかりと切り込みを入れる。

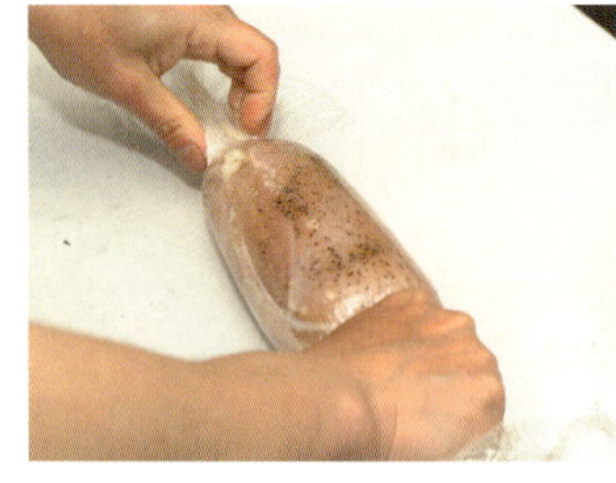
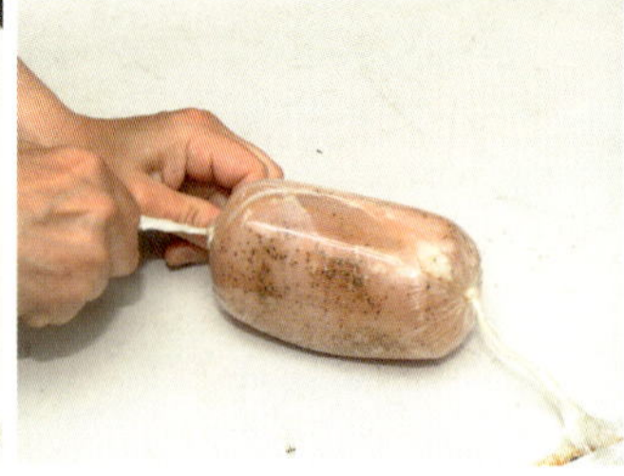

6

ラップの両端をねじって、ぴったり密着させて丸める。

ねじったラップは両端とも縛る。

Point

こまめに点火・消火

7

弱火でゆでる。まず67℃まで湯温を上げ、そこで火を止める。湯温が60℃に下がったら再び点火して、65℃に上がったら火を止める。これを60分ほど繰り返す。

8

点火・消火を繰り返して60分炊いたら、氷水に浸けて急冷し、冷やす。

鶏ムネ肉で、ふっくら・しっとりチャーシューに

脂分の少ないスープなので、脂分の多い豚肉のチャーシューが合わないと考え、鶏ムネ肉を選んだ。ただし、普通に炊いたらパサパサした鶏チャーシューになってしまうので、工夫をした。

まず、鶏ムネ肉は皮を除いてマリネする。マリネ液が肉によく浸透するようにミートテンダーライザーで切り込みを入れる。食べたときの食感を考え、肉の繊維を断ち切るように刃の向きを変えながら切り込みを入れる。

マリネした鶏ムネ肉は2枚重ねてラップで包んで茹でて加熱する。鶏ムネ肉1枚を巻いたものを加熱したこともあるが、火が入りやすくパサパサになりやすいが、2枚重ねるとジワジワ加熱でき、ふっくらと仕上げられる。ゆっくり加熱したいので、水から加熱して温度計で温度を見ながら、点火したり消したりを繰り返す。切り分けるときも肉の繊維を断つ方向で切っている。

3
塩と三温糖がメインのマリネ液に漬ける。

ふっくら仕上げるため、手でもんでマリネ液を染み込ませて、冷蔵庫に一晩置く。このとき、皮をはいだ側を下にしてムネ肉を重ねる。このほうが液がよく染みるので。

4
翌日、マリネした鶏ムネ肉をバットに広げて、胡椒をふる。

5
鶏ムネ肉を2枚重ねてラップの上に置く。

9
冷えたら氷水から出して、冷蔵庫に一晩置いて肉を絞める。

Point

肉の繊維を断ち切る向きでカット

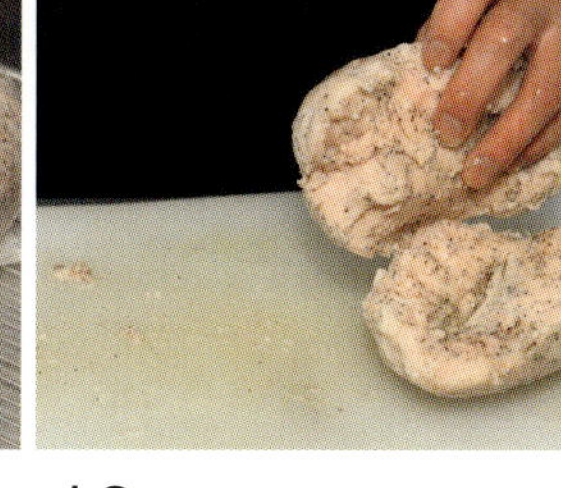

10
ラップをはずし、重ねてあった鶏ムネ肉をはがす。

肉の繊維に沿って切るとパサパサした食感になるので、肉の繊維を見て、繊維を断ち切るようにカットする。

肉の向きを変えながら、繊維を断ち切るように切る。

鶏油

塩らぁ麺、魚介塩らぁ麺の香味油として、鶏油を合わせる。丸鶏の腹脂のブロックを炊いている。溶かすのみで、ねぎや生姜とともに炊いたりはしないで使っている。

穂先メンマ

【材料】水煮穂先メンマ、水、砂糖、唐辛子、醤油

Point

5回茹でこぼす

1

水煮穂先メンマを茹でこぼす。5回茹でこぼして、水煮特有の匂いと色もぬけるまで茹でこぼす。そうすることで味がのりやすくなる。

2

砂糖、唐辛子で味付けする。

3

焦げやすいので最後に醤油で味付けする。

4

味見をして調味料を調整して仕上げ、鍋底を水に浸けて冷ましながら味を染みこませる。

塩ダレ

味の要として、手間とコストをかけて作っている。干し椎茸、真昆布は冷水に1日浸けてから炊いて、漉す。干し貝柱、干しエビなども1日水に浸けてから炊いて、こちらは漉さない。この2つを圧力鍋で炊いてから煮詰める。そこに大島の海塩、淡路の藻塩、モンゴルの湖塩を加え、大分の白醤油、貝エキス、貝粉末を加えて冷蔵してねかせる。醤油らぁ麺では、丼で醤油ダレと塩ダレを合わせて使っている。

澄んだスープに合う色合いも考慮して、メンマを調味

スープのベースはシンプルな味を目指したので豚背ガラと鶏ミンチのみでとり、野菜の甘みが移らないようにねぎなども少量のみにした。甘みは塩ダレに使う貝の甘みを生かし、複雑な風味の塩ダレをシンプルなスープで引き立るることが、『美志満』の味づくりの基盤にある。背ガラを選んだのは、肉片も付いているので、その肉のだしも生かせるから。基本的にアクとりのために入れる鶏ミンチも、その肉の味をスープに生かしたいので、最後のほうに加えるのではなく初めの段階で加えた。こうした繊細なスープに合わせて、水煮の穂先メンマは5回茹でこぼして臭いを抜く。色が抜けるまで茹で、砂糖、醤油、唐辛子で味付け。メンマにおいても、澄んだスープの上に盛りつけてなじむ味付けと色合いの双方から自店のラーメンに合うように仕上げている。

●埼玉・春日部

麺や 豊

店主 結束　豊

中国料理の有名店『銀座アスター』に7年勤めたのち、ラーメン店で独立開業をするために数件のラーメン店で働いて2012年9月に『麺や　豊』をオープンした。

中華そば
720円（税込）

看板商品は中華そば。3種類の醤油のタレと鶏清湯+魚介スープ+アサリだしの無化調トリプルスープ。麺は自家製麺で、埼玉県産小麦粉をメインにした麺。切り歯20番の細麺か16番の太麺を選べるようにしている。有機栽培の小松菜、穂先メンマ、白髪ねぎ、柚子皮、豚肩ロースチャーシュー1枚をトッピング。

無化調トリプルスープと自家製麺の、中華そばを看板商品に

店主の結束　豊さんは、中国料理店の調理場で働いた経験がある。その調理技術を生かし、スープも麺も具材も、こだわった味づくりを追求して評判を広げている。カウンター８席、４人掛けテーブル席２卓で、週末は家族連れも多く、平日は１人で来店する女性客も多い。

基本にしているのは、「体にやさしい味」。そのため、醤油ダレも味噌ダレも無化調で作り、麺も国産小麦粉だけで、さらには地元の埼玉県産小麦粉をメインに、その全粒粉も配合して香り豊かな麺を自家製麺している。

看板商品は、末永く、幅広い客層の支持を受けることを考えて中華そばに決めた。だが、開業前は、店ができてからも、なかなか味が決まらず、１ヶ月ほど店を開けられなかったという。現在は、鶏清湯と魚介スープとアサリだしのトリプルスープ。アサリは鶏清湯を炊く寸胴鍋に入れていたこともあるが、別にだしを取ったほうがだしの出具合が違うので、今は別に取って合わせている。

年配の客層に支持される味の「中華そば」を看板商品にしながら、女性客に支持されるラーメンとして「ベジ味噌」を用意した。

「ベジ味噌」は、野菜のポタージュを合わせた味噌ラーメンで、スープの濃度は高いが、野菜ポタージュの濃度によるものなので、味わいは軽いのが特徴だ。

中華そばでは、柚子皮をトッピングし、ベジ味噌では、粉チーズをトッピングし、香りの第一印象で特徴をアピールしている。

無化調を追求しているので、スープに使うガラの量が増え、コストがかさむ分は、残ったガラで鶏白湯を作ったり、二番だしを活用したりして調整している。さらには、二番だしを取った残りでつくだ煮にしたり、醤油ダレに使った乾物を餃子の隠し味にも活用している。1

自家製のラー油。サラダ油でタカノツめ、ニンニク、ねぎ、花山椒を炊いたもの。ベジ味噌の味のアクセントにすすめる。

住所／埼玉県春日部市粕壁東1-3-1
電話／048-754-5151
営業時間／11時30分～15時、17時30分～22時
日曜日·祝日の夜は17時30分～21時
定休日／火曜日
規模／15坪·16席
客単価／900円

6種類ほどの野菜を炒めてミキサーにかけ、鶏油で風味付けしたベジポタージュを味噌ダレと合わせて仕上げる。

ベジ味噌
780円（税込）

味噌ダレも無化調で作っている。紅一点の白味噌を主体に、赤味噌を合わせ、くるみ、白ごま、甜麺醤、豆板醤、八丁味噌、山椒粉などで香りよく仕上げる味噌ダレ。ベジポタージュを合わせて、濃度があるが、味わいは軽い味噌ラーメンで、女性の人気が高い。

鉄板棒餃子
480円（税込）

皮は自家製。ボリュームあるアンとともに大葉も包んでいるので爽やかな味わい。添えられるポン酢と大根おろしが良く合う。

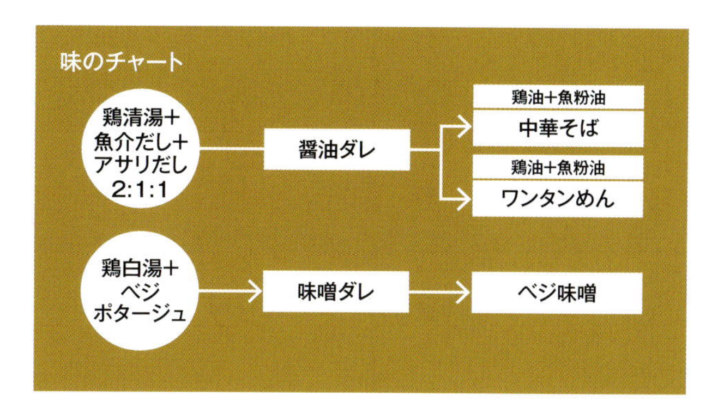

鶏清湯

【材料】赤鶏の胴ガラ、親鶏の胴ガラ、モミジ、丸鶏、鶏小骨

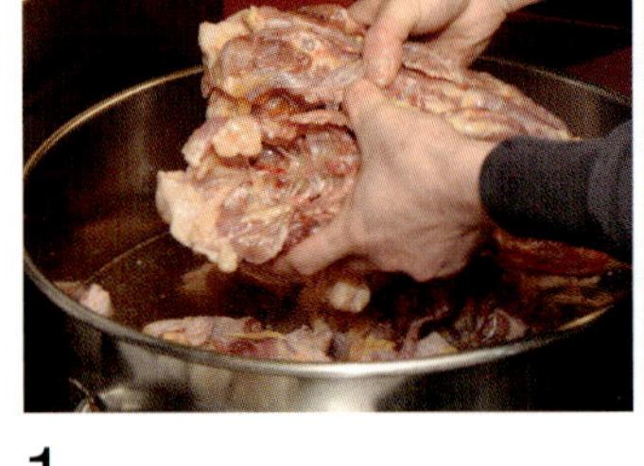

1
寸胴鍋(直径42cmのステンレス製を使用)に水を張って、爪を落としたモミジ、鶏小骨、鶏胴ガラの順に入れる。胴ガラは脂は取らないようにして内臓を除き、水に少しさらして血抜きをして入れる。下茹ではしない。水郷赤鶏の胴ガラと親鶏の胴ガラは1対2の割合。

Point
終始、弱火で

2
炊いていくうちに沈んでいくが、最初は胴ガラで満杯の感じ。最初から弱火でゆっくりと湯温を上げていく。

3
沸いてきたら、出てくるアクをすくい出す。混ぜないで、浮いてくるアクのみを除く。

4
アクを除いたら、表面の鶏脂を取り出す。この鶏脂はねぎ·生姜で炊いて香味油として使う、ベジポタージュにも使う。

Point
濃度

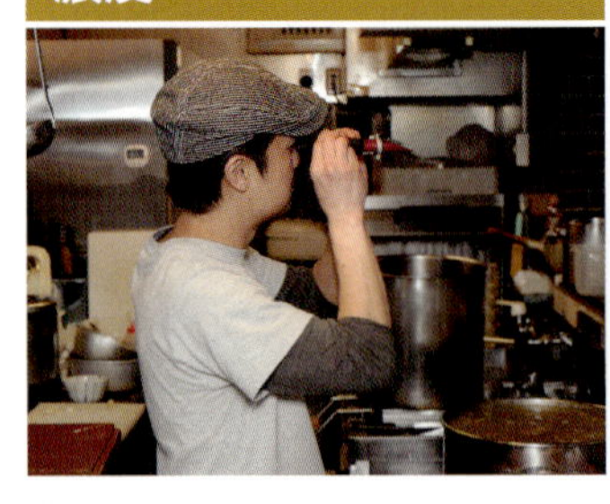

9
濃度計で計り、ブリックス8になるように肩ロースを炊いた煮汁を加えて調節する。

Point
漉す

10
ブリックス8にしたら、漉す。残ったガラは鶏白湯用に使うので捨てない。

11
漉した後、上に溜まる脂はすくい出す。この脂は鶏白湯に使う（鶏白湯の作り方の2）。

12
水を張ったシンクに浸けて冷やす。営業中は、注文ごとに手鍋に鶏清湯200ml、魚介スープ100ml、アサリだし100mlを合わせて温めて使う。

鶏のだしを強く感じるスープ+アサリだし+魚介スープ

看板商品の「中華そば」は、鶏清湯と魚介スープとアサリだしのトリプルスープ。そのスープの半分の割合が鶏清湯なので、仕込む量も一番多い。鶏のうまいだしがきいた鶏清湯を目指していて、しかも、無化調をうたっているので、必然的にスープに使う材料が多くなる。

鶏胴ガラは、水郷赤鶏と親鶏のものを使っている。水郷赤鶏の胴ガラは肉付きもいいので、いいだしが出るが、これだけを使うと原価がかさむので胴ガラの中で脂の乗りがいい親鶏の胴ガラを合わせた。

特に火加減に注意し、ゆっくりと水から炊いていき、ぐつぐつ沸かないように弱火を調整しながら炊いていく。

香味野菜を入れるタイミング、甘みを加える野菜の投入をずらして風味付けし、最終的に濃度計で合わせて仕上げている。

Point

丸鶏投入

5
鶏脂を取り出したら丸鶏を入れ、湯を足して寸胴鍋いっぱいにする。ここから約10時間、弱火で炊き続ける。

6
丸鶏を入れてからおよそ90分後に、ねぎ、生姜、ニンニクを加える。ここから2時間後に丸鶏は取り出す。

7
丸鶏を取り出して2時間後に、椎茸の軸、白菜、玉ねぎを入れる。野菜の甘みを加えるためで、白菜ではなくキャベツを入れる時季もある。

8
白菜を入れてから2時間ほど炊いたら、チャーシュー用の肩ロースを炊いた煮汁を加えて水位を戻す。

鶏白湯

【材料】鶏清湯を取ったガラ、鶏清湯の上澄み脂、鶏胴ガラ、丸鶏、生姜、ニンニク、水

1
鶏清湯を取った残りのガラに湯を足して強火にかける。焦げないように混ぜながら炊く。

2
2時間ほど強火で炊いて、漉す。漉したものに鶏清湯の上澄みの脂を加え、鶏胴ガラ、丸鶏、ニンニク、生姜を加えて6時間強火で炊いて鶏白湯にする。

3
鶏白湯は、昼夜各15食限定の「鶏白湯そば」と、「ベジ味噌」のスープとして使う。(写真はベジ味噌の調理過程で鶏白湯を使用しているところ)

中華そばの醤油ダレ

下総醤油、ヤマサ、サンビシの3種類の醤油を合わせて火にかけ、昆布と椎茸の戻し汁と干しエビ粉、貝柱粉を合わせて70℃を保つように弱火で30分ほど炊く。ここに、酢を少し加えて煮切ったみりん、岩塩を合わせて火から降ろす。蒸気が溜まらないように紙でフタをして2週間冷蔵してから使用する。醤油ダレは1人前スープ400mlに対して23mlの分量。

魚介スープ

【材料】煮干し、サバ節、ソウダ節、サンマ節、ウルメ煮干し、水

Point

水出し

1
煮干しは水に浸けて一晩置く。

2
翌日、火にかけて、沸いてきたらアクを丁寧に除く。

3
サバ節、ソウダ節、サンマ節、ウルメ煮干しを同割りで合わせたものを加える。

醤油ダレに昆布を使っているので魚介スープには昆布は使わない。

Point

定温で炊く

4
節類を加えたら90℃をキープして25分ほど炊く。

途中、浮いてくるアクはこまめに取り除く。

Point

漉す

5
漉して、冷やす。漉した煮干し、節類は二番だしを取るのに使う。二番だしは、メンマ、煮玉子を炊くのに使う。

アサリだし

【材料】

アサリ、水

1
アサリに対して2倍の水に浸ける。

2
沸かさないで15分置いて、漉す。

中華そば用のスープの仕上げ

鶏清湯200mlに、魚介スープ100ml、アサリだし100mlを手鍋で合わせて、醤油ダレ、香味油とともに温めて仕上げる。

つくだ煮

魚介スープを取った残りを炊いて二番だしを取り、それは、メンマを炊く煮汁、煮玉子を味付ける煮汁に活用する。さらに、二番だしを取った残りは、醤油、みりん、砂糖などで味付けし、つくだ煮にする。ビールやお酒を注文したお客に、サービス品として添えて出して、喜ばれている。

無化調でスープ材料が多くなる分を、上手に工夫

鶏清湯を取ったガラを活用して鶏白湯を仕上げて、昼夜限定15食の鶏白湯そば(800円)を出している。(夏期は鶏白湯はやめて、つけめんを出す)魚介スープを取った乾物の残りでは二番だしを取ってメンマや煮玉子を炊く。二番だしを取った残りでつくだ煮も作り、サービスのおつまみとして出している。

また、アサリだしを取ったアサリは、ランチ限定の炊き込みご飯用に活用している。上手に原価調節をしている。

中華そば用スープには材料を多く使うが、その材料の二次活用をしてメニュー幅を広げて、原価を上手に調整している。

魚粉油

サラダ油で魚粉を炊いて漉したもの。魚粉油2に対して鶏油1の割合で合わせた香味油を中華そばに使用している。

鶏油

鶏清湯を炊くとき、沸き始めのころに浮いてきた脂をすくい取る。この
鶏油で生姜とねぎを炊く。ねぎが焦げる前、色づくくらいで漉して冷蔵保存。魚粉油と混ぜて香味油にする。
ベジポタージュの香り付けにも使う。

中華そばとベジ味噌用の太麺

【材料】埼玉県産小麦粉(ハナマウンテンブレンド)**、埼玉県産小麦の全粒粉、北海道産小麦粉**(紅K)**、かん水溶液、塩**

Point
小麦粉

1
埼玉県の店なので、埼玉県産小麦粉を主体に製麺することにした。開店当初は外国産小麦粉が半分だったが、埼玉県産を主体に変えてから、「麺の香りがいい」と言われるようになったという。

Point
あらめし帯

2
粉だけを攪拌した後、塩も加えたかん水溶液を合わせて攪拌し、バラがけ。粗麺帯にする。

Point
複合

3
粗麺帯を2本作り、複合を2回する。2回目の複合のときは打ち粉をしながらする。

Point
休ませる

4
ビニール袋に包んで60分ほど休ませる。

Point
手もみ

6
中華そば用には、切り出して、麺がやわらかいうちに手もみする。

手もみしてから冷蔵して休ませ、翌日使う。

切り出してすぐ手もみするのは、茹でる前に手もみしていると提供が遅くなるのを考慮してのこと。ただし、茹でる前に軽く手もみして茹で麺機に投入する。

看板商品の中華そばは、細麺か太麺を選べるようにした

「すべてに、こだわりたい」という思いから、結束さんは開店当初から自家製麺に取り組んできた。

看板商品の中華そば用には、加水35%で切り歯20番の細麺、ベジ味噌用には加水37%で切り歯16番の中太麺を作ってきた。加水は季節で調整する。

当初は、外国産小麦粉が半分で、残りは国産小麦粉を使っていたが、「粉にもこだわりたい」と、国産小麦粉だけで自家製麺するように変えたのが現在の麺。国産小麦粉でも、地元の埼玉県産の小麦粉を選んで、そのことは店頭でもアピールしている。店内の製麺室の前には、「埼玉産小麦粉」の25kg袋も積んで証明もしている。埼玉県産小麦粉を主体に変えてから、「麺の香りがいい」と言われるようになったという。

また、中華そばには細麺を合わせていたが、太麺を選べるようにもした。太麺はベジ味噌用の麺を手もみし、ちぢれ麺にして使用する。注文を受けるときに「細麺か太麺が選べますが、どちらになさいますか」と尋ねている。現在は太麺を選ぶお客の方が多いという。

Point

切り出し

5

休ませた麺帯は、圧延しながら切り出す。太麺は切り歯16番。

切り出した麺は冷蔵庫で休ませて翌日使う。ストレート麺のまま冷蔵した麺はベジ味噌用に使う。中華そば用には手もみして、ちぢれ麺にして冷蔵する。1人前150gで使う。

ワンタン

豚挽き肉、鶏挽き肉を半々に合わせて、ねぎ、玉ねぎ、生姜で味付けしたアンを自家製の皮で包む。なるべく包みたてを茹でている。

餃子

ボリュームがあって人気がある。アンは、豚挽き肉に背脂、キャベツ、白菜、ねぎ、玉ねぎ、ニラ、ニンニク、生姜、煮こごり、そして、醤油ダレに加えて漉した貝柱粉と干しエビ粉を隠し味として活用している。

ワンタンの皮、餃子の皮も自家製で

製麺機を店内に設置していることを利点にして、ワンタンの皮も餃子の皮も自家製にしている。

ワンタンの皮は、全粒粉入りの太麺の生地を0.5ミリ厚の伸ばして使用する。

餃子の皮は、カンスイを入れない専用生地を作り、餃子用には丸く抜いて使い、棒餃子用には四角く切って使っている。

どちらも、もちもちした生地の食感を魅力にしているので、その魅力を引き出すために、できるだけ包み立てを茹でたり焼いたりするようにしている。

味噌ダレ

【材料】 紅一点北海道みそ（赤味噌）、紅一点北国の味（白味噌）、醤油、甜麺醤、豆板醤、八丁味噌、本みりん、三温糖、塩、山椒粉、清酒、ニンニク、生姜、くるみ、白ごま、バター、ごま油

1

くるみ、白ごま、ニンニク、生姜と醤油をミキサーで粉砕する。白ごまは多め。これと、甜麺醤、豆板醤、八丁味噌、三温糖、塩、山椒粉、煮切ったみりんと清酒を合わせて火にかける。

2

一旦、火を止めて、赤味噌と白味噌を加える。赤味噌1に、白味噌3の割合。

3

味噌は焦げやすいので、よく混ぜてから再び点火して混ぜ続ける。

4

フツフツと沸いてきたらバターを加えてよく混ぜ合わせて火を止める。仕上げにごま油を加えて混ぜ合わせる。炊き過ぎると味噌の風味が飛ぶので注意する。

Point

寝かせる

5

バットに流し入れて冷ます。冷蔵庫で3日ねかせてから使用する。

女性客に評判の味噌ラーメン

学生が多い春日部駅西口に対して、『麺や　豊』の立地する春日部駅東口は、年配客が多く感じる。さっぱりした味わいの中華そばを看板商品にすることを決めていたので、あえて東口の立地を結束さんは選んだという。

そして、女性客が一人でも来店しやすいように、中華そばの他に開発したのが味噌ラーメン。野菜でとろみをつけた、いわゆる「ベジポタ」と呼ばれる味噌ラーメンで、若い女性客を意識して、「ベジ味噌」というネーミングで提供した。

濃度があるスープなので濃厚そうに感じるが、野菜のポタージュでの濃度で、魚粉も合わせるので味わいは軽く、野菜をたくさん摂取できるのでヘルシーな一杯として評判はいい。炒めた白菜、キャベツ、もやしとともに、素揚げした人参や白ごま、粉チーズ、小松菜を盛り付け、見た目も野菜のインパクトを高めた。チーズをのせたご飯にこのスープかけて食べる「リゾットご飯」はランチセットの人気にもなっている。（11時～15時のセットで150円。ランチ以外は250円で提供）

味噌の作り方

1

ねぎ、ニンニク、生姜のみじん切りタカノツメを炒める。

2

香りが出たら、キャベツ、白菜を入れて炒める。

3

鍋肌に醤油を垂らして香りを立たせる。

4

二番だしと、味噌ダレの半分を加えて炒め合わせながら、味噌の香ばしさを出す。

5

鶏白湯と魚介スープを2対1で合わせたものを加えて混ぜ合わせる。

ベジポタージュ

【材料】じゃがいも、人参、玉ねぎ、大根、かぼちゃ、ブロッコリー、水、サラダ油

Point

ミキサーに

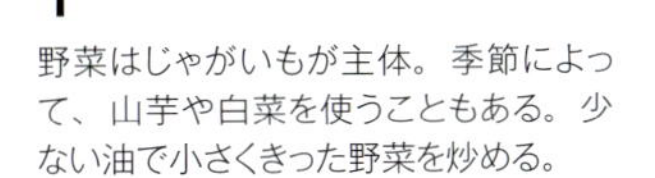

1
野菜はじゃがいもが主体。季節によって、山芋や白菜を使うこともある。少ない油で小さくきった野菜を炒める。

2
野菜の倍の量の水を加えて炊く。野菜に火が通ったら火を止めて、粗熱が取れるまで冷ます。

3
粗熱が取れたら、ミキサーにかけて、なめらかになるまで撹拌する。

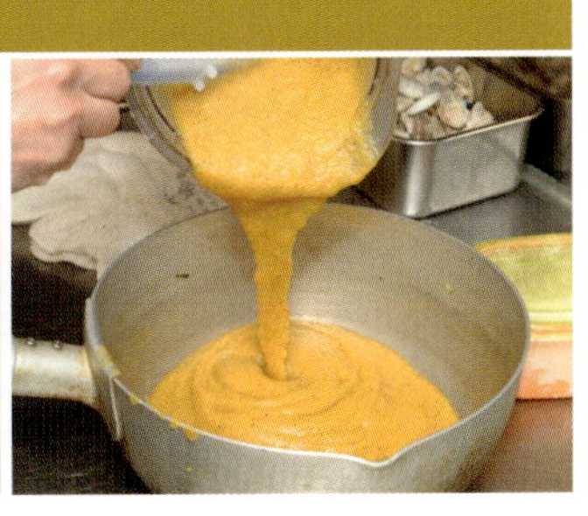

なめらかになったら、鍋に移す。

4
鍋を火にかけて、混ぜながら鶏油を加えて香りを付ける。

鶏油は、鶏清湯を炊くときに取る鶏油で、ねぎ・生姜を炊いて作るもの。ねぎが色づくまで炊いて漉す。

よく混ぜて、鶏油を全体になじませて完成。

6
ベジポタージュを続いて加える。

7
魚粉を加える。

残りの味噌ダレを加えて、しっかりと溶かす。

8
ごま油で風味付けをする。

9
でき上がりの直前にもやしを入れて、さっと合わせて茹で上げた麺を入れた丼にスープと具材を盛る。

チャーシュー

【材料】豚肩ロース肉、ねぎの青葉、生姜、
醤油ダレ(醤油、グラニュー糖、黒蜜、カキ油、塩、魚介スープ)

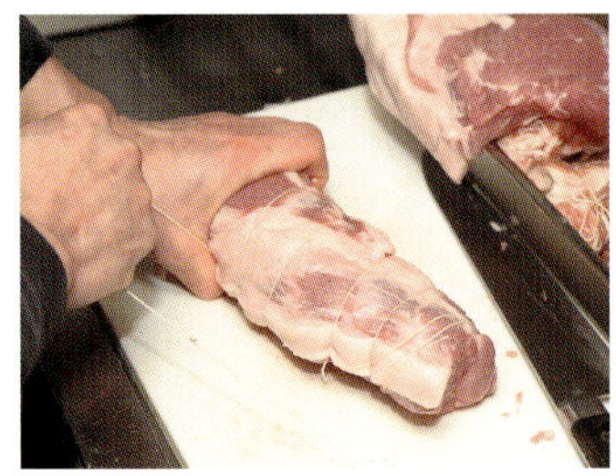

1
タコ糸で縛って肩ロースの形をそろえる。

Point
表面を焼く

2
縛った肩ロースは、表面を強火でカリッとするくらい焼く。

表面を焼くので、その焦げ臭が入るので鶏清湯で一緒に炊くのではなく別に炊いている。

Point
湯通し

3
一度湯通しして、表面の油を落す。

4
別の鍋に湯を沸かし、生姜の皮を入れ、そこに肩ロースを入れて90分ほど炊く。この煮汁は、鶏清湯の仕上げ段階に加える。

肩ロースを取り出して、醤油ダレ、ねぎの青葉、生姜とともに落としフタをして30分ほど炊く。

30分炊いたら火を止めて60分置く。鍋から出したらラップして1日冷蔵して、スライスする。

提供時

スライスしたチャーシューは、片面だけ、脂身の側をバーナーで炙ってからトッピングする。

中華そば、ベジ味噌の両方に合うチャーシューに

さっぱり系の醤油ラーメンである中華そばと、野菜のポタージュを加えるベジ味噌の共通のチャーシューには、脂身の少ない肩ロースを選んだ。

いわゆる煮豚だが、表面をカリッと焼いてから煮るので、香ばしさがあるのが特徴。

煮豚の場合、スープを炊く鍋で一緒に炊く例が多いが、『麺や　豊』では、肩ロースに焼き目をしっかり付けるので、その焦げが鶏清湯に入ると苦味になって出るおそれから、別鍋で茹でるにしている。

醤油ダレで炊いてから1日冷蔵してからスライスし、トッピングする直前には、肩ロースの片面の脂身側をバーナーで炙り、脂を落としてから盛り付けて、スープに余分な油が入らないようにも配慮している。

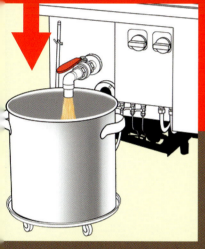

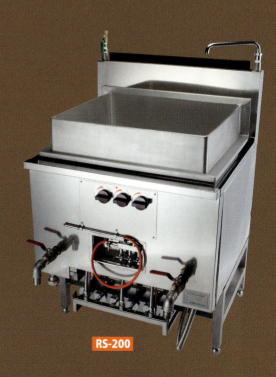

●埼玉・川越

麺匠 清兵衛

その日に使っている和風スープに使用した魚のアラの種類を毎日店頭で表示している。系列の居酒屋から入れるので、高級魚のアラも使う。

特選 淡麗とりそば
980円（税込）

蒸し鶏、豚バラ肉の焼豚、つくね、味玉、だしで炊いたタケノコがトッピング。蒸し鶏以外は調味に醤油を使うが、醤油の風味が塩ラーメンの風味を邪魔しないように配慮して作っている。麺は中太ストレートで、「並」で150g（茹でる前）のボリューム。

16席で、週末は360杯を売る大人気の塩ラーメン専門店

塩ラーメン専門店として2010年11月に川越駅駅前にオープンした『清兵衛』。川越市の繁盛居酒屋『旬もの旨い肴　竹蔵』、『炉端焼竹蔵　はなれ』、『竹蔵　本川越店』を経営するエンプラス（株）が出店した店だ。2013年よりは自家製麺も始めた。

代表取締役の小林英樹氏は、「居酒屋の次に塩ラーメン店を」と計画していたという。『竹蔵』は鮮度のいい刺身を看板商品にするため、毎日、季節の鮮魚のアラが出る。それを『清兵衛』ではスープ作りに活用する。アラは、4月では、天然鯛、金目鯛、イサキ、ヒラメ、ホウボウなど。刺身にさばいた後のアラなので、高級魚のアラも多い。

日によって使うアラが変わり、今日は何を使ったかは店頭で表示している。アラは、焼いてから使う。ホタテ貝柱、干し椎茸、真昆布と炊いて和風スープにする。使う魚の種類が変わるので、だしパックを併用して調整する。

この和風スープ1に対して鶏清湯6を合わせて「淡麗」用のスープにする。鶏清湯は鶏胴ガラ、手羽チップ、廃鶏と、焼豚用のバラ肉と野菜を弱火で炊いたもの。野菜は、キャベツ、人参、玉ねぎ、ごぼう、白菜、ニンニク、生姜で、多く加えている。

16席で、11時～24時までの通し営業をしている。週末は1日360杯を売る大繁盛店であり、平日のランチ時の11時～14時は、味玉か炊き込みご飯をサービスしている。このサービスをする平日の3時間で130杯ほども売る。作業効率も考え、和風スープと鶏清湯は営業前に寸胴鍋で合わせ、塩ダレも合わせて味を完成させておく。丼で合わせる手間、そして、忙しい中での計り込みを防ぐ工夫をして営業している。

鶏清湯を作った後のガラに鶏ガラを追加して強火で炊いて、鶏白湯を作る。鶏白湯と和風スープを合わせて「濃厚とりそば」にする。「濃厚」も「淡麗」と同様に、寸胴鍋に塩ダレも加えて営業前に味を完成させておく。和風スープを合わせる割合は、「淡麗」よりも少なくした。なお、「濃厚」は、味をまろやかにする隠し味として、手鍋で温めるときに生クリームと牛乳をブレンドしたものを少し加えている。「濃厚」用のスープは1日60杯分ほどしか作れないが、つけめんでも提供し、ファンをつかんでいる。

濃厚とりそば
770円（税込）

「淡麗」のスープを漉した鶏ガラに鶏胴ガラと手羽チップを足して強火で5時間炊いたスープ。詰めては水を足して濃度を出す。1日60人前ほど用意する。

「濃厚」を注文したお客には、高菜漬けと紅生姜を盛った小鉢を提供。途中で加えて味の変化を楽しんでもらう。

焼豚　濃厚つけめん
1080円（税込）

焼豚を5枚のせる。つけめんは、太平打ち麺を合わせる。茹で時間は約5分30秒。「並」で300g、「大」で450g（茹でる前）。

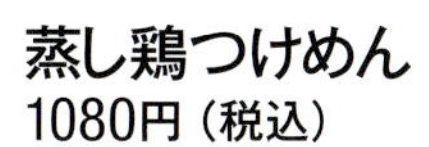

蒸し鶏つけめん
1080円（税込）

蒸し鶏を8切れほどトッピング。つけめんのつけ汁には、つくねを炊くときの煮汁を加えて甘味を加えている。つけ汁にキャベツ、ねぎを入れて手鍋で温めて提供する。

住所／埼玉県川越市脇田本町1-7
川越西口ビル1階
電話／049-248-4410
営業時間／11時30分～24時
（ただしスープなくなり次第終了）
無休
規模／16坪･16席

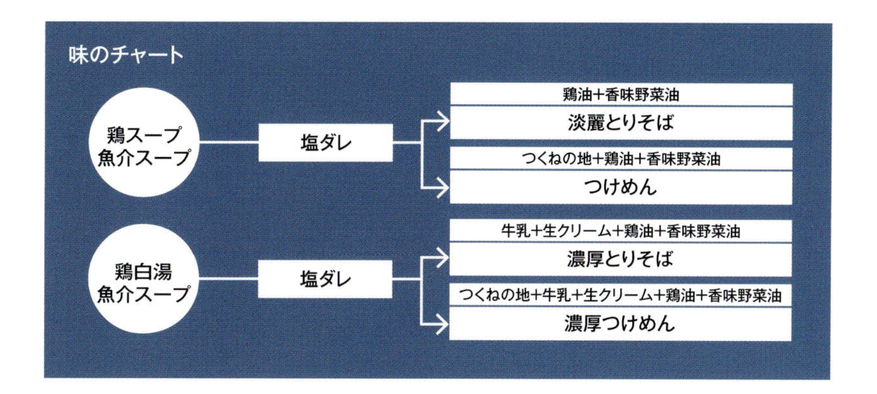

麺

【材料】中力粉(内麦粉)、**強力粉**(ゴールデンメイプル)、**全粒粉、塩、かん水、エレン水**

1
中力粉の内麦粉、強力粉のゴールデンメイプル、全粒粉の粉類をミキサーに入れ、粉だけで3分間ミキシングする。

2
かん水、塩を合わせたエレン水をミキサーに注ぎ3分ミキシングした後、内壁についた生地を落とし、状態を見ながらさらに2分ミキシングする。加水率は40%からはじめ、その日の生地の状態を見ながら微調整する。

3
その後10分間まわし、水分が粉に行き渡り、そぼろ状になったらミキシング終了。

4
バラがけを行なう。麺帯を2.5mm厚になるようバラがけし、麺帯を2本作る。

5
バラがけを終えたら、二枚合わせを2回行なう。1回目は3mm厚に、2回目は3.5mm圧に合わせる。

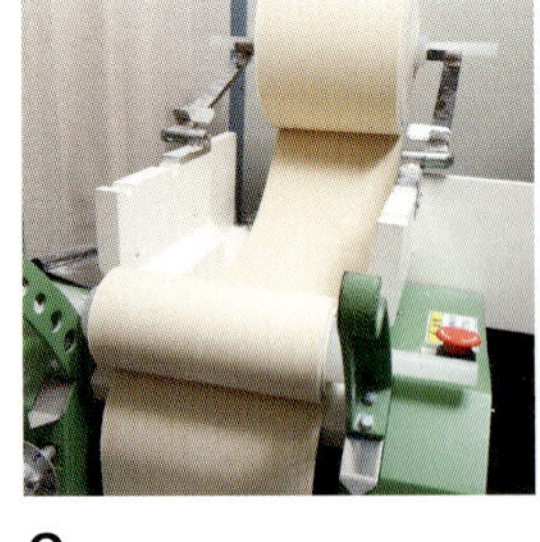

6
二枚合わせ終了後は、麺帯にストレスを与えないよう1回だけ圧延を行なう。

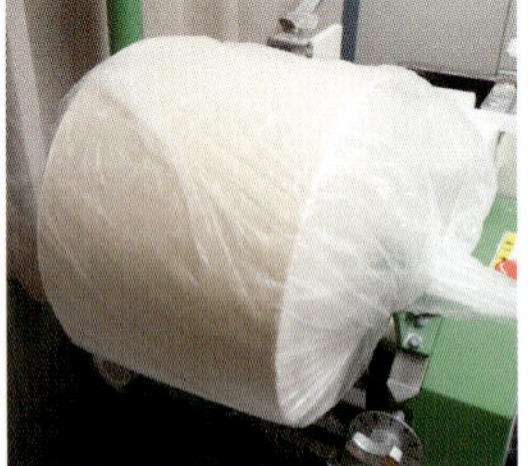

7
麺帯に乾燥を防ぐためのビニール袋をかぶせ、30分間休ませて生地を落ち着かせる。

8
切り出しを行なう。「淡麗」で切り歯14番の中太ストレート麺を使用。「濃厚」は切り歯16番のストレート麺。つけめんは太平打ち麺。

9
麺線の状態で厚紙を敷いた麺箱に入れる。

4℃設定の恒温恒湿冷蔵庫で、ひと晩熟成させてから使う。

全粒粉を加えた、もちっとした麺

麺は、「淡麗」で切り歯14番の中太ストレート麺を使用。「濃厚」は切り歯16番のストレート麺。つけめんは太平打ち麺。食感はもちもち感を重視し、加水率40%以上の多加水だが、一晩ねかせることで麺を締める。全粒粉を加えているが、澄んだ「淡麗」のスープの色合いを考慮して、麺の色が濃くならない程度加えた。製麺機は大成機械工業のを使用している。ラーメンは「並」で150g、「大」では300g、つけめんの「並」は300g、「大」は450g(ともに茹でる前の量)で、100円増しでボリュームが倍増する「大」は学生に評判だ。

淡麗用スープ

麺匠 清兵衛

特選 淡麗とりそば

【材料】首付き鶏胴ガラ、日向鶏ガラ、手羽チップ、廃鶏、豚バラ肉、キャベツ、人参、玉ねぎ、ごぼう、ニンニク、生姜、白菜、水

1
手羽チップ、鶏胴ガラ、廃鶏、チャーシュー用の豚バラ肉を水から火にかける。廃鶏は切り開いて入れる。豚バラ肉は糸で縛って丸めたもの（1本約1.6kg)を1日分の10本ほど入れる。

2
沸いてきたらアクを取る。

すくったアクは、網とペーパーで漉して手鍋で受け止める。アクと一緒に脂もすくうので、それは後で戻す。

3
沸いたら弱火にして野菜を加える。

Point

脂は戻す

4
アクと一緒にすくい出した脂は寸胴鍋に戻す。1時間ほど炊いて、豚バラ肉は取り出す。

5
豚バラ肉を取り出してから1時間後、最初に投入した鶏ガラ、手羽チップ、廃鶏、野菜はザルで漉す。ザルの下にボウルを受け、そこに溜まったスープは戻す。一部はチャーシュー用のタレに使う。漉したガラは濃厚用の白湯づくりにまわす。

6
新たに生の鶏胴ガラ、手羽チップを加えて火にかける。

7
鶏ガラ類をザルで漉したときにボウルで受けたスープは、寸胴鍋に戻す。

8
3時間ほど炊いて、漉す。ザルを沈めて、寸胴鍋の中をかき混ぜないようにしてスープをすくい出す。

目の細かい網で漉しながら、別の寸胴鍋に移す。

残った鶏ガラは、1回目に漉したときの鶏ガラと合わせて、濃厚用の白湯づくりにまわす。

9
漉したスープは、シンクに水を張ったところですぐに冷やす。上に浮いてくる鶏油はすくい、香味油として使う。

濃厚用スープ

【材料】淡麗スープを漉したガラ、首付き鶏胴ガラ、手羽チップ、人参、ニンニク、水

1
淡麗用スープを作るときの、1回目に漉した鶏ガラを使う。

2回目に漉した鶏ガラと合わせて水を足して強火で炊く。

野菜は人参とニンニクだけ。野菜の甘味がスープに移り過ぎないように、これだけにした。

2
焦げやすいので、かき混ぜながら強火で炊く。

和風スープ

【材料】

ホタテ貝柱、干し椎茸の軸、だし昆布、鮮魚のアラ(鯛の頭、イサキ、ヒラメ、ホウボウなど)、水、ニンニク、生姜、ねぎ青葉、日本酒、だしパック

1
ホタテの干し貝柱、干し椎茸の軸、だし昆布は水に前日から浸しておき、翌日、だしパックと日本酒を加えて火にかける。

2
沸いてきたら弱火にして、ねぎの青葉と生姜、ニンニクを加える。

続いて、魚のアラを入れる。アラは毎日、系列の居酒屋から運ばれる。内容は日によって変わる。それをオーブンで焼いて冷凍する。その焼いて冷凍したものを加える。

系列店の繁盛居酒屋から鮮魚のアラを仕入れて、スープに

看板商品の塩ラーメンのスープは、鶏ガラベースのスープと和風スープのWスープ。和風スープは、ホタテ貝柱と干し椎茸と魚のアラでとるスープ。

鶏ガラのスープは、澄んだ清湯系のスープを取ったガラをを強火で炊いて白湯にして「濃厚」として出している。

系列店に、同じく川越市で営業している居酒屋『竹蔵』と『はなれ』があり、刺身を看板メニューにしているので季節の鮮魚のアラが出る。それを和風スープづくりに活用している。そのアラはオーブンで焼いてからスープづくりに使っている。日によって使うアラが変わるので、それは店頭で「本日のアラ」として掲示している。

16席の店で、1平日の1時～14時までで130杯を売る繁盛ぶりなので、鶏スープと和風スープは営業前に合わせ、さらに塩ダレも合わせて、味は完成させておく。注文ごとに合わせる手間と、忙しい中でスープと塩ダレの計り込みを防いで味がブレないようにしている。

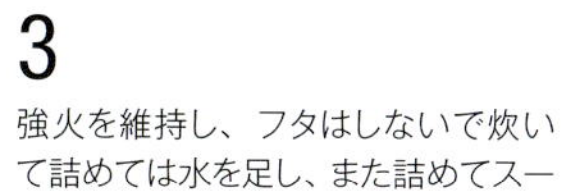

3

強火を維持し、フタはしないで炊いて詰めては水を足し、また詰めてスープの濃度を上げていく。

4

4時間ほど炊いたら、生米をザルに入れて鍋に投入する。1時間ほど炊いて米はザルに押しつぶしてスープに溶け込ませて漉す。

3

焼いたアラを加えて3時間ほど炊く。

3時間炊いて漉す。淡麗用スープ、濃厚用スープに合わせて使う。

営業用濃厚スープ

強火で詰めていくので、濃厚スープは60人前ほどしかとれない。和風スープと合わせ、塩ダレを加えて味を完成させる。和風スープの割合は、淡麗スープより少なめに。注文ごとに手鍋で温めて使い、温めるときに牛乳と生クリームをブレンドしたものを加えてスープをまろやかにしている。

営業用淡麗スープ

淡麗用スープと和風スープを5対1の割合で合わせ、そこに塩ダレを加えて味を完成させておく。丼でタレ、スープを合わせる手間を省くとともに、計り込みも防ぐ。注文ごとに、手鍋に塩ダレ入りスープを注ぎ、鶏油、香味野菜油、ホタテソースを加えて温める。「特製淡麗とりそば」では、手鍋につくねも入れて温める。

焼豚

【材料】 豚バラ肉、継ぎ足してきた醤油ダレ、ねぎ青葉、生姜、ニンニク、醤油、日本酒、砂糖、みりん、塩、うま味調味料

1

淡麗用のスープを炊くときに加えた豚バラ肉は1時間炊いて、継ぎ足して使ってきた専用タレに浸ける。

2

淡麗用のスープで、1回目に鶏ガラを漉したときにガラをボウルで受けて、ボウルに溜まったスープを加える。

ねぎの青葉、生姜、ニンニクに、醤油、みりん、日本酒、砂糖、塩、うま味調味料を足して火にかける。

Point

流水に当てる

3

沸いたら40分ほど炊く。火を止めて冷まし、冷ましたらタレから出して流水に当てて表面の醤油を流す。1日冷蔵してからカットする。盛り付ける直前にバーナーで片面を炙る。

タケノコ

【材料】

タケノコ水煮、水、淡口醤油、日本酒、みりん

1

水煮のタケノコは、外側を包丁でむいて、銀杏の葉に飾り切りする。それを水煮する。水煮して、そのまま翌日まで置く。

2

翌日、淡口醤油、日本酒、みりんで味付けする。

提供時

薄切りにして盛り付ける。盛り付ける直前に、バーナーで片面を炙る。

「淡麗」に合わせたトッピングに彩りに

「淡麗とりそば」と「濃厚とりそば」が2大看板メニューだが、1日60杯分ほどしか濃厚スープは取れないので、必然的に「淡麗」のほうが営業のメインとなる。「淡麗」は鶏ガラを主体に弱火で澄んだスープに仕上げて、それと和風スープと合わせる。色の淡い塩ラーメンで、見た目にも、さっぱりした印象を与えるスープを特徴にしたので、トッピングする具材の味わいも色も合わせた。

味付け玉子は、チャーシューの煮汁で味付けすると色が濃く付き過ぎるので、専用のタレで漬けた。専用のタレは、淡口醤油、白だし、みりん、日本酒、砂糖、塩、うま味調味料、カツオだしを合わせたもの。

同じくチャーシューも、専用の醤油ダレで炊いてから冷まし、流水に当てて表面の醤油ダレを流して使う。そのままカットしてトッピングするとスープに醤油の味が移ってしまうからだ。

メンマの代わりにタケノコの水煮をのせるが、それも、水煮の表面をむいて飾り切りにして、色を付けないように淡口醤油で味付けをする。

蒸し鶏

【材料】 鶏モモ肉、日本酒、ねぎ青葉、生姜、塩、黒胡椒、みりん、うま味調味料

1

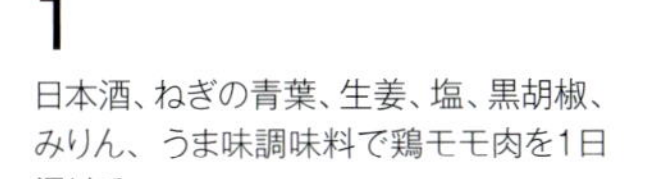

日本酒、ねぎの青葉、生姜、塩、黒胡椒、みりん、うま味調味料で鶏モモ肉を1日浸ける。

皮の側を上にしてモモ肉を重ねて浸ける。

2

蒸し鶏は1日6kg作っている

3

天板にオーブンシートを敷いて、浸けた鶏モモ肉を、皮を上にして並べて120℃で40分ほど焼く。

4

モモ肉が固くならないようにして焼き上げる。

塩ダレ

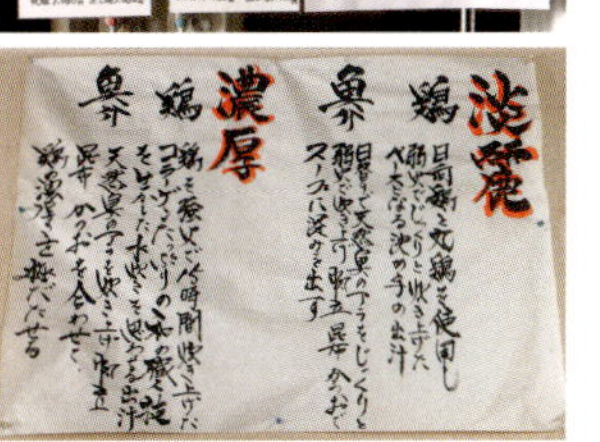

「淡麗」、「濃厚」ともに塩ダレを使う。ホタテの干し貝柱を2日かけて水で戻す。これに、ひと晩水に浸けて戻した干し椎茸の軸とタカノツメを合わせて炊き、だし昆布を合わせる。昆布は1時間ほど炊いてから出して、白醤油、砂糖、ホタテ顆粒だし、うま味調味料、海塩と精製塩を加えて加熱して詰めて仕上げている。

炊き込みご飯

和風スープを作るときに炊く、ホタテの干し貝柱と、タケノコの水煮の外側をむいたもの、飾り切りにするときの端切れ、そして、つけめんのつけ汁の割りスープを炊くだしで炊き込みご飯を作る。ランチタイムには、味玉か炊き込みご飯をサービスで付ける。

●東京・東小金井

くじら食堂

店主 **下村浩介**

東京『麺や七彩』で3年経験を積み、2013年9月に『くじら食堂』を開業。食肉卸会社に14年勤務した経歴も持ち、肉の扱いに精通する。手際よく仕事を進めながらお客に明るく応対する姿は、店内に和やかなムードと活気を生み出す源に。

塩らー麺 670円（税込）

スープの味わいをダイレクトに堪能できる、同店の代表作と称される一杯。下村さんのおすすめでもあり、スープのクリアな見た目に反した、コクのある芳醇な味と香りが魅力だ。スープ300mlに塩ダレ20ml、煮干し油20mlを合わせ、トッピングにモモ肉とバラ肉のチャーシュー、メンマ、ねぎをのせる。

地元の着実な支持と遠方のファンを獲得。夜のみの営業で連日150杯を完売

JR東小金井駅から徒歩２分ほどにある『くじら食堂』。繁華街でない立地で夜のみの営業にもかかわらず、連日150杯を完売する人気店だ。仕事帰りのサラリーマンをはじめ、学生、カップルなど幅広い世代が集い、店内は活気に満ちている。店主の下村浩介さんは、食肉卸会社に14年従事した後、ラーメン店開業を一念発起。東京『麺や七彩』にて３年経験を積み、2013年９月に同店を開業した。手もみ縮れ麺に鶏と魚介の清湯という、『七彩』の喜多方ラーメンのスタイルと技は受け継ぎつつ、その味は理想に向けて研究を続けてきた下村さんのテイストが着実に映し出されている。

下村さんのラーメンづくりのモットーは、「特別な材料を使わずに、いかにおいしく作るか」。食材のグレードを上げるのではなく、食材の使い方、調理法に工夫を凝らし、「手をかけておいしくすること」に信念を持って取り組んでいる。とはいえ現代の食べ手を満足させるにはリッチな旨味が必要だと、「旨味」に焦点を当て、材料を重ね使い厚みのある味づくりを行う。旨味の強化は常の課題であり、日々の経験や同業者との会話などから得た気づきや知恵をフィードバックし、すでに40回以上改良を繰り返してきた。

スープは、丸鶏、鶏ガラ、モミジでとる肉のふくよかな旨味を持つ鶏スープと、昆布、煮干し、干し椎茸、節と様々な旨味を重ねた魚介スープをバランスよく調和させた清湯。全てのメニューに共通で使い、味の構成の主軸にしている。

このスープの味をストレートに楽しめるのが「塩らー麺」。そして、１番人気がタレの生醤油の香りが活きた「醤油らー麺」。どちらもすっきりとした味わいのなかに、ラーメンらしい粗さのフックを加えた後を引くおいしさが特徴だ。ほかには「つけ麺」と「油そば」を用意。ねぎ油の香味をきかせた「油そば」は、ラーメンとは対照的ながっつり系ながら、注文の３割を占める隠れ人気メニューになっている。

同店の人気を牽引する自家製麺は、心地よい弾力と手もみによる独特の喉ごしが魅力。全メニュー好みの麺量を選べ、ラーメンは150g、200g、250g、つけ麺と油そばは200g、300gを用意する。すべての量を均一価格で提供し、さらにメニュー価格自体も670円～と都心の価格帯に比べ安く設定。こうした努力を「地域密着の店だから」と下村さん。まさに「食堂」の名にふさわしい、食べ手に優しい温かさや肩肘張らない気軽さも人を惹き付ける力になっている。

醤油特製らー麺
870円（税込）

スープに醤油ダレ、煮干し油を合わせ、生醤油の香りとスープの味わいの融合を楽しませる。注文ごとに手もみするランダムな形状の麺は、独特の動きをみせる喉ごしが醍醐味。特製は200円プラスで、バラ肉の炙りチャーシュー2枚と味玉、海苔がのる。

駅から徒歩すぐの場所に立地。商店はほとんどなく寂しい印象だが、人通りは多いことを確認し物件を決めた。家賃を抑えられたことが価格に還元できている。店内は10席のカウンターのみ。地元客に加え、遠方からの来訪も多い。

醤油ダレには鶏もつを原料にした発酵調味料「鶏醤（けいしょう）」を使って、オリジナリティをプラス。動物系と魚介系の旨味を重ねる意味で、イワシの魚醤も併用する。

来客の約2割は学生ということもあり、ラーメンを含めた全メニューで麺の量を均一料金で選べるサービスを実施し、好評を得ている。

麺の量をお選びください
＊らー麺
150g 200g 250g
(一般の大盛)
＊つけめん・油そば
200g 300g

限定
燻製さばの
油そば
※油そばのボタンで670円

不定期で限定麺も提供。日ごろ扱わない食材を使ったユニークなメニューを楽しませ、これまで80品ほどの限定麺を創作してきた。

油そば
670円（税込）

武蔵野エリア近辺は油そばの発祥の地とされることからメニューに据えた。昔ながらの味のイメージで醤油ダレ、ねぎ油でシンプルな力強い味わいにまとめ、油そばにだけはうま味調味料を使用している。

つけ麺
750円（税込）

麺に縮れは入れるが平打ちにしないので、ラーメンとは違う喉ごしのなめらかさが楽しめる。つけ汁は麺をおいしく食べさせるバランスを意識し、スープ250mlに共通の醤油ダレ27ml、ねぎ油20mlを合わせる。ねぎ油の香味は効かせるが、油を感じさせないよう調整した。バラ肉チャーシュー、メンマ、水菜、ねぎが入る。

ねぎ油の香ばしく濃厚な味わいがインパクトの強さとやみつきになる後味を作る。親鶏ならではのこってりとした油を使い、長ねぎが香ばしく色づくまでじっくり加熱して作る。

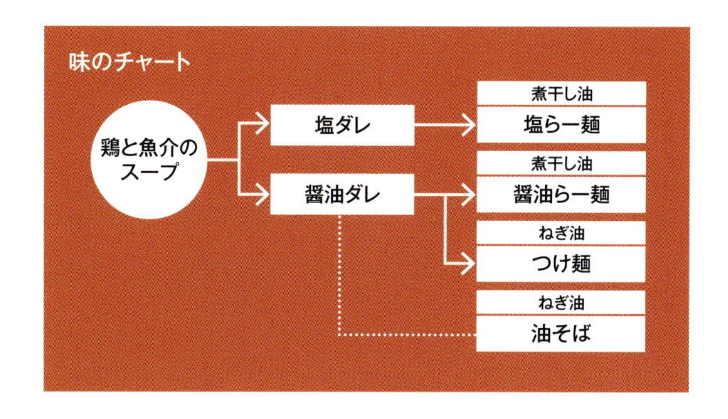

住所／東京都小金井市梶野町5-1-19
電話／042-401-2901
営業時間／18時～翌1時（150食完売次第閉店）［土曜日］11時30分～50食完売まで
定休日／日曜日
規模／12坪・10席
客単価／800円

煮干し油

【材料】煮干しの頭、サバ節、鶏脂、豚脂、香味野菜(長ねぎ青い部分、玉ねぎ、ニンニク)

Point

鶏・豚の脂を併用

1

鍋に若鶏の脂、豚の脂を入れて点火し、焦げ付きを防ぐために水を適量注ぐ。若鶏の脂だけではあっさりなので、ラーメンらしいこってり感を加えるために豚の脂を同割で合わせている。

2

香味野菜をカットする。長ねぎの青い部分は小口切り、玉ねぎはスライス、ニンニクは刻む。加熱するほど油が劣化していくので、早く香りをつけるために刻んでいる。

3

脂が溶けたら、2の香味野菜を加える。

4

鍋底が焦げつかないように撹拌しながら熱して香りを移す。温度を上げすぎると香りを移す前に材料が焦げてしまうので、適度な火加減で加熱する。

Point

煮干しと節の粉砕

5

煮干しは香りがよく出る頭の部分だけを使う。端材として売られているものなのでコストカットにもなる。ラーメンに仕上げた際に煮干しの香りが突出しないよう、同割でサバ節も併用する。

煮干しとサバ節はミルで粉砕して使う。粉砕することは香りの立ち方をぐっと高める最大のポイント。

6

30分ほど経つと溶け残った脂のかたまりが香ばしく色づく。その色加減を見て火を止める。5の煮干しとサバ節の粉末を加えて油になじませ、香りを移す。

煮干し頭の粉末で香りを添加。後を引く余韻をコク深い油で

煮干し油は醤油と塩のラーメンに使う香味油。若鶏と豚の動物性の油に香味野菜の香りをじっくり移し、仕上げに煮干しとサバ節の香りを加えて完成させる。この香味油は、すっきりとさせ過ぎない『くじら食堂』らしい味の余韻を作る重要なパーツ。まず丼に箸を入れると魚介が香り、その後もコクのある油と香味が食べ手をぐいぐい引き込み、後を引くおいしさを作る。

作り方のポイントは、鶏と豚の脂をブレンドして適度なこってり感を持たせることと、魚介の香りをしっかりと立たせること。煮干しは香りがよく出る「頭」だけを、ミルで粉砕して使うのが特徴。粉末にすると香りの立ち方がぐっと増す。以前はサンマの煮干しを使っていたが、安定した仕入れのために一般流通する片口イワシの煮干しに変更させた。

7

焦げた味を出さないように、なじませた時間をおかずにシノワで漉す。シノワに残った材料を押さえて油を絞り出す。

完成した香味油

煮干し油が味に膨らみを出し、後を引くおいしさを作り出す。

スープ（鶏スープ＋魚介スープ）

魚介スープ

【材料】真昆布、片口イワシ煮干し（熊本産と広島産）**、干し椎茸の軸、厚削り節**（カツオ本枯節、ソウダ本節、サバ裸節）**、水**

Point　旨味に狙いを定めた材料選択

1

寸胴鍋に真昆布400g、片口イワシ煮干しの熊本産2kg・広島産1.3kg、干し椎茸の軸100g、水（πウォーター）32ℓを合わせ、ひと晩おいて水だしにする。真昆布は、2等級のものを以前は使っていたが、業者から「雑味の違いで旨味の出方は同じぐらい」と聞き、3等級にしてその分使用量を増やして旨味を上げた。カゴに入れた熊本産の大きな煮干しはしっかりとした旨味、広島産の小さな煮干しは上品なだしが出る。干し椎茸は、旨味があればいいので軸の部分を使う。写真右は材料写真（熊本産の煮干しは左の写真カゴの中を参照）。

2

翌日、干し椎茸を取り出して強火にかけ、90℃まで上昇したら、90℃を保つ火加減で30分加熱する。

3

30分経ったら昆布を抜く。昆布は、写真のように両側に切れ目を入れてよくだしが出るようにしている。

4

続いて、カツオ本枯節、ソウダ本節、サバ裸節を加える。厚削りも3種類を使って、異なる材料の旨味を重ねる。サバ節は雑味を出す役割もある。

Point　雑味を出す抽出温度

5

ここからは、あえて雑味を出すために温度を95℃に上げて、30分加熱する。雑味がラーメンらしさを作ると考える。

6

30分経ったら、カゴに入れた熊本産煮干しを抜き、スープを落とすためしばらく棒の上においておく。以前は2種の煮干しを完成まで加熱していたが、大きな煮干しを1時間以上加熱すると出てくる「苦味」は不要だと考え、この段階で抜く工程に変更した。小さな煮干しは苦味の影響はない。

7

95℃をキープしたままさらに1時間炊く。

8

1時間経ったら、鍋でスープをすくいとってシノワに通して漉す。

9

容器を冷水にあてて冷やし、鶏スープの完成まで冷蔵庫で保存する。

90ページに続く →

スープ（鶏スープ＋魚介スープ）

鶏スープ

【材料】丸鶏（種鶏）、首付き鶏胴ガラ（メス）、モミジ、豚モモ肉の脂とスジ、水

Point **抽出時間が異なる骨と肉を分割**

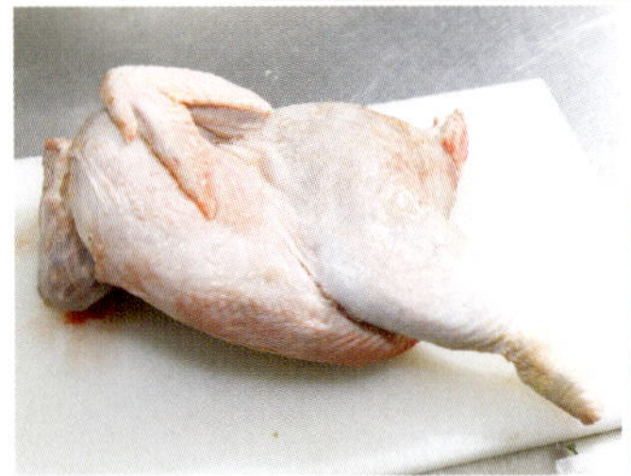

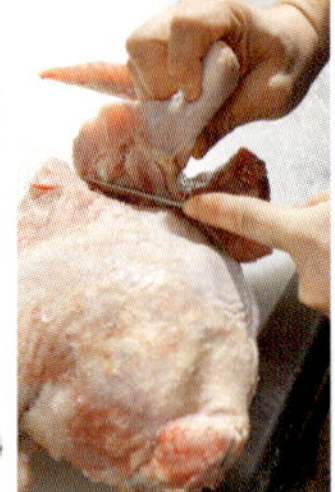

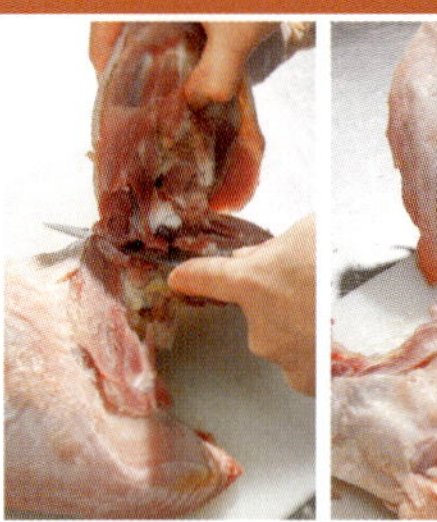

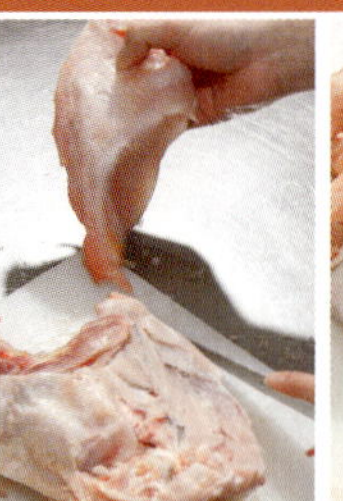

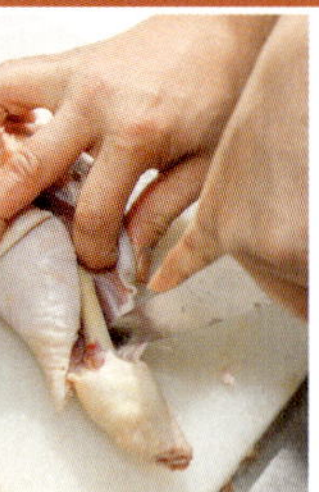

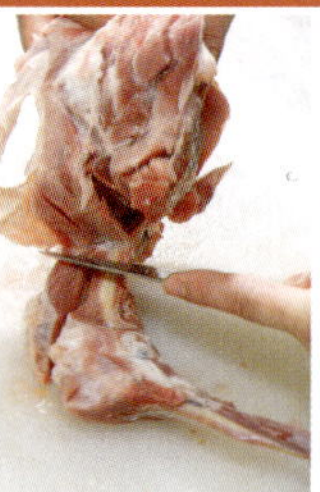

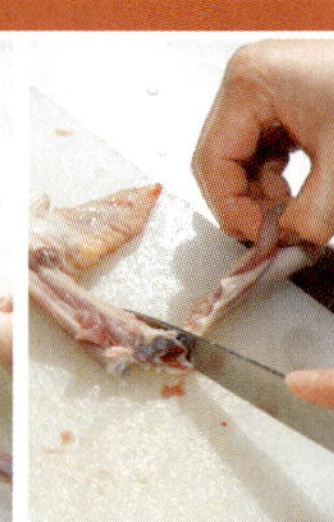

1

丸鶏は半身にカットされた状態のものを仕入れ、さばいて肉と骨に分けていく。

まず、骨スキ包丁で手羽、モモをはずす。

さらにさばきながら、骨に沿って刃を入れ、骨から肉をはずしていく。できるだけ骨に肉を残さないように行うことがポイント。食肉卸で培った包丁技術を活かして自身で丸鶏をさばくことで、コストカットしている。

Point **弱火での抽出**

5

水21ℓを注ぎ、強火にかける。動物系材料の総量は20kg。水かさをみるとガラの多さがよくわかる。水はπウォーターを使用。同業の先輩に勧められて使ってみたところ、動物系スープのブレ(味が薄くなる)がなくなったように感じたという。

6

沸いて茶色のアクが出てきたら取り除く。軽く撹拌してアクを浮かせながら、丁寧に取り除く。ただし、アクを取りすぎると旨味がなくなるので、白いアクは取らない。

7

アクを取り終えたら、静かに表面が動く程度の弱火に落として加熱する。骨からのだしを抽出するために沸いた状態はキープする弱火の加減。

営業用スープ

【材料】鶏スープ、魚介スープ

鶏スープが冷めたら、冷蔵庫から魚介スープを取り出して、同割量でブレンドする。一体感のある味を目指すので、冷蔵庫で2晩ねかせてなじませるのが理想。使用時は表面の固まった脂を取り除き、注文ごとに小鍋で温めて使う。スープを別取りにする理由は、鶏スープのガラを限定麺用の鶏白湯づくりに活用する場合があるため。

塩ダレ

モモ肉チャーシューの煮汁1500mlに対して、「カンホアの塩」「あらしお」各150g、酢10g、砂糖20gを溶かしたもの。スープを引き立て、塩カドが立たないように味を構築した。

醤油ダレ

にほんいち醤油の生醤油とキレのある弓削田醤油の濃口醤油をブレンドし、香りの高さとすっきりとした味わいを両立させた。北海道出身の下村さんが地元の調味料をと探した、鶏モツの発酵調味料「鶏醤」やイワシの魚醤のほか、昆布や酒、みりん、リンゴ酢を合わせ、旨味の強いタレに仕立てている。

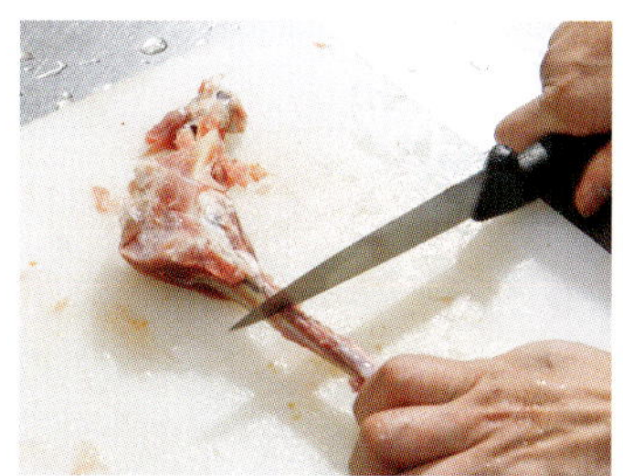

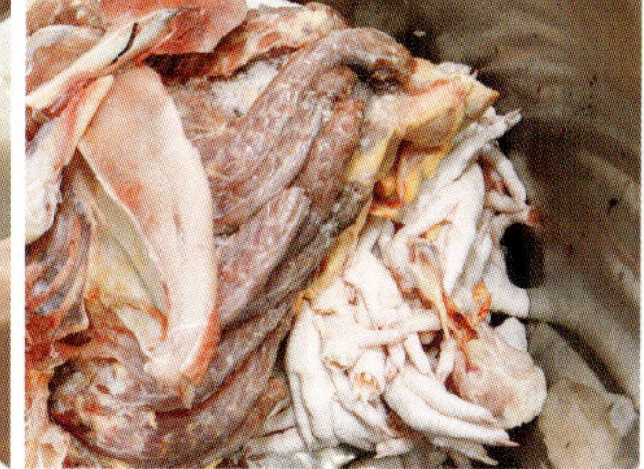

2
丸鶏の骨は数箇所を包丁の背で叩き、旨味が出やすいように割る。

3
丸鶏の肉は旨味が出やすいように格子状の切れ目を入れて表面積を増やす。種鶏を選ぶのは、肉に血が多く入っていて旨味がよく出ること、さらに、旨味を豊富に含む肉のつきがよいことから。

4
寸胴鍋にモミジ、鶏胴ガラを入れ、2の骨だけを入れる。鶏胴ガラは雑味を出すために加え、モミジはコクを出す目的で使っている。

Point

肉を加えるタイミングと抽出温度

8
点火から3時間30分後、3の丸鶏の肉とチャーシュー用豚モモ肉の脂とスジを加える。肉を時間差で加えるのは、肉の旨味は加熱時間が長すぎると飛んでしまうから。

9
さらに火加減を落とし、肉の旨味がより抽出できる90℃ぐらいを保って5時間30分加熱する。写真は炊き終わりの状態。

鍋ですくってシノワで漉し、急冷する。

濃密な旨味と味の調和をつくり、雑味でラーメンの飾らない魅力も演出

鶏と魚介のスープを別取りした後にブレンドし、1～2晩ねかせてスープとする。イメージするのは「そばのかえし」のごとく旨味が凝縮したスープ。旨味が詰まった密度の高いスープを作るため、多くの食材を組み合わせ、どちらのスープも抽出量に対して材料の使用量が多いのが特徴だ。さらに下村さんが大切にするのは「味の調和」。何かを鋭く際立たせた味の構築ではなく、それぞれの味が折り重なってこそ生まれる、丸く深みのある味わいを理想に掲げている。

鶏スープで特に重要なのは、肉のふくよかな旨味。肉の旨味は加熱時間が長いと飛んでしまうため、丸鶏は骨と肉にきれいにさばき、肉は時間差で加える。肉を加えたらさらに加熱温度を下げることも、充分に旨味を引き出すためのポイントである。魚介スープでは、不要な味を出さないタイミングで材料を抜くことがポイント。昆布は30分、大きな煮干しは1時間経ったら引き上げる。また、どちらも効果的に旨味を抽出する工夫が満載だ。丸鶏の骨は割り、肉は格子状の切れ目を、昆布は側面に切れ目を入れてだしの出を上げる。毎日の作業となると手間だが、こうした細やかな作業の積み重ねが、おいしさを作ると下村さんは考える。

各工程を見ていくと材料や加熱温度で意図的に「雑味」を出しているのがわかる。下村さんにとって「雑味」とは、ラーメンらしさを出すエッセンス。あえて荒さを加えて上品にまとめすぎないことで、どこかほっとするラーメンの飾らない魅力を演出している。

麺

【材料】国内産小麦粉（前田食品「麺や七彩」）、粉末かん水（「蒙古王かんすい」）、海塩、水、

Point
ボーメ度の設定

1
ミキサーに小麦粉を入れてから回しした後、前日に合わせておいた粉末かん水、塩、水を加える。ボーメ度は4.5。ハリのある麺をイメージし、修業先で学んだ配合よりもボーメを上げた。塩は茹で水となじみがよいと感じた海塩を使用。

2
ミキシングは10～15分。途中、柄についた生地を落としながら状態をみて調整する。加水率は38～45%。取材時（3月）は粉自体に水分が多く、高加水だとくっつきやすいため38%に落とした。この時期の理想は41%程度。

3
捏ね上げ温度は23℃。温度が上がると麺にしたときに切れやすくなってしまう。小さなかたまりの粒ができているとよい状態。

Point
プレスのかけ具合

4
生地をゆっくりローラーに通して7㎜の厚い粗麺帯をつくる。

6
ビニール袋に包み、40～60分ねかせる。ねかせたあとの生地は水和が進み表面に水分がにじんでいる。

7
圧延はコシを強化するために、切り出し時を含めて合計4回行う。4㎜→3㎜→2㎜厚さ（写真）にする。

8
最終圧延をして切り歯12番に通し、打ち粉をふりながら1玉（300g）にまとめる。主張がある麺を目指し、麺は太め。長さは48cm。涼しい場所で2時間以上はねかせて、当日中に使いきる。翌日になるともんだときに切れやすくなってしまう。

ラーメン用麺の手もみ

1 片方の手の平で支えながらもう片方の親指の付け根で麺をもむ（a）。
2 麺を上方に持ち上げてほぐす（b）。
3 手の平にくぼみを作って麺を上から押さえる（c）。縮れたカーブ部分が丸みを帯びた平たい状態にする（d）。
4 麺を持ち上げてほぐして、約2分45秒茹でる。

つけ麺用麺
軽くもみ、押さえて平たくする動作はしない。茹で時間は約7分。

油そば用麺
軽くもみ、軽く押さえる。茹で時間は約3分。

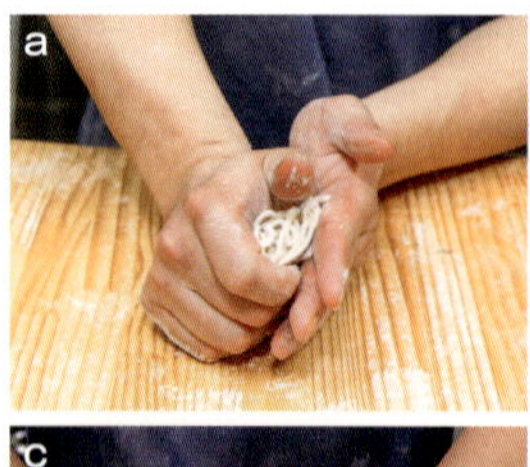
a

b

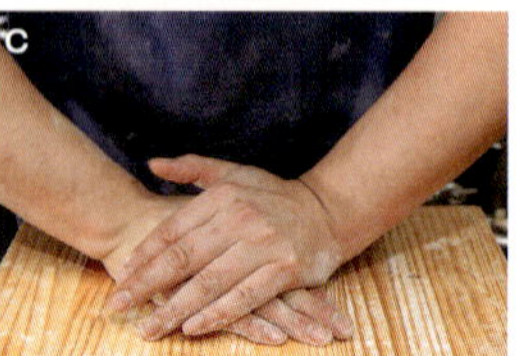
c

d

手のくぼみを作らずに押さえるとべったりとつぶれてしまう。

粗がけの工程で強く生地を圧せずに、帯状にまとまる程度のプレスにして、ふわっとした状態のまま麺帯にする。

5
複合を7㎜厚で2回行う。

麺の名店で磨いた技術を活かし 丼の中で主張のある麺を目指す

ラーメン、つけ麺、油そばはすべて共通の切り歯12番の太さのある自家製麺を使用。いずれも手もみを加えて独特の食感を出し、さらに、メニューごとに仕上がりを少々変えて異なる魅力を作り出している。

下村さんは修業先『七彩』の麺が好きだといい、自家製麺はその技術を踏襲しつつ、たとえば、かん水溶液のボーメ度を上げて麺にハリを持たせるなど、自店のスタイルに合わせて配合に変化を加えてきた。

下村さんの理想の麺は、コシが強くて心地よい弾力があり、そして、丼のなかで主張やインパクトを感じさせるもの。スープだけでなく、麺のおいしさでも歓喜してもらえるよう、麺づくりにも熱心に取り組んでいる。

小麦粉は、修業先と同じく、モチモチとした食感を特徴に出せる減農薬栽培の国産小麦などが配合された準強力粉。加水率は38～45%と高く、喉ごしのよさと麺肌のなめらかさも魅力だ。塩は、以前は安価なごく一般的な塩を使っていたが、海塩を使ってみたところ、茹で水とのなじみがよく、それから切り替えた。

作り方では粗麺帯を作る粗がけの工程がおいしさの鍵を握り、この工程で出来が7割決まるという。着目すべきは麺帯の厚さが7㎜ととても厚いこと。ぎりぎりまとまるぐらいの圧力で、生地をふわふわとさせた状態のまま麺帯にすることがポイントだ。こうすることで、麺に仕上げた際に理想の弾力が生まれる。

モモ肉の低温調理チャーシュー

【材料】
豚モモ肉、醤油、もろみ、塩

1
豚モモ肉はスジや脂をそぎ落として、使用するサイズに切り整え、もろみと醤油を同割で合わせたタレに漬けて冷蔵庫で1日～2日おく。水洗いしてバットに取り出す。

2
水6ℓに対して塩280gを溶かし（約4.6%）、鍋底に蓋を敷いて火のあたりを和らげる。塩水で加熱する理由は浸透圧の作用によって肉の旨味を出しきらずに加熱するため。

1のモモ肉を入れ、温度計をさして52～54℃をキープして、3～4時間煮る。全体に均等に火が入るように頻繁にかき混ぜる。

3
触って弾力を確かめ、生でなければ火を止めて、そのまま冷まして味を入れる。煮汁は塩ダレに利用する。

低温調理で仕上げるモモ肉のチャーシューは、しっとりジューシーな仕上がりを理想としている。もろみに漬けた効果も相まって適度な歯ごたえのあるやわらかな食感。

バラ肉の煮豚チャーシュー

バラ肉のチャーシューは、塩水でやわらかく下茹でしたあと、醤油ベースの煮汁で煮て、トロトロとやわかな仕上がりを目指す。

●茨城・つくば

煮干中華ソバ イチカワ

煮干し類3種だけでとる「煮干ソバ」用の煮干しスープ。スープ14ℓの抽出に10kgもの煮干し類を使う。煮干しの旨味は鋭く強いが攻撃的な味ではない。

鶏油に白口の煮干しを加え、焦げる寸前までじっくり加熱して煮干しの旨味と香りをつけた香味油。丼で煮干しの香りを放つ役目。

煮干しスープには定番のパツパツ食感の低加水麺。小麦の香りが高い細麺を菅野製麺所に特注。切り歯22番、1分10秒でかために茹で上げる。1玉140g。

煮干ソバ 750円（税込）

煮干しスープ200mℓ、タレ10mℓ強、煮干し油18mℓを合わせた、煮干しの旨味が詰まった一杯。タレは黒・白・Sから選べ、基本は醤油味の「黒」(写真)。現在はカウンターにて前会計制で注文を受けており、タレの希望はその際に聞いている。みじん切り玉ねぎ、マリネしてオーブンで焼いた豚肩ロース肉、水菜、海苔がのる。

煮干しの旨味濃厚なスープが大評判。限定80食を2時間で完売する

駅から離れた住宅街の裏通りにあるにも関わらず、行列ができない日はないという『煮干中華ソバ　イチカワ』。"煮干し"を際立たせたラーメンを１日80食限定で提供し、開店２時間で完売する。近隣のサラリーマンや学生のほか、車での来店も多く、休日には県外からもファンが押し寄せる人気ぶりだ。客層はマニアックな層を想定していたが、茨城では煮干し専門のラーメン店はまだ珍しい点も相まって注目を浴び、年代・性別問わず来店を得ている。

もともとラーメンフリークだった店主の市川幸一さんは独学で開業。2009年に茨城・龍ヶ崎にて、ベジポタつけ麺と煮干しラーメンを看板に据えた『麺 風天』を創業し、2011年に曜日限定の二毛作営業を現在の店名・メニュー内容で開始。そして、2012年11月、ラーメン需要が高いつくば市への移店と共に、現在の営業形態に切り替えた。

夫婦２人の営業なので、メニューバリエーションは絞り、煮干しの魚だし100%のスープを使う「煮干ソバ」(60食)、濃厚鶏白湯に多量の煮干しでインパクトを出した「特濃煮干ソバ」(15～20食)のみに。ほか、煮干しの風味を注射器で注入した「出汁打込み式味玉」100円(30～40個限定)、大盛りや替え玉がわりの「和え玉」150円、煮干し粉やわさびをのせたご飯にスープをかけて食べてもらう「ニボ茶めし」150円が全メニューだ。メニュー数は少ないがすべてに"煮干し"を特徴づけたことで、コンセプトが鮮明になっている。

同店の顔である「煮干ソバ」は、動物系や野菜、他のだし材料を全く使わない「イワシの煮干し」類だけでとる"煮干しスープ"が特徴。昨今は煮干しスープといっても様々な味の表現がある。市川さんは苦味やエグミを強調するのではなく、煮干しの風味がクリアでかつ濃い、旨味の凝縮した味わいを作る。常連客を飽きさせないようタレは、醤油、白醤油、塩の３種類。かたく茹でた荒々しい低加水麺の違和感が、不思議な魅力を作り出している。

煮干しのスープは味がブレやすく、安定を図るために独自な抽出法を考案している。それでも、煮干しの質によって、材料の割合や加熱時間を調整する必要があり、難しいスープだと市川さんは話す。最近は、煮干しに情熱を注ぐラーメン店の仲間と情報交換しあえることが知識を深め、よい仕入れにもつながっている。

特濃煮干ソバ
800円（税込）

強烈な煮干しのインパクトを出した、濃度も塩分も高いマニア向けメニュー。青森『たかはし中華そば店』をイメージして作り上げた。「煮干ソバ」とスープは別で、濃厚鶏白湯に多量の煮干しを投入して作る。タレは3種類から選べる。15~20食の限定提供。

「黒」は2種の濃口醤油、みりんに白口主体で煮干しの旨味を添加した醤油ダレ。「黒」が同店の基本の味。

「白」は白醤油にサバ節の風味をつけたタレで、店主・市川さんおすすめの味。黒よりもまろやかな味わい。

「S」は3種の天然塩に貝のエキスをプラス。スープの味わいがストレートに味わえる。注文時に「しろ」と「しお」を聞き間違えないように「エス」とネーミング。

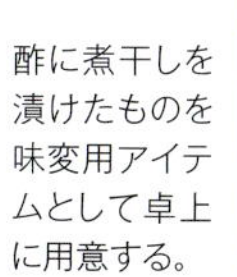

酢に煮干しを漬けたものを味変用アイテムとして卓上に用意する。

和え玉（140g）
150円（税込）

麺に煮干し油とタレ、煮干し粉などを加えた替え玉がわり。そのまま油そばとして、残ったスープでつけ麺にしても楽しめる。注文は半分食べ終えた段階で口頭にて。6~7割が頼む。

店内は9席のカウンターで、店主市川さんと奥様の2人で営業。周辺には会社の営業所や筑波大学があり、客層は意外にも老若男女と幅広い。

店主 市川幸一

2009年に茨城・龍ケ崎で『麺　風天』を独学で開業し、2011年から現店名の二毛作店で煮干ソバを開始。つくばへの移店と共に現スタイルに切り替えた。

毎日行列ができ、開店2時間後の13時半には計80食が完売。撮影時は雨にも関わらず、中待ち合わせて20人ほどが並ぶ人気ぶりだ。

住所／茨城県つくば市天久保2-9-2
営業時間／ 11時30分~14時（80杯売切終了）
定休日／日曜日、月2回不定休
規模／ 19坪・9席　駐車場共同8台
客単価／900円

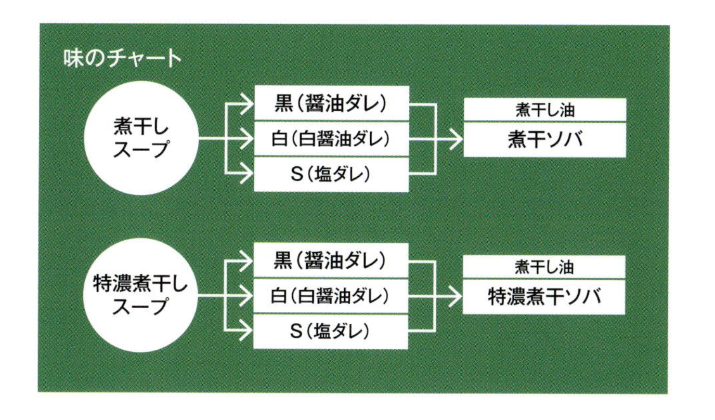

つくば駅より車で10分の住宅街の裏通り、テナントが数店入る建物の1階に立地。スープに原価がかかるので、あえて家賃が安い場所を選択した。

煮干しスープ

【材料】背黒片口イワシ煮干し、白口片口イワシ煮干し、焙乾平子、水

基本の旨味のスープ

Point

大量の煮干し類だけの使用

1

2本の寸胴鍋に煮干し類3種を同割で計3kgずつ合わせ、水10ℓずつを加える。9ℓ加えたところで、へらで煮干しを押さえる。水量に対して多量の煮干しを使うのがわかる。煮干しの割合はその時々の質で調整。2本の寸胴鍋は以後同じ工程を行う。

夏場は冷蔵庫、それ以外の時期は常温で、ひと晩おいて水だしする。

2

翌朝、点火し、沸くまでは強火にかける。

3

沸き始めて煮干しに含まれていただしが出てきたら、玉杓子の裏でだしにつかるように煮干しを押さえる。

苦味・エグミのスープ

Point

雑味が出せる煮干しのバランス

Point

強火の火加減

1

3種の煮干し類4kgを合わせ、上列工程1と同様にして水9ℓを加え、ひと晩水だしし、翌朝、蓋をして強火にかける(写真)。

蓋をする理由は、圧力をかける目的と蒸発を防ぎ、香りを逃がさないため。煮干しの割合は、仕込み時に使用する煮干しの質によって変える。

2

強火で炊いている途中の鍋内の様子。こちらのスープはずっと強火にかける。

3

30分を目安に火を止め、上列工程6と同様にして漉す(本来は上列工程6の容器に漉し入れるが、撮影用に単体で漉してもらった)。

煮干しスープ

基本の旨味のスープ

「旨味」の抽出を目的とする、味の軸になるスープ。右ページ下の3種の煮干し類を、同割を目安に合わせる。ひと晩水に漬けた後、加熱することで煮干しが含んだだしを吐き出させる。旨味だけが欲しいのでほとんど沸かさない。

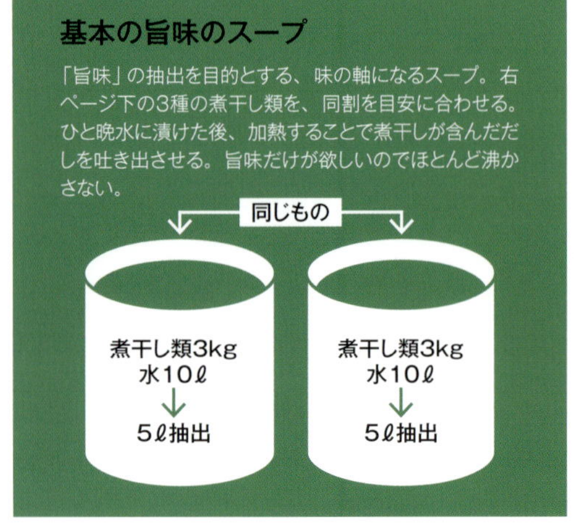

＋ ブレンドして使用

苦味・エグミのスープ

「苦味」や「エグミ」の抽出を目的とし、補足の役目。右ページ下の3種類の煮干し類を使うが配合は決めず、油が出るよう、その時々の煮干しの質で決める。ひと晩水だしし、翌日蓋をして強火で加熱することで強烈な味を出す。

店の窓際には煮干しの箱を積み上げてディスプレイしている。この量で約半月分。煮干しの質はスープの味に大きな影響を及ぼし、質が悪いと旨味が出にくく、臭みが出てしまう。市川さんは煮干しを直接食べて味を確かめている。不定期で提供する限定麺では、カマスやイカなどイワシ以外の煮干しも使用。

Point

煮干しのだしを放出させる程度の加熱

4
沸いてきたら、表面がフツフツと最小限に動くぐらいの火加減に落とし、味見を開始。

5
旨味がピークになったところで、火からおろす。写真はピークの状態。工程4から5はほんのわずかな時間。

6
鍋からスープをすくい、漉す。下のほうは鍋を傾けて漉す。煮干しを潰すといらない味が出るのでなるべく崩さないよう行う。

抽出量は鍋1本5ℓ、計10ℓ。煮干しだけのスープは劣化が遅いという。

4
抽出量は4ℓ。水にあてて冷やし、冷蔵庫で保存する。

煮干しスープ

Point

2種のスープのブレンド

「基本の旨味のスープ」と「苦味・エグミのスープ」をブレンドした営業用スープ。仕込みは使う当日の朝行う。ひと晩寝かせると深みは出るが、作りたてにはフレッシュな香りがある。冷蔵庫で保存し、小鍋で2杯ずつ温めて使う。

「旨味」と「雑味」を別に抽出。ブレンドして味の安定を図る

煮干しの魚だし100%のスープ。開発から1年は、鶏主体のスープに煮干しを足していたが、動物の旨味が煮干しのだしをマスキングすると気づき、煮干しだけでの抽出に転換した。動物系を使わない分、目指したのは単体でも味に深みがあるスープ。だしの特徴が異なる3種の煮干し類を組み合わせ、大量に使うことでそれを実現する。約60杯分の14ℓを抽出するのに煮干し類はなんと計10kgも使う。

煮干し類だけのスープの弱点はブレが出やすいことだと市川さん。同じ産地同じロットの煮干しでもブレが生じるという。ブレを無くすために市川さんが考案したのが現在の抽出法だ。味の軸とするキレのある「旨味」を抽出したスープ、「苦味」「エグミ」など個性を過度に出したスープ、この2つを別々に炊いて合わせることで、味の平均値をとって安定を図る。煮干しのシャープな旨味が凝縮した味が魅力だ。

背黒 片口イワシ

片口イワシを原料とした、背中の部分が黒いタイプ。市川さんは千葉・九十九里産の中羽（約7cm）を指定しており、コク深いだしと油が特徴だと考える。

白口 片口イワシ

片口イワシを原料とした、身が白いタイプ。市川さんが使うのは瀬戸内海産の小羽（約5cm）で、旨味の高いだしがとれるが、塩分も多いと考える。

培乾平子

マイワシの煮干し「平子」に、培乾（燻し）の工程を取り入れた煮干しと節の間ぐらいのもので、静岡産を使っている。煮干しから出た油の臭みに燻製の風味を加えて臭みを消すイメージで使っている。

●東京・浅草橋

麺 ろく月

店主 湯田達巳

福島県出身。上京して食べた豚骨ラーメンのおいしさに感激して、ラーメン店での独立開業を決意。宅配業務で資金を貯めて2013年9月に『麺 ろく月』をオープンした。

特製豚白湯
880円（税込）

いま、一番人気のメニュー。大判海苔、ヤングコーン、オクラ煮、アスパラ煮、白髪ねぎは、この特製豚白湯だけのために用意しているトッピング。切り歯24番のしなやかな細麺を合わせて、1人前150gで提供。替え玉も150g（100円）。

最後まで食べ飽きない無化調の“豚白湯”を追求

『ろく月』は、ラーメン情報誌の「とんこつ部門」で2014-2015年の新人賞を受賞。豚骨スープでは非常に珍しい「無化調」であることもあり、ファンを増やすとともに、ラーメン通の間でも話題になっている。豚骨らしい匂いはないけれど、豚骨のコクと旨みの濃いスープ??これが、店主の湯田達巳さんが目指した豚骨スープだ。「1週間に1度は食べたくなる味」を考え、「無化調」での味づくりを開業時から追求してきた。開業当初は「無化調豚骨」をうたっていたが、「豚骨だけどパンチがない」と言われたことがある。そこで「パンチを求めないで下さい」と入口に貼り出したこともあるという。ただ、「豚骨」をうたうかぎり、既存の豚骨ラーメンと同列に思われると考え、「豚白湯」とメニュー名を変更した経緯がある。「特製豚白湯」は、以前は万能ねぎとキクラゲの山盛りのトッピングの上に明太子をのせた盛り付けだったが、「これ、なんだ?」とひと目見て感じる現在の盛り付けに変えて評判を高め、いま一番人気のメニューになっている。

濃厚豚白湯味噌、まぜそばトマティーナなど、見た目も味も独創的な夜限定の、期待させるラーメンも開発し、新たな客層開拓も広げてきている。

濃厚豚白湯味噌 800円（税込）

太麺を使用。1人前160g。中華鍋で玉ねぎ、人参を炒めて作るので、提供は夜の時間のみに限定している。完熟トマトを半分に切って太白ごま油を塗ってオーブンで焼き、仕上げにバーナーで炙って塩・胡椒で味付けしたものをトッピング。「特製豚白湯」がよく出るので、白ねぎの芯の部分が多く残るので、それを斜め切りにして山盛り盛り付ける。

住所／東京都台東区浅草橋2-4-5
電話／03-3865-6011
営業時間／11時30分～14時、18時～21時
定休日／日曜日･祝日
規模／12坪･8席
客単価／910円

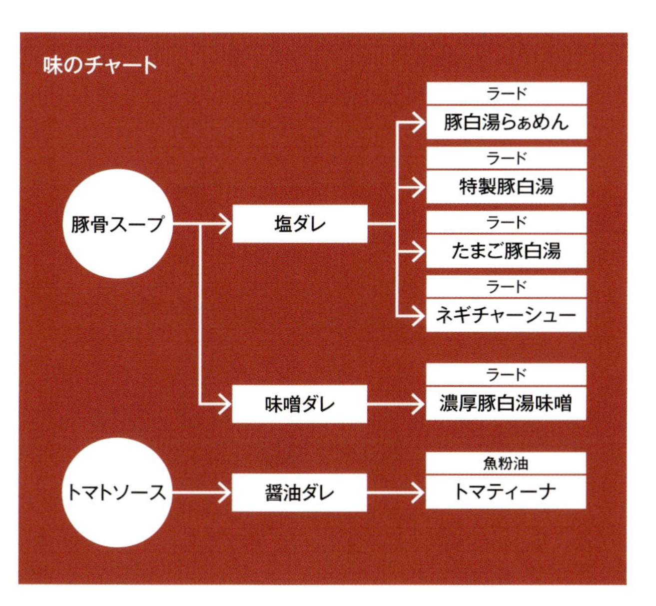

トマティーナ 800円（税込）

甘口の醤油ダレと魚粉を合わせたものを太麺にからめる。魚粉はサラダ油と混ぜて沈殿させたもので、麺とからめてもパサパサしないようにして合わせる。トッピングは、バジル風味のトマトソース、濃厚豚白湯味噌と同じ完熟トマトソテー、長ねぎ、白髪ねぎ、干しエビ。「他の店にない味のまぜそば」を意識して開発した。

豚骨スープ

【材料】豚頭、ゲンコツ、水、背脂、ねぎ青葉、牛乳

Point

ゲンコツの下茹で

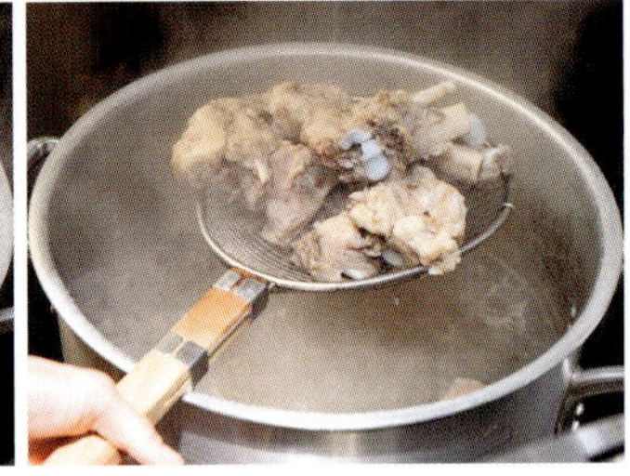

1

ゲンコツはチルドのもの。カットしたものを仕入れる。湯に入れて、沸いたらアクを取ってから混ぜて血合いをはがす。

アクを再び取ってからゲンコツを取り出して別の寸胴鍋に移し、水を足して炊き始める。

Point

豚頭を下茹で

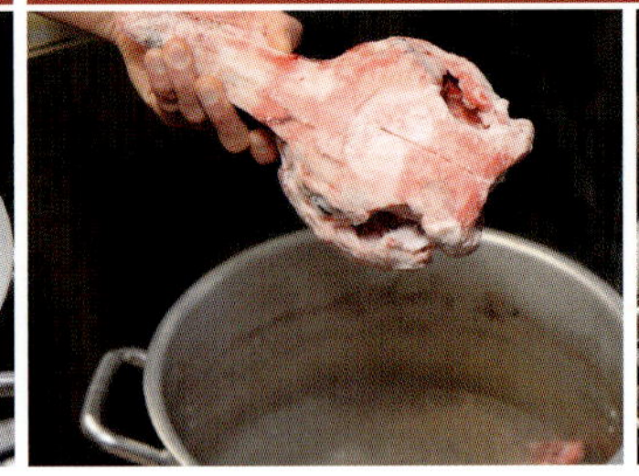

2

豚頭は、だしが出やすいように、頭頂に切れ目を入れてもらったものを仕入れている。

下茹でして取り出し、ゲンコツと別の寸胴鍋に移して水と背脂を加えて炊き始める。ニンニクは入れない。

5

ゲンコツのスープは濃度計でVL.11になったら火を止めて漉す。漉し網はメッシュ＃30の細かい目のものを使う。混ぜないように上のほうからすくって順番に4つの小鍋に分ける。底に行くほど(1番目から4番目に行くほど)スープは濃い。

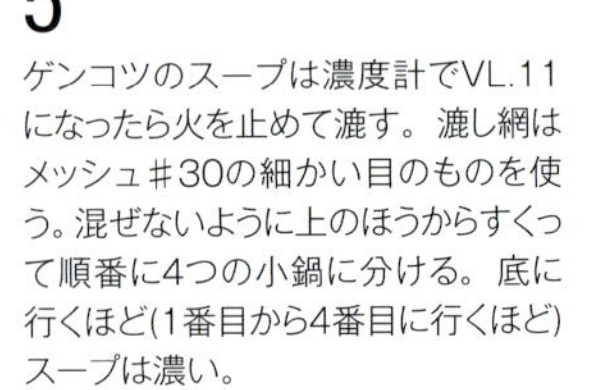

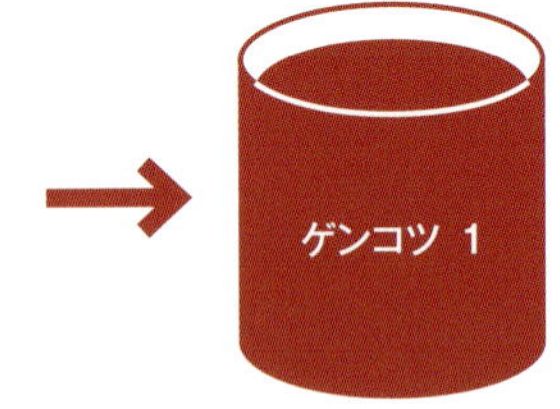

最初にすくい出したのが「ゲンコツ1」の鍋。次にすくい出したのが「ゲンコツ2」の鍋。順に濃くなっている。濃いゲンコツ4の鍋に、豚頭からすくい出す最初のスープを同割で合わせる。以下同様に右ページのイラストのように配合して4つの鍋のスープが均一になるようにする。

高温で炊いてはねかせ、3日かけて完成させるスープ

スープは、ゲンコツと豚頭だけで取る。ゲンコツだけを炊いてスープを取り、豚頭は背脂と炊いてスープを取り、その2つを合わせる。割合は同割。どちらも高温で炊いて、コクと旨みを引き出すのが共通の手法で、高温で炊くために骨の少し上くらいまでの水位を維持して炊き、途中で混ぜたりしない。混ぜると骨同士が擦れて骨粉が出る。その骨粉が鍋底にたまって焦げの原因になる。豚頭の寸胴鍋は3日目に骨を砕くが、粉々にはしない。漉すときも上からそっとすくい出し目の細かいシノワで漉し、上のほうの薄いところと、下のほうの濃いところに分ける。そして、ゲンコツと豚頭の濃いスープと薄いスープを配合して寸胴鍋ごとに均一の風味になるようにして使用している。

営業時間中は火を止め、営業前、ランチ後、夜の営業後に火を点けて炊くことを3日続ける。営業時間中は火を止めるので、3日間、加熱と熟成をくりかえすことになり、これがコクと旨みの形成につながっている。営業用には、豚骨スープに牛乳を加え、ひと煮立ちさせたものを使用する。こうすることでクリーミィさ強調させた豚骨スープにしている。

1日目～2日目

3

ゲンコツ、豚頭をそれぞれ51cm寸胴鍋で強火で炊く。強火をキープしたいので、水位は骨の上5cmくらいに。営業中は火を止めて、営業前、ランチ後、閉店後1時間を2日間繰り返す。その間、混ぜない。混ぜると骨が砕け、骨粉が出て、それが焦げにつながるので。

フタをして炊いて、骨が見えるくらい水位が下がったら、水を骨より5cmくらい上まで足す。水はエレン水を使用。2日目の閉店前に炊くとき、豚頭のほうにだけ、ねぎ青葉を入れる。ニンニク、粒胡椒を加えたこともあるが、仕上がりが変わらないので入れるのをやめた。

3日目

4

3日目の営業前に点火し、豚頭は木べらで砕く。あまり細かく砕くと骨粉が出て焦げるので、大きく砕いて水を足し、40分ほど炊く。

3日目の営業前にゲンコツの寸胴鍋も点火。ゲンコツは砕かないで沸かす。

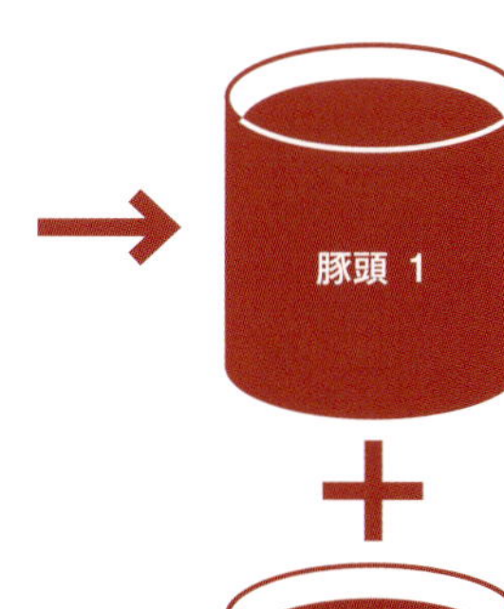

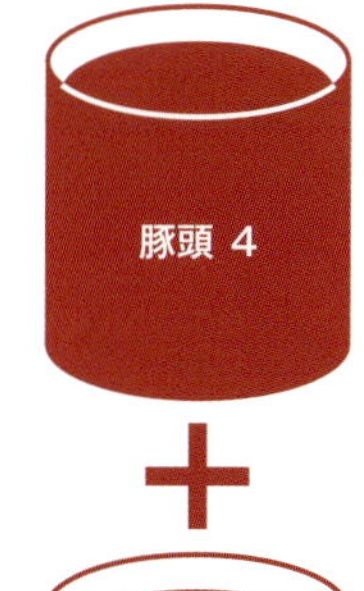

6

豚頭のスープは、濃度計でVL.7になったら火を止めて漉す。漉し網はゲンコツのスープを漉すときと同じもの。ゲンコツスープと同様に、混ぜないで上から順にすくって漉す。ゲンコツのスープを漉した4番目の小鍋に漉し入れる。ゲンコツスープと豚頭スープは同割。続いて、ゲンコツスープの3番目の小鍋に豚頭スープを漉し入れ、4つの小鍋の濃度を均一にする。

Point

冷やす

7

ゲンコツスープと豚頭スープを合わせた小鍋は、夜の営業に使う分は水に浸けて冷やして冷蔵する。

営業用スープ

8

クリーミーさを出すため、豚骨スープに牛乳を加えて営業用に使う。豚骨スープ1500mlに対して牛乳200mlを合わせて火にかける。沸いたら1分炊いて火を止めて、良く混ぜる。こうすると牛乳臭さがなくなる。牛乳は脂肪分の多いものを選んでいる。

チャーシュー

【材料】豚バラ肉、丸大豆醤油４種類、ニンニク、生姜

Point

98℃で茹でる

1

豚バラ肉はタコ糸で巻いて、茹でる。ぐつぐつ沸騰させないで、98℃くらいをキープする弱火で炊く。

フタをして、98℃くらいをキープして65分炊く。

2

4種類の丸大豆醤油とニンニク、生姜を合わせて茹でた豚バラ肉を炊く。醤油は手に入りやすいキッコーマン、サンジルシ、ヤマサで4種類選んだ。

90℃にキープして、落しフタをして45分炊く。

3

45分炊いたら火を止めて、そのまま3時間50分置いて取り出す。醤油は継ぎ足しながら使う。漬けた醤油は塩ダレに色づけ程度に合わせている。チャーシューは厚めに切って盛り付ける。

塩ダレ+無添加野菜だし+ラード+白胡椒

豚白湯を作る工程は、丼に塩ダレ、無添加の野菜だし、カメリアラード、白胡椒を入れて、そこに牛乳を加えて仕上げた豚骨スープを温めて注ぎ、茹で上げた麺を入れて、トッピングをする。切り歯24番の細麺は茹で時間は約１分。塩ダレは、水1300mlに800gの真昆布を水出ししてから60℃の低温で60分炊いてだしを取り、４種類の塩とチャーシューの醤油ダレと合わせる。豚骨スープのクリーミィさが弱まるのでチャーシューの醤油ダレは少しだけに。なお、チャーシューの醤油ダレの醤油は、東京という立地を考えて丸大豆醤油で、なおかつ、ヤマサ、キッコーマン、サンジルシの手に入れやすいもの４種類に変えて現在に至っている。

濃厚豚白湯味噌の作り方

1

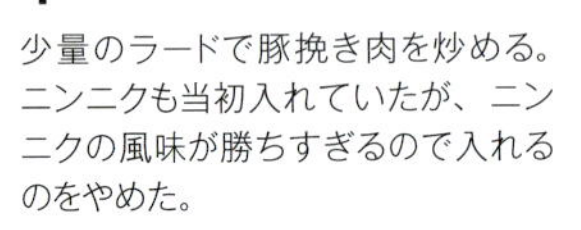

少量のラードで豚挽き肉を炒める。ニンニクも当初入れていたが、ニンニクの風味が勝ちすぎるので入れるのをやめた。

2

玉ねぎ、人参のせん切りを炒める。

3

豚骨スープを加える。

塩ダレ

【材料】真昆布、水、海塩４種類、チャーシューの煮汁

Point

昆布だし

1

水1300mlに対して真昆布を800g浸して、24時間置いて水出しする。翌日、60℃まで温めて60分置いて漉し、4種類の塩とチャーシューの煮汁を合わせる。醤油の煮汁が多いと豚骨スープのクリーミィーさが消えるので色づけ程度に使う。5日はねかせて使う。

2

丼では、塩ダレと無添加野菜だし、カメリアラード、黒胡椒を合わせる。開店当初は日高昆布を使っていたが、その後、羅臼昆布に変え、現在は真昆布に。使用する昆布の量は増やした。

4

ニラを加え、味噌ダレを加え、漉しながら溶かす。味噌ダレは、麹味噌5に対して白味噌1の割合で合わせ、酒、みりん、合わせ酢で調味したもの。

5

茹で上げた麺を丼に入れて、④をかける。白ねぎの芯の部分、白髪ねぎ、トマトソテー、糸唐辛子を飾る。

麺

左が豚白湯用の24番の細麺。三河屋製麺の、しなやかさが特徴の麺。1人前は150gで、茹で時間は約60秒。太麺は、まぜそばと濃厚豚白湯味噌用。1人前160gで、茹で時間は、まぜそばでは6分、濃厚豚白湯味噌では5分。

オクラ、アスパラ

特製豚白湯用にオクラとグリーンアスパラのおひたしをのせる。茹でたオクラ、皮をむいて茹でたグリーンアスパラを醤油、みりん、カツオ節の漬け汁に30分漬ける。ラーメンの味を邪魔しないようにごく薄味にする。塩ダレに使用していないカツオだしの風味をトッピングに付けることで、風味が増すことも狙った。

●東京・池袋

横浜家系豚骨醤油らーめん あさひ家

味玉ラーメン
790円（税込）

約3割が注文するスタンダードなラーメンの味玉入り。家系ラーメンの豚骨醤油をベースにしながら、旨味の本質を追求してブラッシュアップさせた。臭みがほとんどなく、旨味がじんわりしみ渡る深い味わいが楽しめる。圧力寸胴で炊いた、柔らかな大判の豚バラチャーシューも好評。

店主 森下　耕介

和食や洋食、博多の屋台などで修業した後、横浜で家系ラーメンに出会い、ラーメン店の開業を決意。独自に研究を重ねて家系を進化させた一杯を作り上げ、2014年12月に同店をオープン。

2種類の特徴あるスープで、他店にはない豚骨ラーメンを追求

東京·池袋西口にある『あさひ家』は、2014年12月にオープンした横浜家系豚骨醤油ラーメンの店。毎日、店舗で炊き上げる旨味のきいた豚骨スープが評判だ。メニューは、ゲンコツと背ガラで炊いたスープを使うスタンダードな「ラーメン」690円と、大量の豚頭と背ガラで炊いた超濃厚なスープを使う「濃厚ラーメン」750円の2種類を軸に、茹でキャベツをトッピングした「あさひ家ラーメン」790円などを用意している。

店主の森下耕介さんは、「旨味の表現方法は、いろいろあっていいのではないかと思う。当店で目指しているのは、毎日でも食べられる豚骨ラーメンです。いわゆる“家系”をベースにしながら、豚骨スープのコクや旨味はそのままに臭みを押さえ、まろやかですっきりした味わいを出して、豚骨系が苦手な人にも食べやすく仕上げています」という。

同店のラーメンは“スープ”に特徴を出す。2種類のスープは、平和リーシング㈱の「圧力寸胴」を使って仕込んでいる。まずスタンダードな豚骨スープは、ゲンコツと背ガラを同量ずつ圧力寸胴に入れ、40分間圧力をかけて調理し、旨味を余すことなく出し切る。通常、乳化した豚骨スープを炊くのに10時間以上かかるといわれているが、同店では圧力寸胴を導入して、計2時間半でスープを仕上げている。

「この方法なら、ゼラチン質や脂が重なり旨味成分が凝縮された、骨などの固形物が混ざらないきれいなスープがとれます。豚骨特有の強い臭みも残らず、毎日でも食べられるようなスープができ上がります」という森下さん。

もう1つの「濃厚ラーメン」のスープは、圧力寸胴を活かして新たに開発したもの。大量の豚頭と背ガラを使い、60分間圧力をかけて調理する。「マニア向け」と謳っている通り、どろどろとポタージュ状になった粘度の高いスープで、前述の「ラーメン」とは対照的。究極の濃厚豚骨を打ち出した、他店との差別化を図る一品となっている。

客層は20～30代の男性客や若いカップルが中心。歓楽街にあるため、飲酒後に立ち寄る客で深夜の時間帯も賑わう。店内は木目を基調にした内装を施し、女性にはキャンディのサービスも行っており、日中は女性の一人客も来店。リピーターも徐々に増えてきている。

濃厚ラーメン
750円（税込）

濃度22という、今までなかった濃度の限界に挑戦。ポタージュ状のスープに、卵入り中太麺がよくからむ。1ヶ月間限定で提供したところ、出数構成比33%と一番の人気を得て、定番メニューに加わった。豚骨ラーメンマニアが目当てに来店する一杯。

住所／東京都豊島区西池袋1-39-1
電話／03-5927-8820
営業時間／11時～翌5時　日曜日、祭日は11時～23時
定休日／無休
規模／8.7坪·9席
客単価／817円
http://www.localplace.jp/t100059756/

肉肉餃子
350円（税込）

最近リニューアルしたオリジナル餃子。挽き肉の量を増やし、より肉の食感とジューシーな味わいを強調させた。昼の時間帯も食べやすいよう、ニンニクもやや控えめにしている。

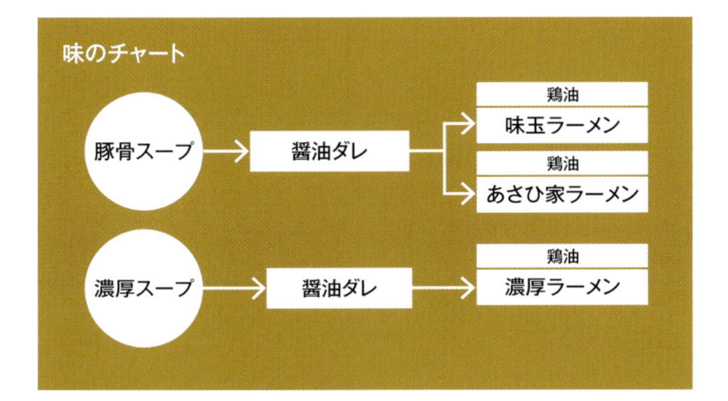

チャーシュー丼 350円（税込）

ラーメン用チャーシューの切れ端を利用したサイドメニュー。濃口醤油とみりんのみでシンプルに作ったチャーシューダレをかけ、ねぎとともに盛りつけて黒胡椒をふる。圧力寸胴で調理した豚バラ肉は、とろける柔らかさ。

あさひ家ラーメン 790円（税込）

「ラーメン」に茹でキャベツをトッピング。キャベツの甘味がスープにしみて違った味わいに。美肌に役立つといわれるコラーゲンたっぷりのスープとキャベツに含まれるビタミンCの相乗効果で、女性客から人気。

豚骨スープ

【材料】ゲンコツ、背ガラ、豚バラ肉ブロック（チャーシュー用）、キャベツの芯

1

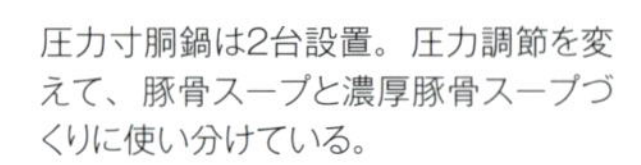

圧力寸胴鍋は2台設置。圧力調節を変えて、豚骨スープと濃厚豚骨スープづくりに使い分けている。

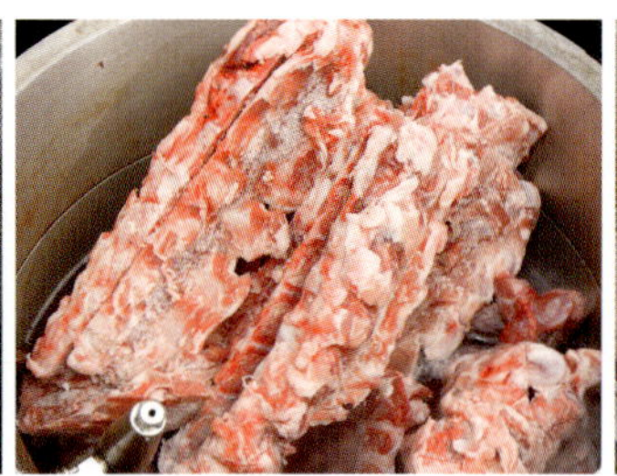

2

ゲンコツ10kg、背ガラ10kg、チャーシュー用の豚バラブロック、キャベツの芯を順に入れる。圧力寸胴では雑味の少ないスープができるため、豚骨らしい味わいがほどよく残るよう、あえてガラ類は血抜きなどの下処理を行わない。

3

湯が沸騰したら、寸胴の縁などについた汚れをきれいに拭き取り、フタを閉める。加圧用のオモリ（1.6キロ）を、蒸気噴出弁へ静かにのせる。内圧によりフタが3mmほど浮き、圧力がかかっていることを確認。

4

内部温度が130℃に達するとオモリが揺れはじめる。オモリが揺れ続ける程度に火力を弱め、そのまま40分間加熱。約2.7気圧でスープを短時間で抽出する。

8

火を止めてバルブを全開にし、液送（抽出用寸胴に移す）を始める。ホースを伝ってスープが移るため、重い寸胴を持ち上げて移し替える必要がない。

9

液送が終わればスープが完成。漉す作業は不要。このスープを昼の営業用に使う。

10

昼の営業が一段落した15時頃、水、背ガラ10kgを圧力寸胴に入れ、再び手順4以降の圧力調理を行う。これを夜用のスープに使い、さらに背ガラ5kgを追いガラし、3度炊きでスープを使い切る。

圧力寸胴を駆使して、短時間で濃厚豚骨スープをとる

スタンダードな「ラーメン」に使う豚骨スープは、50ℓの圧力寸胴を使用。ゲンコツと背ガラ、チャーシュー用の豚バラ肉、トッピングに使用するキャベツの芯の部分があるときはそれも加えて、約2.7気圧をかけて40分でスープをとる。通常の豚骨スープに比べて炊き時間が格段に短縮でき、作業の負担が減るのはもちろんのこと、光熱費の減額というメリットも得られている。「一般的な豚骨スープの濃度は約6％ですが、圧力をかけることで12%まで持っていきます。旨味が非常に濃厚で、骨などの固形物がないきれいなスープがとれ、誰でも食べやすい豚骨ラーメンができます」と森下さん。

一方の濃厚豚骨スープは、80ℓの圧力寸胴で豚頭と背ガラを22kgずつ、計40kgを使ってスープをとる。濃度は22と、ポタージュを思わせる粘度の高いスープだ。圧を抜いた後は、少し骨を砕いて弱火で炊き、背ガラについた肉片もこそいで、「豚骨スープ」とは対照的などろどろの濃厚スープに仕上げる。

5

40分経ったら、排圧バルブと排圧装置をホースでつなぎ、スープ抽出用寸胴のフタにセットする。火を止め、排圧バルブをハンドルが止まるまでまわし、寸胴内部の圧力を排気させる。チャーシュー用の豚バラ肉は取り出す。ここまでの仕込みを深夜に行う。

6

朝になったら圧力寸胴のフタを開けて点火し、沸騰させる。

10～15分ほど沸騰状態をキープしたら、寸胴の縁についた汚れをきれいに拭き取り、フタを閉める。

7

液送用のオモリ（1.1キロ）を、蒸気噴出弁へ静かにのせる。オモリが揺れ始めたら、液送バルブと液送装置をホースでつなぎ、スープ抽出用寸胴にセットする。

濃厚豚骨スープ

【材料】

豚頭、背ガラ

1

濃厚豚骨スープは、豚頭と豚背ガラのみでとる。背ガラで旨味を抽出し、豚頭で豚骨らしさを引き出す。豚骨スープの倍の計40kgをもう1台の圧力寸胴鍋で炊く。背ガラは1本を1/4にカットし、豚頭は半分にカットし、隙間なく入れていき、写真の量を寸胴鍋の中に全て納める。

2

圧力がかかってから60分炊く。火を止め、圧力を抜いてからフタ開ける。

3

骨を少し砕いてスープに浸るようにしてフタをしないで弱火で30分～40分炊く。完成前のこの段階では濃度は17くらい。

4

背ガラに付いている肉片をこそぎながら濃度を高めていく。最終的に濃度は22で完成させる。

味玉の作り方

【材料】卵、漬けダレ（チャーシューのかえし、水、砂糖）

1
殻に小さな穴をあけ、茹で麺器で約40個を6分半茹でる。

2
1を氷水に入れて、15分ほど冷やす。

3
漬けダレの材料（チャーシューのかえし300ml、水1000mi、砂糖30g）を小鍋に入れて沸騰させ、容器に移して冷ます。

4
卵の殻をむき、冷ました漬けダレに入れて2～3時間漬け込む。

醤油ダレ

「あっさりとキレのある豚骨醤油ラーメン」を目指して開発。濃口醤油、水、日髙昆布、塩、うま味調味料を加熱し、3日間ねかせてから使用する。スープの旨味が濃厚な分、タレは複雑にしないよう考えた。

香味油

鶏皮を極めて弱い火にかけてゆっくり抽出させた、シンプルな鶏油を使用。香味野菜などは使わず、鶏特有の香りを活かすように作っている。

麺

大橋製麺所に特注している卵入り麺。切り刃18番、麺帯は厚出しの角切りで、ややウェーブをかけている。表面がもちっとしていて芯はしっかりある、食べ応えのある麺を目指した。1玉は160g。

食べやすい豚骨ラーメンを目指してバランスよく構成

同店では、大量の豚骨を使ってとるスープを軸に、ラーメンの味を構成。コクのある豚骨ラーメンをあっさり食べてもらえるよう、シンプルでキレのある醤油ダレを合わせ、香味油もラードではなく鶏油を使用。もっちりした食べ応えのある麺を合わせて、濃厚な旨味のあるスープとのバランスをとった。トッピングは今年４月より変更。玉子はこれまでのうずらの玉子から味玉に、チャーシューは肩ロースからボリューム感の出るバラブロックに替えて、付加価値を出した。

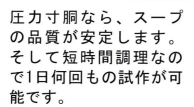

●東京・仙川

中華そば しば田

つけそば 800円（税込）

夏場に「つけそばが食べたい」という声が集まったことから提供を開始。「中華そば」のタレとスープを利用し、タレをやや多めに入れて作る。麺は中華そばと変化を出すため、粉の風味が強い全粒粉入りを使用。

中華そば 750円（税込）

2種類の生醤油が醸し出す香り、たまり醤油のコクと甘味が鴨ガラだしの甘味と合わさり、お客からは"鴨南蛮そばのよう"といわれることもある。あっさりしたスープにあえて低加水麺を合わせ、個性を出した。

「醤油」が主役の正統派ラーメンを磨き上げ、「現代の中華そば」を確立

2013年11月にオープンした『中華そば　しば田』は、最寄りの京王線仙川駅から歩いて約10分のバス通り沿いにある。看板商品の「中華そば」が評判を呼び、2014年末にはラーメン誌の醤油部門で1位を受賞したことから人気が倍増。開業から1年あまりで、行列のできる人気店となっている。

店主の柴田貴史さんは、吉祥寺などのラーメン店で計7年ほど経験を重ねた後に独立。店を開業するにあたり、「世代を問わず食べてもらえる」「ラーメンの本質から離れない」ということを踏まえて味づくりを行い、メニューは「中華そば」と「煮干しそば」の2種類に絞った。次々と限定麺を提供するよりも、スタンダードなラーメンのおいしさをとことん追求し、磨き上げることに注力。定番といわれる醤油味で、研ぎ澄まされた味と郷愁性を共存させた、「現代の中華そば」と呼ぶべく一杯を作り出している。

スープ、タレ、香味油は、「中華そば」と「煮干しそば」それぞれ専用のものを仕込む。全体の約6割が注文する「中華そば」750円は、"タレありき"で考えたという一品。生醤油とたまり醤油をブレンドした、日本そばの"かえし"を思わせるタレを軸に、醤油らしい香りとコクが楽しめる味わいを表現する。スープはタレとの相性を考慮し、甘味があってまろやかなだしがとれる鴨ガラをベースにしたもの。スープからとる脂を香味油にして、鴨の上質な旨味と香り豊かな醤油のマッチングを楽しませる。

もう一方の「煮干しそば」750円は、タレよりもスープが主役。肉系の食材を一切使わず、旨味が上品な香川県伊吹産の煮干しを大量に使って炊いたスープに、白醤油やたまり醤油を使ったタレを合わせて作る。煮干しを力強く感じる流行のインパクトのある風味ではなく、煮干しが濃厚ながら、お年寄りが食べてもおいしいと思う上品な味わいを目指した。

そのほか、夏場の需要に応えて、それぞれのスープとタレを使ったつけそばも提供。夜限定で、「煮干しそば」のスープをさらに濃く炊き、たまり醤油のタレを合わせた、より濃厚な煮干しラーメンを販売することもある。

客層は地元住民や近くにある病院帰りのお年寄りなど、幅広い年代を集めるほか、今では遠方からわざわざ食べに来るファンも獲得。1日に120～160食を売り切っている。

周辺を住宅に囲まれたバス通り沿いにある。最寄り駅より徒歩10分ほどかかる立地だが、開店前から行列ができる人気ぶり。

店内はカウンターのみ8席。飲食店の居抜き店舗で、木のカウンターテーブルなど内装はそのまま活かした。

煮干しそば 750円（税込）

「中華そば」とは対照的に、スープで9割方の味を決めるという1杯。伊吹産の煮干しを惜しげもなく大量に使ったスープで上品さを出し、タレはコクを添える程度に少量加えて仕上げる。特に男性客にファンが多い。

煮干しつけそば 800円（税込）

「煮干しそば」と同じスープとタレ、油を使った一品。スープに動物系素材を一切使用しないため、ラードや鴨油をベースにした煮干しの香味油で、ラーメンらしい風味やコクを出す。麺は「つけそば」と同様、全粒粉入り。

店主 柴田貴史

吉祥寺『音麺酒家 楽々』（現在は閉店）などのラーメン店にて計7年ほど経験を積む。様々な限定麺を開発するなどして、地道に腕を磨いた。2013年11月、地元の調布市に同店をオープンさせた。

ラーメン用は切り歯26番の細麺で1玉130g。（手前）。つけ麺用は全粒粉入り麺。切り歯18番で1玉220g（奥）。三河屋製麺から仕入れている。

チャーシューはチルドの豚肩ロース肉を使用。スープの邪魔をしないよう、塩、胡椒、スパイスで味付けし、オーブンで香ばしく焼く。

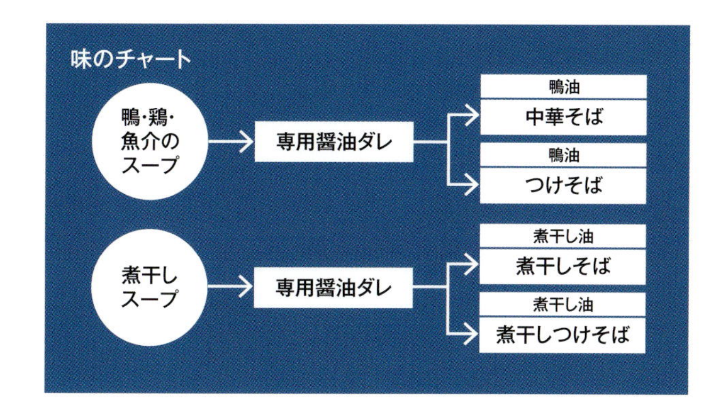

住所／東京都調布市若葉町2-25-20-102号
電話／080-4001-0233
営業時間／11時～14時30分、17時30分～20時30分
定休日／土曜日・日曜日
規模／8坪・8席
客単価／850円

醤油ダレ 中華そば用

【材料】生醤油(2種類)、たまり醤油、日本酒、みりん、海塩、リンゴ酢

1

寸胴鍋に日本酒、みりん、海塩、リンゴ酢を入れる。日本酒は米100%の純米酒、みりんは三州三河みりん、塩はオーストラリアのオージーソルトと、調味料はこだわったものを使用。酢は調味料全体を調和させる役割で加える。

2

1を強火にかけて沸騰させ、酒とみりんを煮切る。

Point

火入れの温度

7

6を1時間半ほどかけて弱火でじっくり火入れする。なるべく醤油の香りを飛ばさないよう、寸胴鍋に温度計をさして62℃で火入れするのがポイント。加熱によって醤油の香りは若干飛ぶが、保存性が高まり、醤油のカドが取れつつ旨味も増すなどメリットが大きいため、火入れを行っている。

8

火を止めて新聞紙でフタをし、冷蔵庫で一晩ねかせて、翌日の営業に使用する。

完成した醤油ダレ

生醤油の特徴である香りを大切にした“醤油感”のあるタレに

母親が秋田県出身だったことから「きりたんぽのような、醤油や鶏のだしを使った味になじみがあった」という柴田さん。“醤油感”にこだわり、醤油のよさを活かせるタレを考えた。ポイントは、生醤油を加えるタイミングと火入れにある。酒とみりん、塩、酢を煮詰め、冷ましてから生醤油を加える。冷まさないと生醤油に火が入り、肝心の香りが消えてしまうためだ。火入れの温度は、醤油のカドが取れて香りも飛びすぎない「62℃」を維持する。このタレは熟成させるタイプではないため、仕込んだ翌日に使用する。

また、醤油の銘柄やブレンドの比率は固定せず、随時変えることもポイントの一つ。「特に生醤油は、どうしても味にブレが生じやすい。そのときにいいものを見極めて使うようにしています。生醤油の銘柄も一つの蔵のものではなく、違う蔵の醤油を2種類使うことで、味のブレを防いでいます」と柴田さんは言う。

Point

醤油のブレンド

3
2が沸騰したら弱火にし、一定量になるまでじっくり煮詰める。

4
一定量まで煮詰めたら火を止める。ここですぐに醤油を入れると一気に火が入り、生醤油の香りが出せなくなるため、常温になるまで冷ます。

5
4が冷めたら醤油を加える。まず2種類の生醤油を加える。取材時は群馬県と小豆島の生醤油を使用。一つの蔵のものを使うと醤油の出来によって味のブレが生じる恐れもあるため、2種類以上をブレンドする。

6
続いてたまり醤油を加える。取材時は群馬県のものを使用。たまり醤油で、生醤油には出せないコクをプラスする。

中華そばのスープ

青森県産鴨ガラをベースに、名古屋コーチンと横斑プリマスロックの丸鶏などを約5時間炊き、ハマグリや羅臼昆布のだしを足したもの。水は素材の旨味が出やすいといわれる「πウォーター」を使用。鴨ガラは甘味とまろやかさがあり、生醤油を使ったタレによく合う。

煮干しそばの醤油ダレ

白醤油と淡口醤油をブレンドし、みりん、酒、塩で作る。「煮干しそば」は「中華そば」とは対照的にスープで味を決めるため、タレは少量でいかにコクを持たせるかをテーマに考えた。

煮干しそばのスープ

動物性素材を使わず、上品な伊吹産煮干しの旨味を濃縮させたスープ。煮干しと羅臼昆布を一晩水出しし、翌朝、1時間弱煮出してスープをとる。味がブレないよう、上質な煮干しがある時期に大量に仕入れておくことも、味づくりには重要。

●東京・三河島

二代目にゃがにゃが亭

中華そば

720円（税込）

白河ラーメンのスタイルで作る、1番人気の代表メニュー。毎日食べても飽きの来ない優しい味わいで、鶏ガラ主体のスープ360mℓに、チャーシューの煮汁を熟成させた醤油ダレ36mℓ、スープから抽出した鶏油20mℓを合わせる。のせるのは炭火焼きの内モモ肉、乾燥を戻して作るメンマ、青菜、ナルト、海苔。トッピングの青菜までがシャキッと完璧に茹でられた、丁寧な仕事が光る一杯。

店主の金裕景さんと奥様の絵梨さん。営業は金さんを絵梨さんがサポートする形で夫婦2人で切り盛り。絵梨さんは製麺も担当する。金さんはラーメン店のほか、割烹・焼肉店の調理、立ち食いそば店の店舗管理など様々な飲食業態での経験を持つ。

丹念な麺とスープのおいしさで、ラーメンファンを魅了する店

『二代目にゃがにゃが亭』の「中華そば」の佇まいは、シンプルだが美しい。スープ、麺、トッピングの一つ一つがよく考えられていることが伝わる、洗練された一杯だ。何度食べても飽きない奥深い味わいで、地元住民からの支持はもちろん、遠方から何度も足を運ぶラーメンファンも多く獲得。また、その味や丁寧な仕事ぶりから、同業者をはじめとする調理人にも一目おかれている。

同店のオープンは2010年12月。開業にあたり、尊敬の念を抱く、白河ラーメンの名店『とら食堂』の竹井和之氏に教えを乞うたという。看板商品の「中華そば」は、その白河ラーメンのスタイルを踏襲したもの。鶏ガラ主体の澄んだスープに醤油の風味を穏やかにのせ、手打ちの技術を組み入れたしなやかな自家製麺との相性を存分に楽しませている。

メニュー構成は、「中華そば」の他、長野の新ご当地麺〝王様中華そば〟をアレンジした「つけ麺」、麺の喉ごしのよさを蕎麦のように楽しませる「ざる中華」の3本柱。スープ、麺、タレ、油は共通ながら、各々を明確に特徴化して、メニュー幅を感じさせる展開を行っている。

同店でとりわけ評判が高いのが自家製麺だ。手打ち麺ならではのしなやかな食感を、製麺機を導入して表現するべく研究を重ね、人の力による工程を組み込んで生地に付加を与えすぎないよう作る。こうして作る麺は軽さがあってタッチが優しく、口元や喉を通るのが心地よい。製麺機でもしなやかな麺は作り出せるが、それとは違うしなやかさがある。

また、味づくりで重視するのは、何か1つの特徴を際立たるのではなく、すべてをバランスよく調和させること。インパクトや特別な材料を使って差別化するのではなく、スープ、麺、タレ、トッピング、それぞれのおいしさや丼でのバランスを地道に追求することが、食べ手の素直な感動を呼び、また食べたいというリピートにつながっている。

「うちのラーメンは、今日作ったスープ、昨日仕込んだ麺、そして、一ヶ月前にねかせた醤油ダレが合わさって一杯が完成します。毎日の仕事を一つ一つ丁寧にやる、これが何より大事なんです」(店主談)。

現代のお客をも満足させる〝シンプルなおいしさ〟は、毎日の近道のない仕事によって作り出されている。

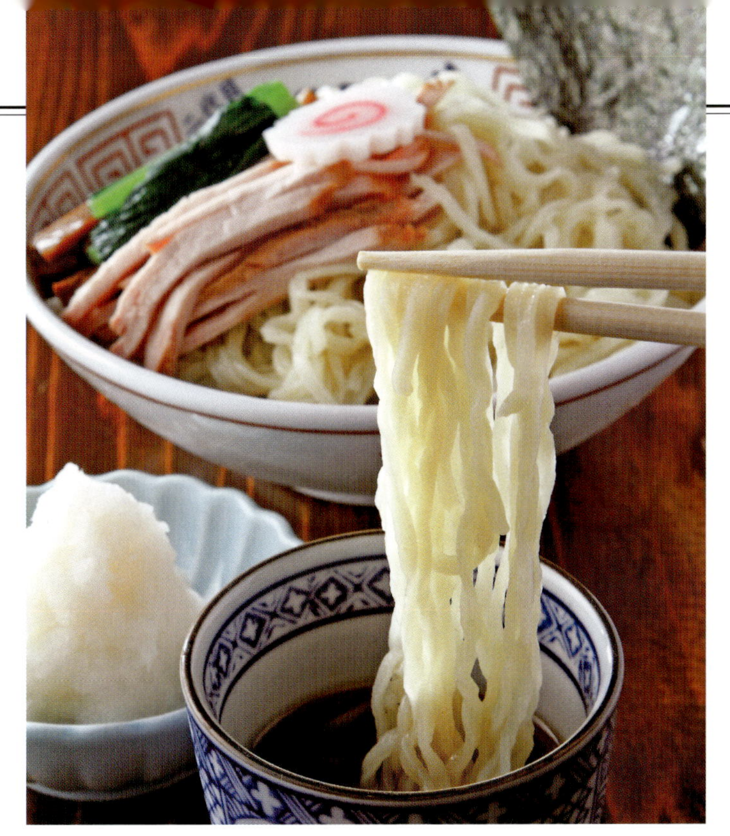

わんたんそば　さんま香油入り
930円（税込）

「中華そば」に+30円でサンマ節の香味油を追加でき、鶏油の半量を置きかえる。鶏の旨味に魚介風味が織り交ざり、ふくよかな味わいに。さんま香油はサンマ節を煮干しと共に白絞油に入れ、80℃で90分加熱して作る。影響を受けるラーメン職人『ちばき屋』千葉憲二氏に習ったもので、そのイズムを店に映す思いでメニュー化している。ワンタンは+180円で、あんはエビと豚挽き肉。

辛み大根 ざる中華 200g
730円（税込）

スープを使わない、そばつゆのようなかえしに冷たくしめた自家製麺をくぐらせ、なめらかな喉ごしを楽しんでもらう。かえしの味が濃いめなので、大根おろしを加えて食べるのが店おすすめ。かえしは昆布とカツオのだし600㎖、醤油ダレ180㎖、みりん100㎖を沸かして追いガツオしたもの。麺量は200gと+100円で300gを用意する。

つけ麺 200g 730円（税込）

自身が好きだという、ねぎの甘さと黒胡椒のパンチを魅力にした長野の新ご当地麺「王様中華そば」を、つけ麺にアレンジ。小鍋でスープ200㎖、醤油ダレ36㎖、黒胡椒を温め、丼で鶏油20㎖、笹打ちの長ねぎ、チャーシュー、メンマ、とろろ昆布、三つ葉、万能ねぎと合わせる。醤油ダレにはみりんを加えて甘味を足している。「ざる中華」と同じく麺量は200gと300g（+100円）を用意。

冷たいおつゆの さんま香油 中華そば
830円（税込）

通常メニューのスープを1/4量の濃いめにとった昆布とカツオのだしでのばしてキンキンに冷やし、サンマ節の香味油と醤油ダレに合わせた夏メニュー。スープを冷やすことでほどよいとろみが生まれ、麺とのからみも抜群に。写真は2014年版で、2015年はトッピングの鶏ムネ肉を豚肩ロース肉に、三つ葉を大根おろしに替えて提供。限定メニューの頻度は高くないが、業界の仲間とコラボを実施したりと経験や勉強を重ねている。

JR三河島駅からすぐの商店が並ぶ路地に立地し、店内は約15坪・カウンター8席。手間のかかる麺は量産が難しく、1日約100食で売切閉店にしている。『二代目にゃがにゃが亭』の名は、東京・一之江にある、店主の父経営の人気ラーメン店『にゃがにゃが亭』から。『にゃがにゃが亭』は豚骨メインなので、全く違う味でのスタートだった。

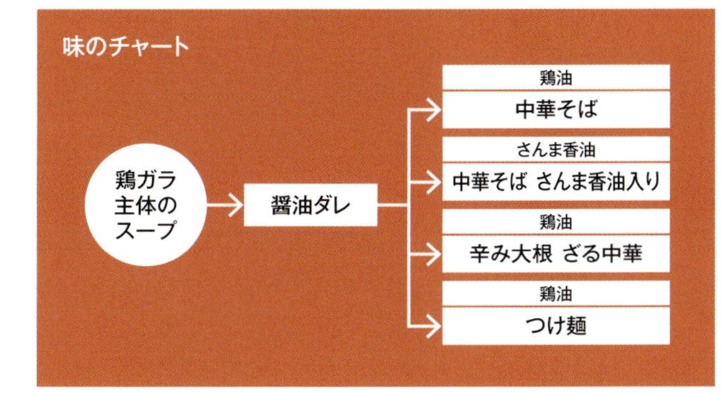

住所／東京都荒川区荒川3-61-6
電話／03-6806-8586
営業時間／［水～金曜日］11時30分～14時30分、17時～売切れまで［月・土・日曜日、祝日］11時30分～売切れまで
定休日／火曜日
規模／約15坪・8席
客単価／900円前後

自家製麺

【材料】準強力粉（千葉製粉「中華しょうぶ」）、準強力粉（日東富士製粉「㊕富士龍牌」）、水、塩、粉末かん水

ミキシング

まとめ

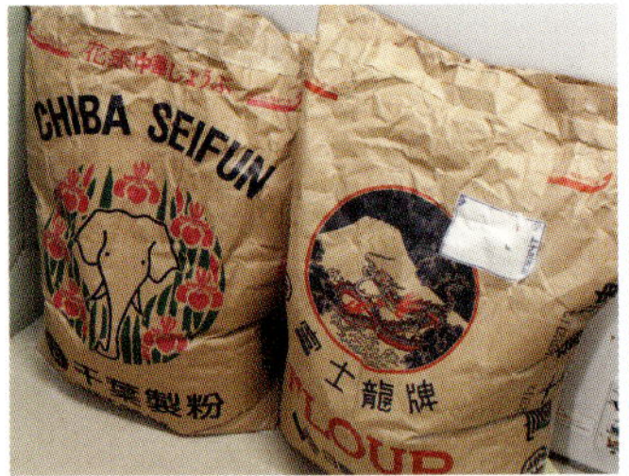

1

粉は1度の仕込みで「中華しょうぶ」5kg、「㊕富士龍牌」2kgをブレンド。小麦粉は食感のしなやかさを意識した選択。プライムハード種を使った「中華しょうぶ」は旨味が強いが、やや食感がかたくなりがちなので、中力粉に近い「㊕富士龍牌」を配合し理想の食感に仕上げている。ミキサーに小麦粉を合わせて空まわしをし、かん水溶液を加える。かん水溶液は粉1kgに対し、水470〜480mℓ、塩3g、粉末かん水13gの配合で前日に合わせて冷やしておく。水温は低いほうがよい。加水率は46〜47%。足踏みしてのせる限界の高い加水量。

2

ミキシングは全5分。途中でいったん止めてミキサーの羽や周囲に付着した生地を落とし、終えたらばんじゅうに移す。小さな粒ができると加水が上手くはまった証拠。

3

生地の上にビニールを敷き、麺塊と麺塊の隙間をくっつけるようにざっくりと踏んで生地をまとめる。なお、ここでの生地の感触は翌日の加水量調整に役立てる。この仕込み量で、たった10mℓ加水量が変わるだけでも麺質は変わるという。

水回し（生地を鍛える）

Point 人力（足踏み）でのグルテン強化

5

生地の裏面を表に返し、写真のように左右の辺を中心に折りたたんで（左）、開いた側を下にしておく（右）。裏面や端は力がかかりにくいので、生地全体を均一にのすためにこのように折っている。ここからの工程は手打ち麺でいう、「足踏み」と " 麺棒や竹を使って重ねた生地を押さえる→麺棒でのばす " 作業を繰り返す「のし」の工程を同時に行っている。

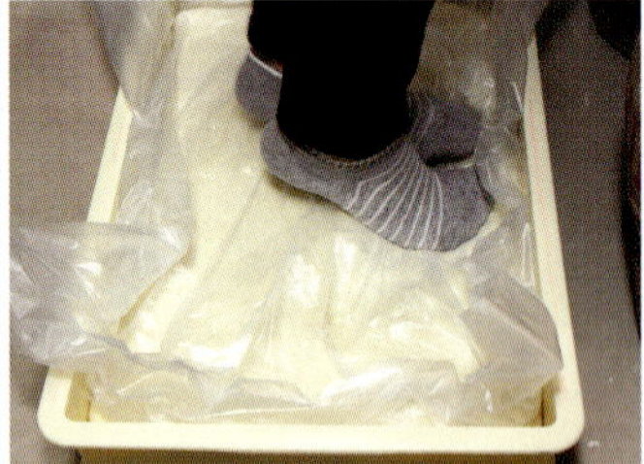

6

生地を中心から外に広げるように小刻みに足踏みして均等にならしていく。ここからはつま先立ちになって力を加える。「足踏み」と「のし」は、生地の水和とグルテンの網目構造の強化が目的。機械打ちは一定方向での力の付加だが、生地を折りたたむ→足踏みを繰り返す工程は様々な方向から力が加わるので、グルテンの網目構造がより複雑になる。生地に水がまわりにくいときは、ビニールで覆ってしばらくおいておく。

8

足踏み終了の目安は裏面まで均一になること。開いていた部分がつながっていれば、まんべんなく力が加わっている。

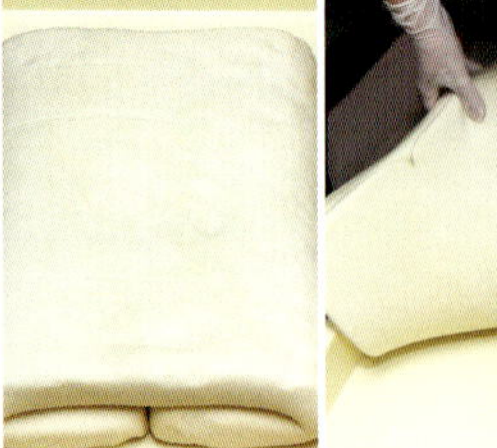

5と同じよう折りたたみ、6と同じように踏む。

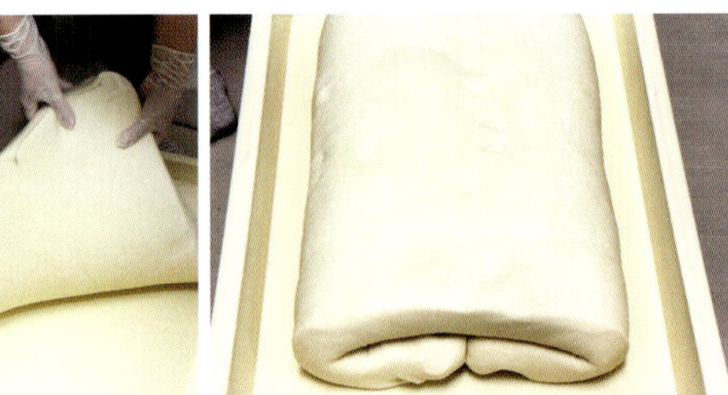

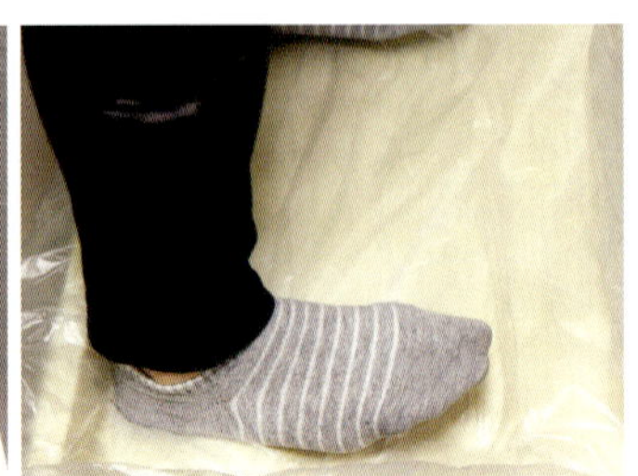

9

5と同じように折りたたみ、足踏みを行う。この段階になると生地の弾力が強いので、体重をかけやすい " かかと " を使う。

水回し

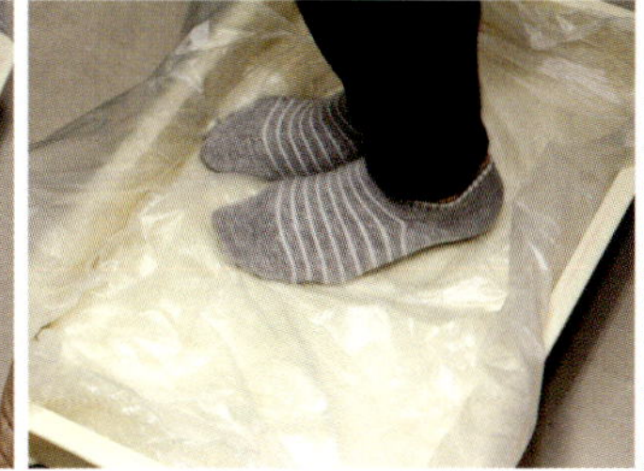

端や四隅まで全体を踏む。持ち上げて1枚につながればよい。ばんじゅうを使うのは、加水が高くやわらかいので、容器に入れないと広がる一方で作業が困難なため。製麺機のローラーの大きさとのバランスも丁度よかった。

4
S字に折って生地を三層にし、生地を押さえるように足で踏んで均等にならす。機械打ちでいう複合の作業。この工程をとらないと麺にコシがなくなり、逆に2回以上やるとかたくなりすぎて続く作業でのせなくなる。

7
5と同じように折りたたみ、6と同じように踏む。前回の端が今回の中心部になるので、そこを意識して踏む。つま先を上手に使って端や四隅までまんべんなく踏む。

手打ち麺の機械化を実現し、独特のしなやかな麺を作り出す

独創的な工程をたどる手法は、製麺機を使っていかに手打ち麺に近づけるかという「手打ち麺の機械化」を課題に導き出したもの。手打ち麺は自らの体重を麺棒にかけて打つため体力的な負担が多く、また、長期間の経験も必要。未経験者やアルバイトでも対応できて、かつ自身が歳をとっても続けられるように、製麺機を導入して手打ち麺特有のしなやかな食感が出せないかと考えた。

着目したのは、製麺機による麺はグルテンを強化するために重いローラーで圧縮されている点。こうして作る麺はやわらかな食感が出にくい。その工程を「生地を折りたたみ、足踏みをする」という人力に変えることで、ひらひらと軽くふっくらとした食感の麺を作り出す。手数が増えるのでアルコール消毒は徹底している。

Point

生地のやわらかさ

足踏みは生地のつやが出るまで行う。生地づくりの要は、この「つや」が出た時点の生地の「かたさ」。手打ち麺のごとくしなやかな麺を目指すので、つやが出た生地がかたい場合は、休ませるなど季節の気候条件に合わせて対策を行う。なお、生地の仕上がりが理想とぶれるようになった場合は工程を少し変えるが、原因を探して別の対策を行い、必ず元の工程に戻すようにする。「変える」と「戻す」調整は、必ずセットで行うのが大事。「変える」だけを繰り返すと、ぶれたときに原因を突き止められなくなる。

118ページに続く →

麺の茹で方

全メニュー共通の麺だが、メニューによって麺の温度を変えているので、異なる表情をみせる。茹で時間は開店前の試食で決めている。

中華そば
1分20秒〜50秒を目安に茹でる。しなやかな啜り心地のよい麺。

ざる中華
3分を目安に茹でてから、氷水に落としてしめる。きゅっとしまって、喉ごしのよさが際立つ。

つけ麺
2分±30秒茹でた後、水でしめてから湯にくぐらせて温度を常温程度に上げる。温度を上げるとモチモチとしたやわらかな食感が出て、小麦の香りが立つ。つけ汁の温度低下を軽減する狙いもある。開業から1年は、つけ麺用の太麺を作っていたが、現在の麺をさまざまに楽しませたいと考えるようになり、統一をした。

自家製麺

のし

10
打ち粉をふった麺台に生地をのせる。生地にも打ち粉を多めにふり、折りたたんで真ん中のあたりをつける。厚さの偏りを考慮しつつ、包丁で半分にカットする。1枚ずつ作業を進めるため、もう1枚の生地は乾燥しないようにビニールに包んでおく。

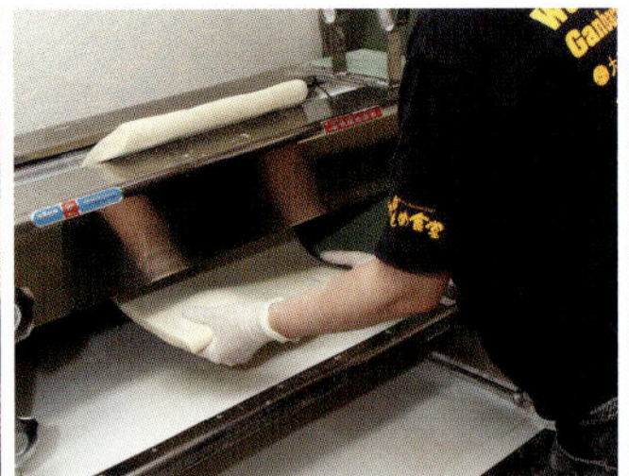

11
うどんやそばの手打ち用製麺機を使い、固定した幅のローラーに数回通して生地をのばす。縦、横とローラーに通す向きを交互に変える。

12
厚さ2㎝になったら台に移動して、包丁で半分にカットする。

13
2枚とも縦横と向きを変えながら再びローラーに通す。ローラー幅は通すごとにほんの少しずつ狭め、生地の大きさが製麺機のローラー部分と同じサイズにのびるまで行う。厚さは5㎜。

Point
のばす形

14
打ち粉をふった麺台に移す。均一の長さの麺線を作るには90度の四つ角ができるようにローラーに通すことが大事。加水が高いので打ち粉はたっぷりとふり、1枚をまず縦半分に切って、さらに縦半分に切って4等分する。

15
計8枚の生地を、横、縦の順番で1回ずつ製麺機のローラーに通す。

生地の最終厚さは約2㎜。

切り出し

16
麺切り台に打ち粉をふる。生地に打ち粉をふりながら1枚ずつ交互に奥と手前とを折り返して8枚重ねる。一定の力、一定の高さで刃を集中して動かし、3㎜幅で切り出す。

17
打ち粉をふるいおとし、1玉162gでペーパーを敷いた麺箱につめる。隣の麺に引っ付くと取り出すときに引っ張られて食感が変わってしまうので注意して並べる。乾燥防止のビニールをかぶせて冷蔵庫でひと晩熟成させ、翌日使う。

完成した麺

焼き豚

【材料】豚内モモ肉、濃口醤油

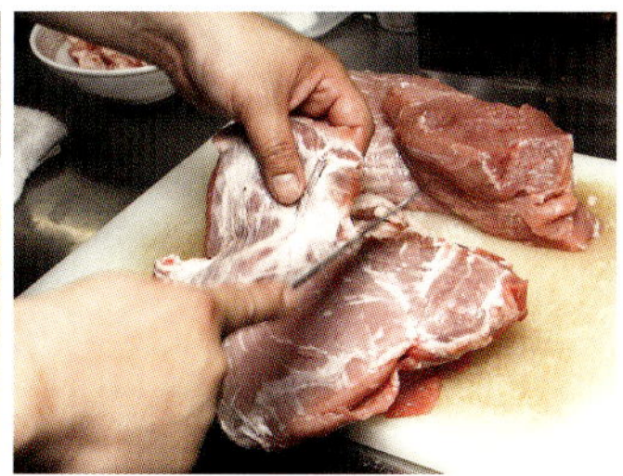

Point
脂の処理

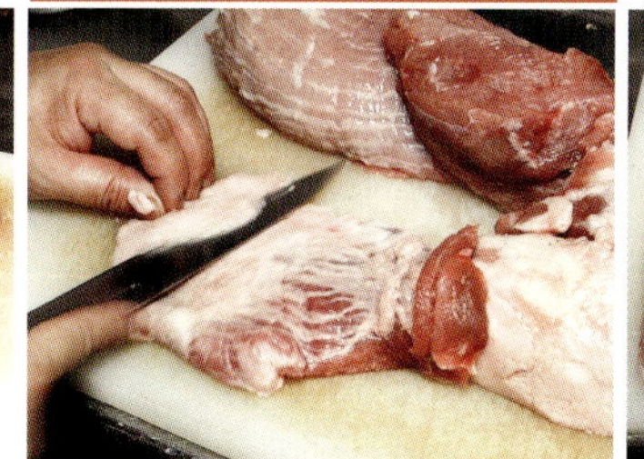

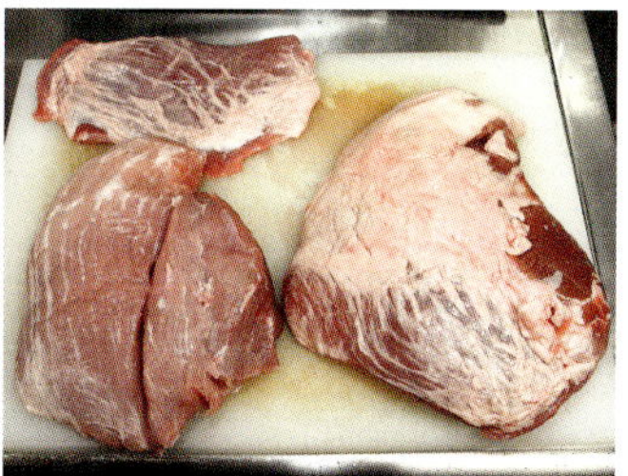

1
内モモ肉のかぶりの部分に刃先を入れて切り進め、かぶりをはずす。かぶりは必ずではないが焼豚トッピングに使用する。

スジの多い部分と脂をそぎ落とし、2つにカットする。脂が残っていると炭で焼く際に煙が出て、においが肉に移ってしまうので脂は丁寧に取る。炭の香りと煙の香りは別もの。

右側は内モモ肉のかたまり。左側はカットを終えた状態。

完成した焼き豚

かぶり

炭火でのグリル

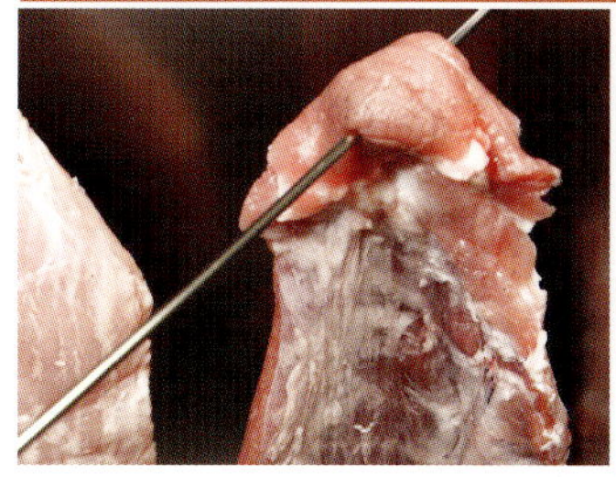

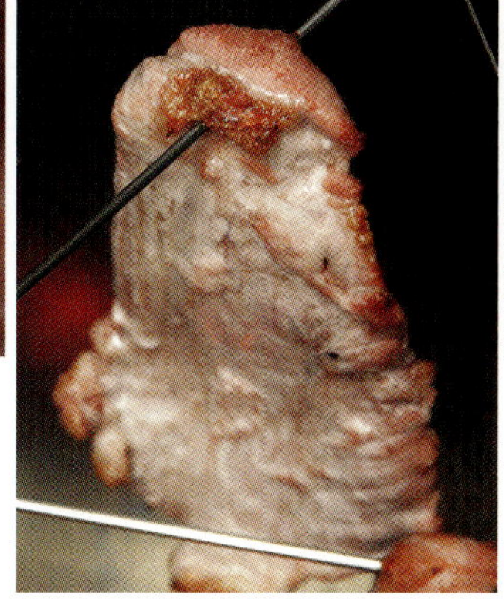

2
鉄串に刺し、釜に吊るして炭火で焼く。炭は熱量が高く、表面をさっと焼き固めることができる。焼き上がりは表面の感触と、にじみ出た油を味見して。酸味のような旨味が感じられれば焼き上がり。

Point
火入れの温度

3
醤油に1でそぎ落としたスジや脂身を入れ、温度計を差して68℃に温めておく。2を漬け、釜にしたたり落ちた肉汁も入れ、芯まで殺菌できる68℃の温度で90分を目安に加熱する。(60分で火は入るが、中まで塩分を入れるため90分加熱)。温度が高いと肉も醤油も質が悪化する。

4
取り出して涼しいところで冷ます。メイラード反応で、肉のまわりがほんのり赤く色づいている。焼き豚は毎日仕込み、営業中は少しずつ切り出して使う。

醤油ダレ

チャーシューダレは漉した後、常温で1ヶ月ねかせて醤油ダレとして使う。肉の煙香がタレに移ると、ラーメンにした際に全てがその香りに支配されてしまうので、肉の丁寧な下処理が重要。醤油は焼肉店の知人から教えてもらった茨城・柴沼醤油醸造のもの。旨味が強くて味がよく、醤油感が立ちすぎないところが気に入った。

肉の脂を丁寧に取り除き炭火で焼く際の煙を抑える

チャーシューも白河ラーメンの特徴である内モモ肉を使用。炭火で焼いて旨味を閉じ込めてから醤油で煮て塩分を浸透させる。煮る際は温度計を差して温度管理を行い、肉らしい食感があってしっとりとした状態に仕上げる。

チャーシューの煮汁は1ヶ月熟成させて醤油ダレにする。ゆえにチャーシューの仕込みというよりもよきタレを作る感覚が強いといい、醤油に必要ない風味が加わらないように肉の下処理からひとつひとつを丁寧に行う。

スープ

【材料】背ガラ、ゲンコツ、昆布だし（羅臼昆布、水）、**首付き鶏胴ガラ**（知床どり、大山どり、吉備鶏）、**鶏胴ガラ**（南部どり）、**丸鶏**（1/4カット）、**鶏くるぶし、水**

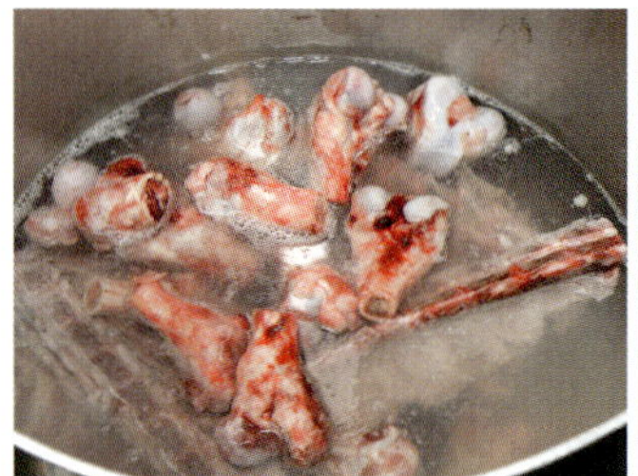

1

湯を張った寸胴鍋に凍った背ガラ、ゲンコツを入れ、強火にかける。豚骨は鶏の旨味を支え、味に厚みを出す目的で使う。ゲンコツは髄による旨味、背ガラは肉が多い分即効性のある旨味が特徴。下茹でせずに使う。

2

沸き始めると茶色いかたまりのアクが出てくるので随時取り除く。

Point

複数種の鶏胴ガラの使用

3

アクを取り除き終わり、ゲンコツの髄が出始めたら（左下）、凍った状態の鶏ガラを加え、強火で炊く。なお、ガラは首と胴に割っておき、まず、胴の部分を入れ、その上に首の部分を入れる。脂の多い吉備鶏の胴は、首の上に入れる。首と胴に分けるのは、味への効果ではなく営業中にすくいやすくするため。

鶏胴ガラだけで4種類の品種を併用しているのが特徴。何かを主軸にした味の構成ではなく、それぞれをバランスよく調和させる味の構築が店主･金さんの方針。以前は、ある地鶏のガラを主張させていたが、養鶏場の廃業によって手に入らなくなり、以後自分の味を出せずにとてつもなく苦労したという。その苦い経験を踏まえ、いまは何が欠けてもそう困らないようなリスクヘッジをしている。ガラ類も安定供給可能なものを選んでいる。

また、鶏の旨味のピークは短いので、営業中のスープに常にいずれかの旨味があるように、複数種を混合する意味もある。旨味のピークは、来店が集中する12時～13時にくるよう構成している。

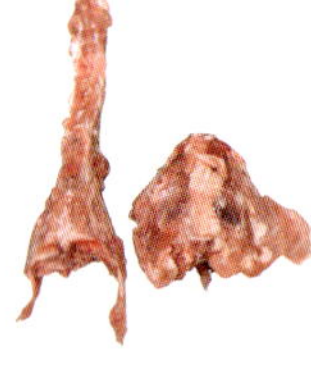

知床どり

北海道の銘柄鶏「知床どり」は、甘味のあるだしが出ると感じている。肉が多い首部分から旨味の強いだしが出る。

吉備鶏

岡山県産の「吉備鶏」は脂が多いのが特徴で、その質も良好だと感じている。

大山どり

ガラが動くとスープの濁りの原因になるので、ガラとガラとの間に隙間を作らないようにする、かさ増しの目的が大きい。

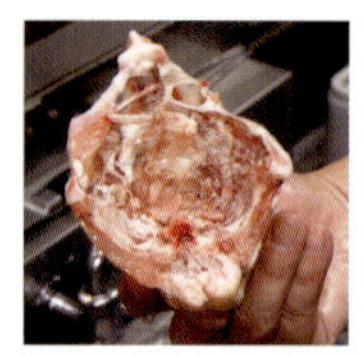

南部どり

味がよく、やわらかいのでだしの出が早くスタートダッシュがきくが、ピークの時間が短いと感じている。ガラ類は個体差があり、毎回の微調整が必要とされる。この南部どりは1体ずつ個包装になっているので、追加したり、旨味が足りないときに追い足したりと、使い勝手がいい。

9

スープにガラが入っていると劣化が少なく、また、スープを漉すと濁って味が変わってしまうので、昼営業中はガラを入れたまま使う。ランチのピークが集中する立地なので回転を上げることが不可欠。スープをすくう邪魔にならないようガラを割って作業スピードを上げる。

試食

開店30分前に「中華そば」の試食をする。チェックするのは、塩分、麺とスープのなじみ、麺の食感など。食べる際には少し時間をおいて、食べ終わりの状態でもチェック。

営業中

昼営業、開始時のスープ。

営業中はすくいやすい火加減に落とし、鶏油を少しずつ戻しながら使う。冷蔵保存すると味が変化してしまうので、スープはその日のうちに使い切る。

鶏油

6でスープから抽出した鶏油は、漉して香味油として使う。

4

羅臼昆布はひと晩水に漬けておき、続く5で加えるタイミングに合わせて沸かす（60℃で1時間がベスト）。

5

3で加えた鶏の香りが、火が通った香りに変わったら、4の昆布だしを注ぐ。昆布だしは旨味の強化。

6

続いて、表面に浮いた脂をすくいとる。脂が浮く状態でガラを動かすとスープが濁る原因になるので、ガラを揺らさないようにそっとすくいとる。

脂が残っていると、脂が蓋になって鍋内の対流が強くなって濁りの原因になるので、しっかりと取り除く。

Point

弱火の火加減

7

脂を除いたら、軽く鍋内を木べらで撹拌して、アクを取り除く。

8

続いて、1/4カットの丸鶏、鶏くるぶしを加え、沸くか沸かないかぐらいの弱火にして触らずに炊く。丸鶏は肉ならではの旨味を、コラーゲン質の鶏くるぶしは、麺がやや太めなので、粘度を出して麺とスープのからみを向上させるために加える。最初に加えると濁りやすいのでここで加える。水かさが足りないときは湯を足す。

スープを抜く

昼営業終わり際の14時頃にスープを取り出し、水にあてて冷ます。以後は注文ごとに小鍋で温めて使う。

弱火で澄んだスープに仕上げ 鶏の旨味が立ったクリアな味に

鶏と豚を５対１の割合で使用した鶏ガラ主体のシンプルなスープ。『とら食堂』竹井和之氏の教えを乞い、現在もその技法を踏襲。三年間は全く変えずに精進し、最近、材料やその投入のタイミングを変え始めた。最大のポイントは火加減。沸かさずに澄んだ状態に仕上げることで、鶏の旨味がくっくりとしたキレのあるスープに仕上げる。

時に何かしらの作用によって若干濁ることもあり、以前はパニックになっていたが、いまはスープも生き物だから変わるものと肯定できるようになった。ただ、なぜそうなったかという原因は必ず追求して、翌日の仕事に反映させる。昼営業中は材料を抜かずに炊き続けるので時間帯で味わいが微妙に変わり、そうした点も魅力だととらえている。

●東京・目黒

麺や　維新

特醤油らぁ麺
980円（税込）

ワンタン、鶏チャーシュー、肩ロースチャーシュー、煮玉子、穂先メンマがトッピングされる。一番人気の品。比内地鶏の鶏油で風味のいい一杯にする。

店主　長崎康太

2004年に神奈川県大和市に『麺や維新』をオープン。2008年に横浜に『中華そば維新商店』をオープン。『麺や維新』は2013年に東京・目黒に移転した。2店はタイプの違うラーメンを提供しながら、どちらも繁盛を続けている。

比内地鶏のだしと鶏油の旨味・香りをスープの特徴に

『麺や　維新』は2004年9月に、神奈川県大和市にオープンした。2008年4月には、横浜駅から徒歩15分ほどのオフィス街に『維新商店』をオープンした。『維新商店』は、濃口醤油の味わいの鶏スープに手もみ太ちぢれ麺と背脂・鶏油を合わせながら、すっきりと洗練された醤油ラーメンで人気を博している。14席で150～200杯を売る。『麺や　維新』は、2013年に現在の目黒に移転。こちらは、比内地鶏のだし、比内地鶏の鶏油の旨みを生かして生醤油タレと合わせたキレのある無化調スープに、すすり心地のいいように長めに切り出し、全粒粉を加えた香りもいい自家製細麺を合わせた。『麺や　維新』はミシュランガイドの2015年ビブグルマンに選出されたこともあり、女性客の人気をいっそう高めている。

いろいろな地鶏を使ってみて、比内地鶏の鶏ガラの香り、鶏油の風味が好みに合ったので選び、中でも、JA秋田の扱う比内地鶏は丁寧に処理されているので仕入れている。スープには、コクをプラスするためにゲンコツも使う。ゲンコツの旨味は鶏だしに合うと思い、豚骨はゲンコツだけを合わせている。ただ、比内地鶏のだしの風味を邪魔しないように、スープに豚臭さが出ないよう、しっかり下茹でし、さらに下茹でしたものを流水に当てて付着した血をきれいにこそぎ落してから炊いている。トッピングする豚肩ロースも、低温調理で、豚臭さを消す工夫をしている。鶏のスープと一緒に炊かないで別に炊いてから味付けする。また、魚介だしも煮干し風味が前面に出ないように水出しはせず、水ではなく鶏スープと炊いて合わせる。別に炊いて合わせるほうが、量の加減で風味を調整ができるからでもある。繊細な風味のスープづくりを安定してできるよう、要所要所でいろいろ工夫をしている。スープの味見も、でき上がった上面のほうだけするのではなく、漉して全体が混ざったところでも味見して、毎回きちんとしている。

「らぁ麺」の麺は、つけ麺にも使っている。茹でてから水で絞めるので、つけ麺では茹で時間は1分ほど長くなるが、それでも細麺のため、茹で時間は2分ほど。つけ麺では、麺にマグロ節のだしかけて提供する。麺がほぐれやすいのと、麺にからんだマグロ節の風味がつけ汁と合わさって旨味の相乗効果も期待できる。昨年は、鶏肉の削り節のだしを麺にかけて提供。麺は、切り歯は同じでも厚みを出して切り口の断面を増やして味がのりやすい麺を合わせた。自家製麺を生かして、レギュラーメニューのチャレンジとブラッシュアップも繰り返して常連客を増やしている。

細つけ麺（並）800円（税込）

らぁ麺と同じ平打ちっぽい細麺を使用する。麺にはマグロ節のだしをかけ、鶏チャーシュー、三ツ葉、穂先メンマ、青ねぎ、糸唐辛子をトッピング。スダチをつけ汁に絞って味わってもらう。並で麺は200g、大盛りは300g。麺の食感が変わってしまうので、熱盛りは受けていない。

目黒駅から徒歩7分ほど。15席のカウンター席のみの店内。2015年4月の改装で、黒を基調にした配色にした。一人で来店する女性も多い。

住所／東京都品川区上大崎3-4-1サンリオンビル1階
電話／03-3444-8480
営業時間／11時～15時、18時～21時30分
定休日／日曜日
規模／15坪·12席
客単価／950円～1000円

煮干し塩らぁ麺 750円（税込）

煮干しらぁ麺用には背ガラだけでスープを取り、煮干しだしと合わせる。赤玉ねぎ、豚肩ロースのチャーシュー、三ツ葉、笹打ちねぎ、糸唐辛子、穂先メンマをトッピング。

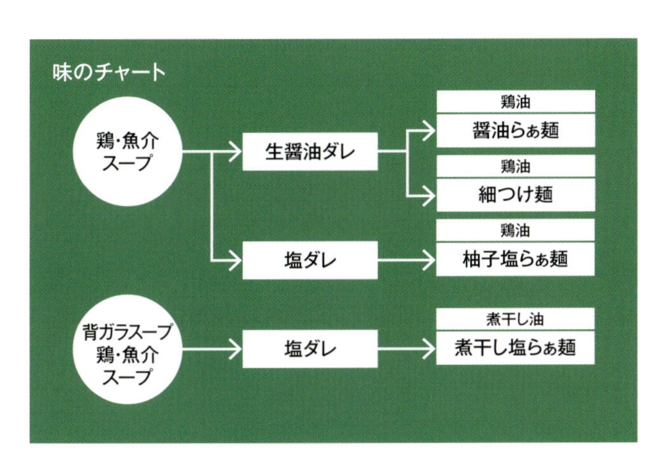

鶏·魚介スープ

鶏主体スープ

【材料】 比内地鶏胴ガラ、赤鶏胴ガラ、ゲンコツ、純水、比内地鶏モミジ、比内地鶏の鶏脂、丸鶏、玉ねぎ、リンゴ

Point
しっかり下茹で

Point
比内地鶏をそうじ

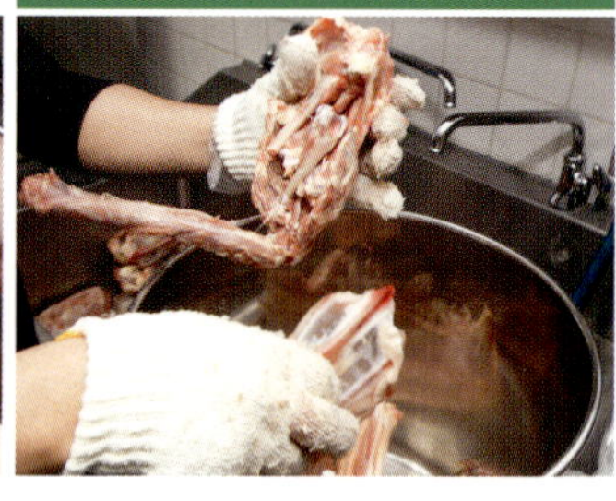

1

ゲンコツはカットしたものを仕入れる。ぬるま湯に入れて血抜きをしてから下茹でする。

下茹ではしっかりとする。血が残っていると臭みの原因になるので、血が固まるのを確認して取り出して水で冷ます。

流水に当てながらこすって、血の固まったところをこすり取る。ゲンコツは3時間炊く。そのまま置いて、翌日に鶏胴ガラと合わせて炊く。

2

比内地鶏胴ガラは割って、ヤゲンの部分を取る。赤鶏胴ガラは時間差で後で入れる。

Point
鶏脂を取り出す

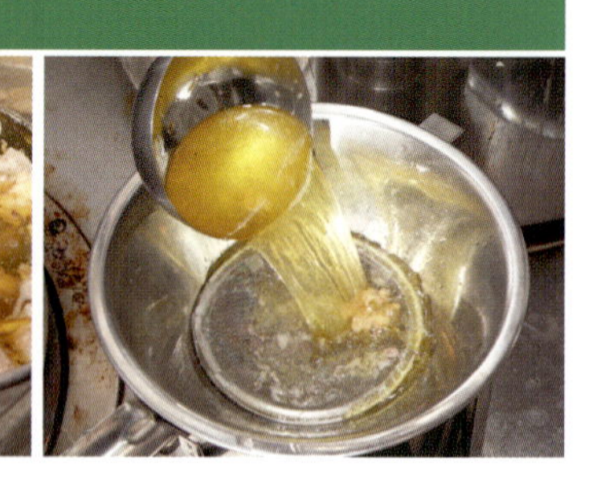

4

混ぜると濁るので、混ぜないで、まず95℃になるまで炊いていく。なお、澄んだスープを目指しているので、透明度がよくわかるステンレス製の寸胴鍋で作っている。

5

途中、浮いてくるアクは除くが、混ぜないようにそっと取り除く。

6

95℃になったら(約2時間後)、浮いている鶏油を取り出す。

比内地鶏の鶏油のみを香味油として使いたいので、赤鶏胴ガラを入れる前に鶏油を取り出す。この鶏油はこのまま冷やして香味油として使う。

魚介だし

【材料】

片口イワシ煮干し、だし昆布、カツオ節、サンマ節、サバ節

Point
鶏主体スープで乾物を炊く

1

煮干しは現在は香川県の小ぶりのものを使用。煮干しが主体で、昆布は少量に。

2

昆布と煮干しを合わせた寸胴鍋に、動物系スープ(125ページの8の段階のもの)を加えて炊く。

鶏ガラを炊く寸胴鍋に煮干しと昆布入れると風味の調整が難しいので、煮干しと昆布を別に鶏スープで炊いて合わせている。

3

約10分ほど弱火で炊いたら、厚削りのサバ節とカツオ節、サンマ節を加え、ここから1時間ほど弱火で沸騰させないようにして、混ぜないで炊く。

Point

ゆっくり加熱

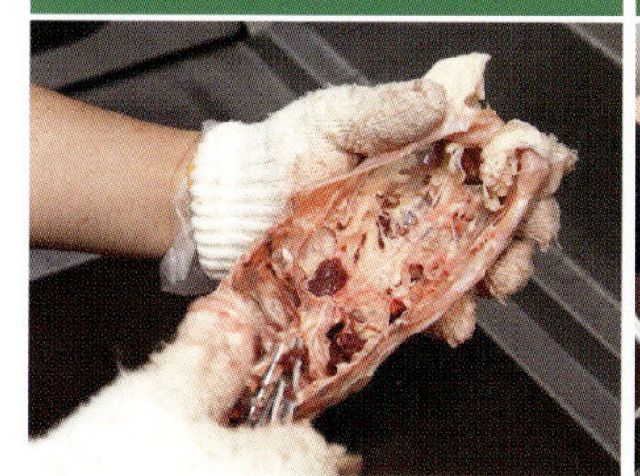

比内地鶏胴ガラはフォークを使って内側に付いている内臓を除き、流水に当てて洗う。

3

前日にゲンコツを炊いて置いた寸胴鍋を火にかけ、比内地鶏のヤゲン、比内地鶏胴ガラ、比内地鶏のモミジ、比内地鶏の親脂を入れる。比内地鶏は骨が固いので赤鶏胴ガラより先に炊き始める。

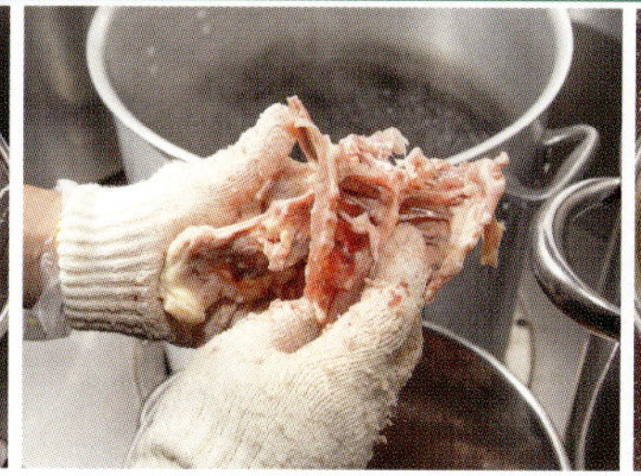

比内地鶏胴ガラは、だしが出やすいように、割って入れる。

プラスイオンの効果で澄んだスープになるように、袋にセラミックを入れ、寸胴鍋に下げて一緒に炊いている。

7

比内地鶏の鶏油を取り出したら、掃除をした赤鶏胴ガラを入れる。

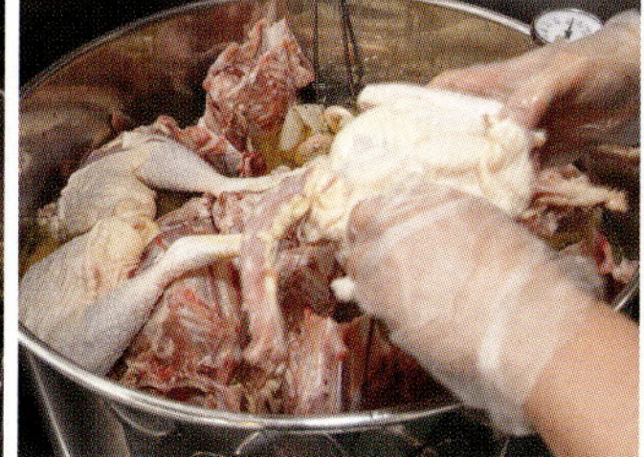

丸鶏は切れ目を入れてから加えて沈める。

丸鶏を加えてから2時間ほど炊く。丸鶏は肉の部分が多いので、長く炊くとだしを肉が吸ってしまうので短時間だけ炊く。

8

リンゴ、玉ねぎを加える。リンゴと玉ねぎは1時間ほどしたら取り出したいので、小籠に入れて寸胴鍋にかけて入れる。

Point

鶏スープ+魚介だし

9

煮干し、節類を1時間ほど炊いた魚介だし（124ページの魚介だしの3）を漉しながら、鶏ガラを炊いている寸胴鍋に戻す。

弱火のまま置いて、なじませてから漉す。

10

火を止めて、上から順にしずかにすくい出して漉す。

スープの上のほうを味見し、漉して底の方のスープと混ざったところでも味見をして、毎回チェックする。

126ページに続く ⟶

11
漉したスープは、置くと脂が浮いてくる。

浮いてくる脂には節類の香りも付いていて、これを使わないほうが目指すラーメンになるので除いている。

12
スープを急冷するのに、銅製パイプを使用。このパイプをスープに沈め、中に水を通す。

シンクに水を張り、寸胴鍋を沈め、銅製パイプを中に入れて水を通し、外からと内側からと両方から冷やす。急冷してから冷蔵庫に移し、翌日の営業用に使う。

13
冷蔵したスープは白いゼリー状。冷えて、上に浮かんだ油は細かい網で除いている。

1日ねかせた方が安定するので、作った翌日使う。

14
注文ごとに手鍋で温めて使う。1回の仕込みで、スープは約120杯分。魚介だしの風味は前面に出てなくて、比内地鶏のガラの香りが生きた澄んだスープ。

繊細なスープづくりを、安定しておこなうための工夫を

醤油ダレは、2種類の生醤油を火入れして配合したもの。うま味調味料は使わない。味の決め手は、鶏ガラが主体のスープを風味よく仕上げることにある。

鶏だしの繊細な風味は、毎日安定して作ることが一番気をつかう点だ。そのために、店主の長崎さんはいろいろ工夫と努力をしてきた。

鶏胴ガラを2種類使うのも、1種類だけだと季節によっても差が出るから。比内地鶏と赤鶏の胴ガラは、現在は半々で使っている。ただ、比内地鶏は骨が固く赤鶏より長く炊かないとだしが出にくいので、赤鶏胴からより先に寸胴鍋に入れて炊く時間を変えた。鶏ガラを炊く寸胴鍋に煮干しや節類を入れないで別に炊いて合わせるのも、そのほうが調整しやすいから。ただし、魚介だしの風味は前面に出したくなかったので、煮干しと昆布は水出しはせず、鶏ガラを炊いたスープで炊いて、それを戻す方式を採用した。

漉して、急冷するときには、毎回味見をしてチェックする。味見も寸胴鍋の上のほうと、全体を混ぜたときと2回して、スープのでき具合をきちんとチェックしている。スープを冷やすときも、寸胴鍋を水に浸すだけでは、夏と冬では水道水の温度が違うので冷やす時間が大きく変わる。そこで、内側からも冷やせる銅製パイプを沈めて、パイプの中に水を通して急冷する。さまざまな工夫を積み重ねて、安定したスープ作りができるようにしている。

チャーシュー

【材料】 国産豚肩ロース肉、塩、生姜、水、日本酒、醤油、みりん

Point

血管・スジを丁寧に除く

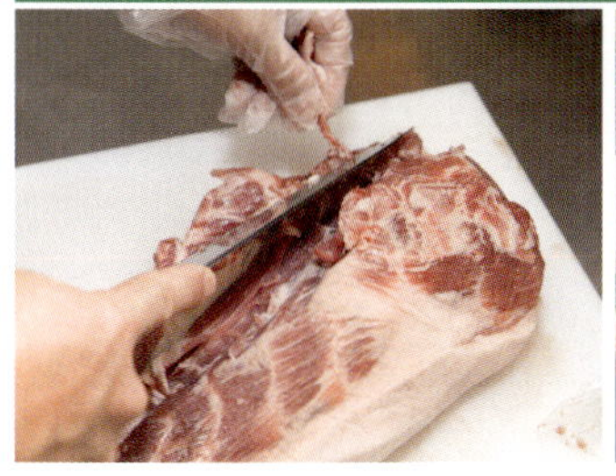

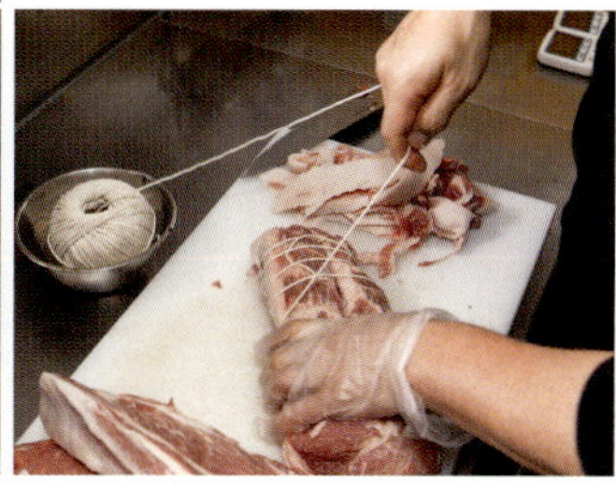

1

現在は、肩ロースを使用している。低温調理では、炊いたときにスジや血管が浮き出てくることがあるので、除く。

肩ロースは塊を仕入れ、切り分ける。切り分けることで、中のスジ、血管も見つけられる。

塊ごとに、丁寧に血管とスジを除いている。

2

タコ糸で縛って形を整える。

3

醤油、日本酒、みりんを合わせた専用タレで、一定の温度を保ちながら5~6時間炊く。取り出して冷まし、ラップをして1日冷蔵する。

4

1日冷蔵して肉をしめてからカットして使う。

スープをもったりさせないために、チャーシューだけを別に炊く

比内地鶏のいい香りと、キレのある鶏のスープに、比内地鶏の脂の旨さを合わせる——そのために鶏胴ガラを炊く順や、ゲンコツの下処理を徹底しているので、チャーシューも別の鍋で炊いた。鶏スープを炊く寸胴鍋で炊けば、効率はいいが、豚肩ロースを一緒に炊くと、もったりした風味が上乗せされ、せっかくの鶏スープのキレがなくなってしまう。

肩ロースは、低温調理をして、しっとりと仕上げたものをトッピングする。なお、豚モモ肉のチャーシューも検討中だ。

スープ用・飲料用の水

スープ用、お冷用の水は、逆浸透膜を通した純水を使用している。比内地鶏の香りと脂の旨さを生かす、繊細なスープづくりのために、だしの出やすい純水を使っている。

麺

【材料】小麦粉（春よ恋、ゆめちから、きたほなみ、プライムハード、美粉彩春よ恋）、内モンゴルかん水、全卵、水、塩

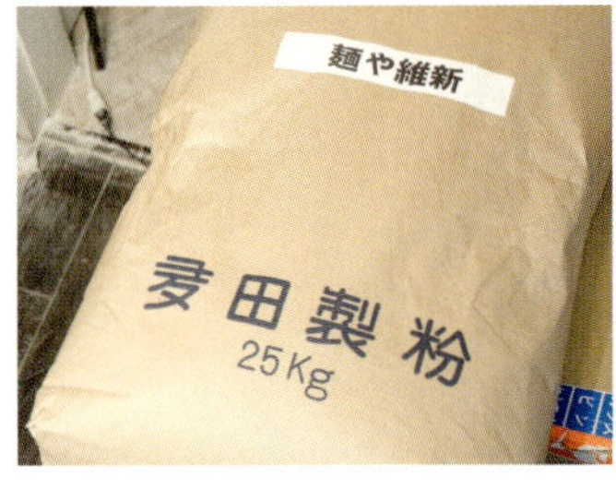

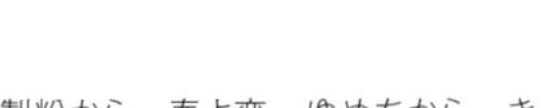

1
夛田製粉から、春よ恋、ゆめちから、きたほなみ、プライムハードを店用にブレンドしてもらい仕入れている。

2
春よ恋の全粒粉(美粉彩春よ恋)を0.4%加えている。粉だけでミキシングする。

3
かん水溶液、全卵、塩を合わせたもの加えながらミキシングする。

かん水溶液は、2～3回に分けて加えていく。ミキシングは5～10分。

8
圧延を3回する。

3回目の圧延のときに切り出して麺線にする。

9
圧延で薄くし、18番の切り歯で切り出し、平打ちっぽい細麺にする。

すすり心地を良くするために、麺線は46cmと、長めにしている。

のど越しの良さ、香りの良さを楽しめる麺づくりをする

キレのある風味を目指した鶏胴ガラと魚介だしのスープに合わせる麺は、なめらかで、香りのいい麺を目指して横浜店の店内で自家製麺している。

加水は35～38%で、切り歯は18番だが、薄く圧延して切り出して、平打ちっぽい細麺にしている。

北海道小麦3種類とオーストラリア小麦を配合し、さらに、北海道産小麦の春よ恋の全粒粉を配合した。殻ごと挽いた全粒粉で、加えるのは0.4%だが、仕上がりの香りが非常に良くなる。麺は、食感だけでなく香りも大切だと考えている。また、食感のひとつとして、すすり心地も重視した。平打ちっぽい細麺にしたので、その舌触りのよさ、すすり心地の良さを堪能できるように、麺線は46cmと長めにした。細つけ麺でも、同じ麺を使用している。熱盛りだと麺の食感が変わってしまうので、つけ麺では熱盛りは受けていない。らぁ麺では、1人前145gで、茹で時間は50秒～1分。大盛りは提供していない。つけ麺は、並で200gで、大盛りは300gで茹で時間は2分ほど。

4

細麺は、ミキシングの加減、その日の気候でも変化しやすくデリケート。ミキシングした後、手でさわり確認する。

5

バラガケして、粗麺帯を2本作る。

6

複合を1回して、ビニールで包んで熟成させる。

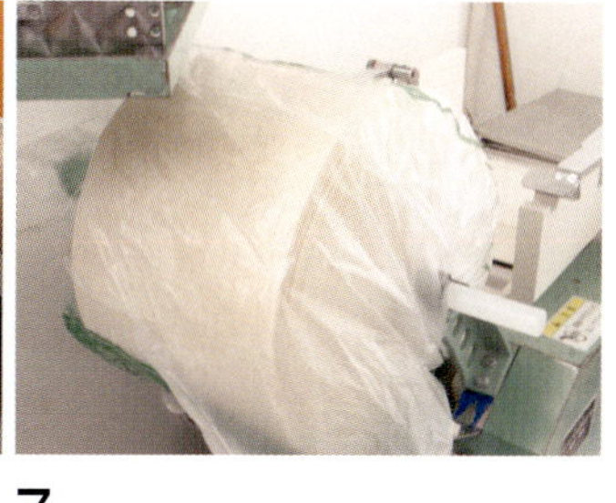

7

熟成は冬期で30~60分とそのときどきで幅がある。バラガケしたときの手の感触で時間を調整する。全粒粉を配合しているので、熟成させ過ぎないように注意している。

10

麺は麺箱に並べて茶紙でおおい、ビニールで包んで冷蔵して1日ねかせて翌日使う。この細麺は、つけ麺にも使っている。

鶏油

鶏油は、比内地鶏胴ガラと親脂を炊いて取り出したもの。ねぎや生姜と炊いたりせず、そのまま冷やしたものを香味油として使用している。

醤油ダレ

2種類の生醤油を店で加熱して配合している。生醤油だけを合わせた醤油ダレで、醤油ダレに魚介だしも肉系のだしも加えていない。醤油らぁ麺、つけ麺に使用している。

●東京・後楽園

自家製麺 MENSHO TOKYO

ラーメンクリエイター
庄野智治

2005年開業した一号店の『麺や庄の』以降、新たな食材、手法を取り入れ、次々と新しいラーメンを生み出し続けてきたラーメン業界の開拓者。現在国内5店舗、海外1店舗を展開。

「ラム豚骨らーめん」には丼で豆乳クリーム（不二製油「濃久里夢」）を加え、ラムのクセをやわらげるのがポイント。脂肪分や旨味が高く、生クリームのような深いコクを加えられる。

ラム豚骨らーめん
750円（税込）

基本のラム豚骨スープに、塩ダレ、MENSHOスパイス、豆乳クリーム、ラム油を加えたマイルドな味わい。角切りラムチャーシュー、スライス豚チャーシュー、穂先メンマ、ねぎをトッピング。味を和風にまとめるために、ほうじ茶粉末を和のスパイス感覚で使うことをひらめき、すだちも添えている。

奇抜になり過ぎない絶妙なバランスで、ラムが香る新感覚味を構築

「驚きと感動」をテーマに、店舗ごとに異なる斬新なラーメンを提案し、業界をけん引し続けている㈱麺庄。2014年8月に開業した最新店の『MENSHO TOKYO』では、なんとスープの材料にラム骨を選択。ラムの特徴的な香りを活かしつつ、ラムになじみが少ない人でもおいしく感じてもらうために、試行錯誤を繰り返してきた。その甲斐あって同店は幅広い客からの支持を集め、現在では22坪16席で1日220～230人を集客する繁盛ぶりである。

オーナーの庄野智治さんは、日進月歩するラーメン業界において、驚きを与える新しい素材を常に探してきた。そのなかで、まだほとんど使われていない魅力的な食材として「ラム」に行き着いたという。しかしまだまだ万人にとってメジャーな食材とは言いにくく、クセも強いので、ラムを強調しすぎることには躊躇。あまりにインパクトが強いと客層を限定してしまうし、何度も食べたいという思いになってもらいにくいと考えたのだ。

「一度食べておいしく、かつ何度も感動し続けてもらえる一杯が目標。一般の方に分かりやすく、おいしく、それでいてラムの独特の香りが残っているというラインを目指しました。ラムだ！というインパクトより、おいしいけど何だろう、あ、これがラムなんだ、と感じてもらうぐらいを狙いました」（庄野氏）。そこでラム100%ではなく豚骨と組み合わせてスープを取ることで、“臭み”に感じられかねないラムのクセを抑えつつ、食べ飽きないおいしさを工夫。また臭みを出さずに“香り”を引き出す加熱温度を探し出し、さらに香味野菜やスパイスを合わせることで、一般のお客でも食べやすく、ラム独特の香りも楽しめる味わいに仕上げた。その一方、ラムの脂やスジ肉でとった香味油やラム肉のチャーシューを組み合わせて“ラム”の印象を強め、ラーメンの新境地というべく新しい味を生み出しファンを掴んでいる。

メニューの主力は、「ラム豚骨らーめん」と「ラム煮干中華そば」のラーメン2種類、「ラム豚骨つけめん～塩スパイス～」、「ラム豚骨つけめん～煮干醤油～」のつけ麺2種の計4品を用意する。ベースのスープは共通で、その他のスープやタレ、スパイスなどを組み合わせてまったく異なる4種類の味わいを作り出し、食べ飽きさせない。麺は自家製麺で、ラムとの相性を考え、あまり熟成させずに小麦の香りを残し、デュラムセモリナ粉やタピオカ粉で食感を工夫している。

アゴと片口イワシの2種類の煮干しをメインに、干し椎茸や昆布などを加えてとった、煮干しが香る濃厚なスープ。

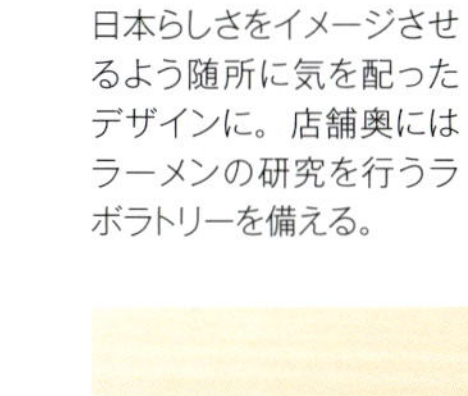

海外展開を視野に入れ、日本らしさをイメージさせるよう随所に気を配ったデザインに。店舗奥にはラーメンの研究を行うラボラトリーを備える。

ラム煮干中華そば 750円（税込）

基本のラム豚骨スープを煮干しスープで割り、醤油ダレ、ラム油で調味。ラムと豚の2種類のチャーシュー、みじん切りの玉ねぎや刻みねぎに加え、ゆず皮、三つ葉をトッピングし、パンチのきいたスープとのバランスを取る。

ラム豚骨つけめん ～塩スパイス～（全部のせ） 1080円（税込）

ラム豚骨スープに丸鶏スープを足すことで、より濃厚な味わいに。塩ダレ、MENSHOスパイス、カツオ粉で味付けし、つけ汁に玉ねぎみじん切り、ゆず皮、ほうじ茶粉末などを入れる。全部のせでは、スライスしたラムチャーシュー、味玉をプラスする。

アレンジを自由に楽しんでもらえるように、ラムに合わせた様々な自家製のオリジナル調味料類を卓上調味料として準備。

「MENSHOスパイス」はラムと好相性なクミン、フェンネルを中心に、シナモンや黒胡椒、青山椒などをブレンドして使ったオリジナルスパイス。

丸鶏でとったスープをラム豚骨スープに合わせた、つけ麺用スープ。甘味を増し、濃厚で味が詰まった、力強い味わいに。スープはブレンドしておく。

ラム豚骨スープを活かすことを念頭に開発。ラムと合いにくかった魚介類を加えずに作っている。

しっかりとした重みと発酵香がある湯浅醤油の角長「濁り醤」を使い、ラムに負けないような香りと旨味を工夫。

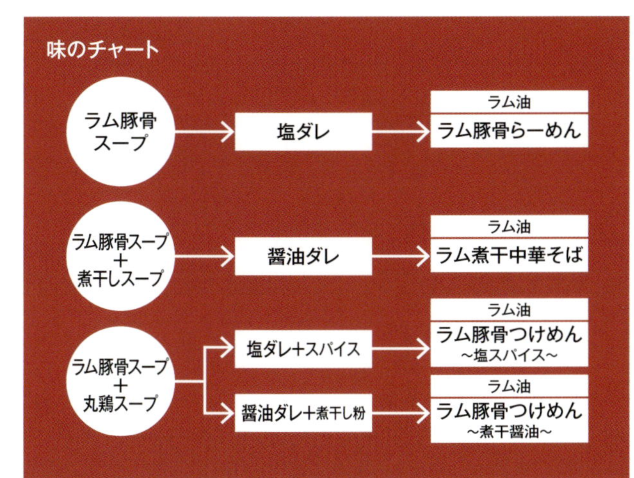

スープのラム味との相性から、熟成を抑えて小麦粉の香りを活かした。つけ麺用の太麺は、中力粉にタピオカ粉を、ラーメン用の細麺は強力粉ベースにデュラムセモリナ粉を加え、歯応えを出している。

ラム豚骨つけめん ～煮干醤油～（全部のせ） 1080円（税込）

ラム豚骨スープと丸鶏スープに、醤油ダレ。煮干し粉をたっぷりと加え、濃厚な煮干しの中にラムが香るインパクトの強い味わいを作る。つけ汁には、カツオの粉、ほうじ茶粉末、一味唐辛子なども加えて印象を強める。

住所／東京都文京区春日1-15-9
電話／03-3830-0842
営業時間／11時～15時、17時～23時
定休日／火曜日
規模／22坪・16席
客単価／850～900円
http://menya-shono.com

ラム豚骨スープ

【材料】ラムゲンコツ、豚頭、背ガラ、背脂、野菜類（むきニンニク、リンゴ、人参、むき玉ねぎ、生姜）、水

Point

仕上がり量を考慮した水量

1

60ℓの寸胴鍋に、豚頭（上アゴのみ）を入れ、水を張る。水量は4時間半後にひたひたになるぐらいを推測して加える。蒸発する水分量は季節や天候でも変化する。水は途中で足す場合もあるが、仕上げ近くに加えるとスープが薄くなるので、野菜を入れる工程の前までには見極め、以降は水を足さない。蓋を閉め、強火で炊いていく。

2

ラム骨は、臭みが少なく独特の香りがあり、だしがよく出るゲンコツ部分を使用。冷凍で届き、沸騰を早めるために解凍してから使用する。仕入れ先は自身で探し、それを肉屋に伝えて納品してもらうようお願いした。

1と同時進行で45ℓの寸胴鍋にラムゲンコツの半量を入れ、水を張る。水量は5時間後にスープ量が15ℓとれることを考慮して決める。強火で炊いていく。

Point

ラム骨のセミドライ化

3

残りのラムゲンコツ半量はバットに入れ、100℃のオーブンで2時間加熱する。「焼き」と「生」2種類のラムゲンコツで複雑な旨味を出す製法は大きな特徴。低温でじっくり焼いて水分がしっかりと抜けた"セミドライ化"にすることで、生の骨とは異なる旨味を引き出し、深みのあるスープに仕上げている。

7

続いて、豚の背ガラと背脂を加え、蓋をして強火で3時間炊いていく。旨味の出やすい背ガラが、全体の味のベースとなる。

Point

生とオーブン焼きの野菜の併用

8

野菜類は2対1に分け、2の方をバットに入れ、アルミホイルで覆って100℃のオーブンで2時間加熱（左）。残りは生のままとっておく。ラム骨と同様に、野菜の一部を低温でじっくり焼いて"セミドライ化"し、生とは異なる旨味を引き出している。7の工程から3時間後、焼き野菜と生の野菜の両方を加え（右）、1時間ほど強火で炊く。撮影のため中身が見えやすいようにそのまま加えたが、通常はニンニク以外の野菜はネットに入れて加えている。

Point

背脂など油分のミキサーでの乳化

10

豚頭や背ガラの大きなかたまりを砕き尽くし、背脂をできるだけ小さく砕いたら、一度火を止めて少しおく。溶け残った背脂が表面に浮いてくるので、その背脂と、ミキサーを回しやすくするための液体分をミキサーにかけ、なめらかな状態にして鍋に戻す。

スープの表面の左側がミキサーにかけて戻したもの。しっかり乳化して色が白っぽくなっている。残っている背ガラの肉も一部をミキサーにかけるが、すべて液状にするとスープの濃度が濃くなりすぎる。スープの1/3程を目安に、濃度を見極めながらミキサーにかける量は調整する。

11

漉しながらスープを取り出し、冷水にあてて急冷する。

完成したスープ

冷蔵庫で一日ねかせてから使用。写真のように、乳化がより安定してしっとりと落ち着き、粘度も増している。提供時は小鍋で温めて使う。

4
3のオーブンで焼いたラムゲンコツを、点火から2時間経った2の寸胴鍋に加え、さらに2時間30分炊く。

5
2時間30分経ったら、加熱を続けたままラムゲンコツの髄を取り出す作業を行う。骨を1個ずつ鍋の縁で叩いてスープに髄を落とし、骨は1の豚頭を炊く60ℓの寸胴鍋に入れる。

髄を落とし終えたあとのスープの様子。

6
5の45ℓの寸胴鍋のスープ（約15ℓ）を、点火から5時間経った60ℓの寸胴鍋に移す。

9
8からニンニク以外の野菜類を取り出し、鍋底が焦げないように撹拌しながら、スコップで骨を叩いて丁寧に砕く。ニンニクもスープになじませる。

豚頭は一つ一つ砕き、背脂もスコップで突き刺して細かくする。

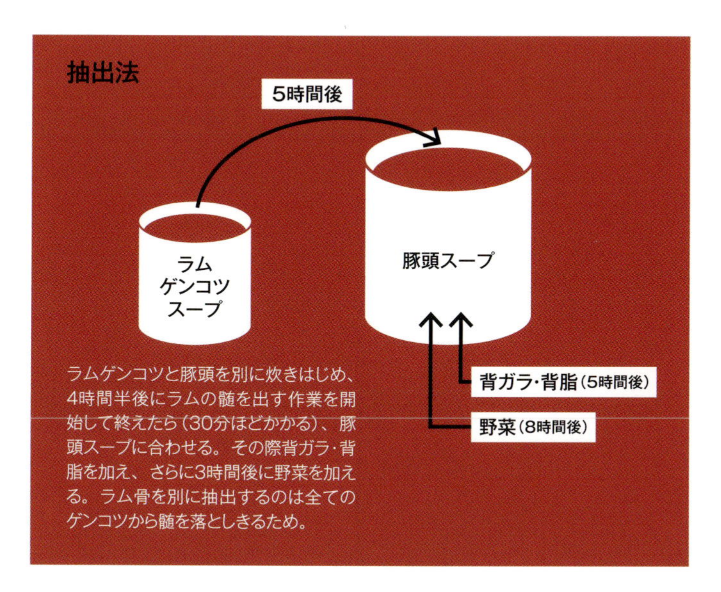

ラムゲンコツと豚頭を別に炊きはじめ、4時間半後にラムの髄を出す作業を開始して終えたら（30分ほどかかる）、豚頭スープに合わせる。その際背ガラ・背脂を加え、さらに3時間後に野菜を加える。ラム骨を別に抽出するのは全てのゲンコツから髄を落としきるため。

低温でラム骨をセミドライ化
ラムの臭みを香りに変化させる

ラーメン、つけ麺の基本スープして共通で使用するのが、ラム豚骨スープ。開発時はラムのみでもスープの抽出を試みたが、試食してもらった際に「ラムが強すぎる」「臭みを感じる」という意見が多く、豚骨とのブレンドに。豚骨は、乳化しやすくつなぎの役割を果たす豚頭、旨味が出やすく味のベースになる背ガラを使う。ラムと豚の比率は、幾度と無く試行錯誤を繰り返し、「味の軸はラム、それを豚で支える」というイメージで、現在は「ラム３対豚７」の割合に落ち着いている。

ラム骨はだしがよく出るゲンコツを使う。半量をオーブンでローストしてセミドライ化させることで、生のフレッシュなラムの香りと、加熱した奥深い香りを重ね、スープに深みを出しているのが特徴だ。ただしラムゲンコツは高温で加熱すると臭みが出やすいので、奥深い香りは出ても臭みは出ない、100℃という低温でじっくりと加熱する。

野菜類はラムの臭みを抑え、甘味と深み、香りを出すことを狙って材料を選択。ラム骨と同じく、一部をオーブンで低温ローストして生のものと併用し、より深みのある味わいを出す工夫をする。

最終工程で、残っている背脂をミキサーにかけてスープに溶け込ませ、なめらかな一体感のある味わいに仕上げているのもポイントだ。ラムは香りが飛びやすいため、仕込みは毎日行っている。

香味油（ラム油）

【材料】 ラード、香味野菜（玉ねぎ、ニンニク、セロリ、生姜、タカノツメ）、
ラム脂（チャーシュー用ラム肩肉の脂とスジ）

Point
香味野菜の使用

1
ラムとの相性を考え、セロリなどの香味野菜を使う。ラムの臭みを抑え、食べやすく仕上げる。

玉ねぎ、ニンニク、セロリ、生姜をみじん切りにし、タカノツメは輪切りにする。鍋に入れ、ラードを加える。

Point
105℃での加熱

2
強火にかけ、105℃をキープして15分加熱する。105℃は、素材が焦げず、循環しながらほどよく香りが出てくるので、ラム豚骨スープに対して理想の香りになる最適な温度。

3
油に素材の香りが移ったかを確認し、油を漉す。

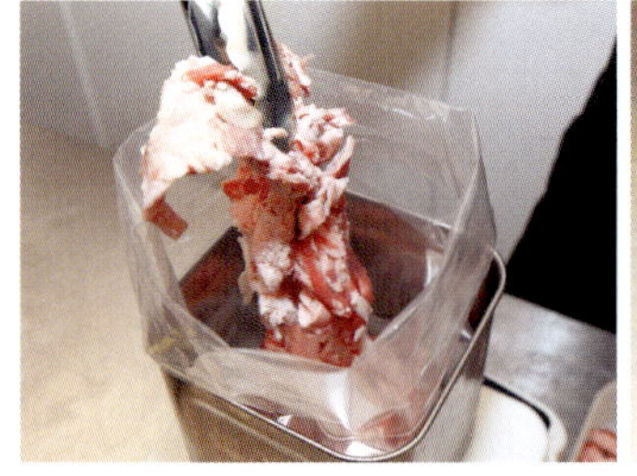

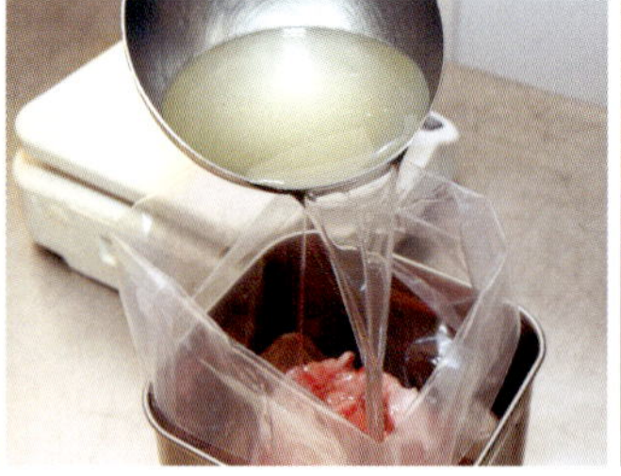

4
ラム脂を真空パック用袋（耐熱性）に入れ、3の油を注ぐ。

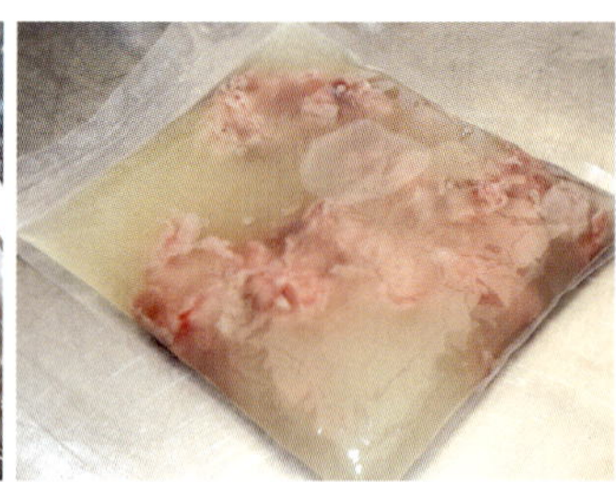

5
真空包装機にかけてパックする。

チャーシュー用ラムの脂やスジを活用し、フレッシュな香りの油に

最初に香る香味油のラムと、じっくり後から香ってくるスープのラム。そのバランスを踏まえて開発を進めた。

ラムの香りを出す材料は、ラムチャーシューを作る際にかたまり肉から出る脂やスジ肉を活用。開発初めは、香味油でラムを強く打ち出そうと考えて、ラム肉のみで香味油をとってみたところ、エグミや生臭みを感じさせる仕上がりになってしまった。そこで、セロリなど香味野菜を加えてクセを消した。野菜の加熱時は、あえて野菜のフレッシュ感を残すため、香ばしさが前面に出ない、105℃の低温で加熱する。

6
真空パック状態で90分湯煎で加熱。湯煎にすると均等に火が入れられ、温度キープがしやすく、安定した仕上がりになる。

完成した香味油

さらっとした香り高い香味油。仕上げにかけるのではなく、丼に先に入れてスープで割るようにして使う。

ラムチャーシュー

【材料】ラム肩肉、マリネ液（レモンの果汁と果皮、黒胡椒、蜂蜜、塩、砂糖、塩ダレ、ナンプラー、ニンニク）

Point

脂の処理

1

ラム肉は肩肉を使い、スジや余分な脂を取り除く。取り除いたものは香味油用に使用。クセを和らげるためには脂を除くことがポイントになるが、現在は以前よりもラムのクセが出にくいように加熱するコツがつかめてきたので、肉を巻ける程度に取り除いている。

2

1を丸めて細長く成形し、タコ糸で巻く。

成形後、大きい方（奥）は大きな一枚肉のチャーシューに（「肉増し」や「全部のせ」に使用）、細かな肉をまとめた方（手前）はサイコロ状にカットして全てのラム系メニューに使用する。

Point

シンプルな材料の組み合わせ

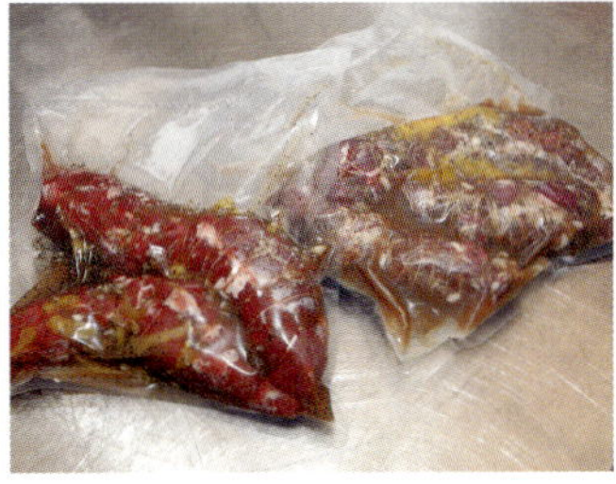

3

レモン果汁と果皮1個分、黒胡椒5g、蜂蜜50g、塩（シママース）20g、砂糖10g、ラーメン用の塩ダレ40ml、ナンプラー10ml、ニンニクみじん切り10gを合わせる。レモンの果肉と皮の間の白いワタには渋味があるので、果皮と果汁のみを使う。

4

2を真空パック用袋（耐熱性）に入れ、3を注ぐ。

5

真空包装機にかけて密封し、冷蔵庫で12時間ねかせて味をなじませる。右はねかせたもの。

チャーシューにもラムで特徴化。真空調理でしっとりと仕上げる

ラム肉は脂と香りのバランスからショルダー部位を選び、真空調理でしっとりと加熱。ラムと相性がよく、香りとまとまりがよくなるレモンと黒胡椒をベースに調味する。オープン当初はシンプルに黒胡椒とレモンのみで作っていたが、甘味を足すために蜂蜜を、味に深みとまとまりを増すためにナンプラーを加えて徐々においしさを進化させてきた。

ラム肩肉は、中までスジが入っていて一枚肉では成形しにくい。そこで標準のトッピングでは角切りにしたものを使っている。

6

65℃で90～120分ボイルする。急冷して袋から出し、タコ糸を切る。

完成したラムチャーシュー

低温で真空調理することで、全体がしっとりとして、ピンク色の美しい仕上がりに。

ラーメンプロデューサー 宮島力彩

VEGETARIAN RAMEN
ベジタリアン向けの調理技術

野菜だけで作るラーメンでは、味噌ラーメンは作りやすいが、外国人には、ラーメン＝豚骨のイメージが強いので、見た目に豚骨ラーメンに似た白濁ラーメンを塩ダレで創作した。昆布と椎茸のだしと野菜の組み合わせは、甘くなりがちなので、いかにコクを出すかがポイントになる。

羅臼昆布と干し椎茸で塩ダレを。
作り方は138ページ

青ねぎ、野菜チップ、ナムル、水菜のキムチ。

丸い車麩を味付けしてチャーシューもどきに。
作り方は138ページ

外国人の好奇心を刺激する緑茶入りで、玉子を使わない多加水の切り歯10番の麺で。
作り方は139ページ

「ジャパニーズラーメン」の代表である豚骨ラーメンの見た目に似せて、キノコと野菜と豆乳で白濁スープに。
作り方は137ページ

野菜を引き立てるのにエゴマ油を香味油として。

ベジタリアン向けラーメンのスープ

うま味調味料も使わないマイルドなスープ。野菜主体だと苦味が出やすいので、キノコ主体にした。豆乳で白濁した印象づくりをする。ただし、豆乳は加えすぎると、ネバネバした感じが出てラーメンのスープには不似合いになるので、注意。このスープは冷凍できるのも利点。

［材料］

生椎茸、生舞茸、ぶなしめじ、えのき茸、タモギ茸、マッシュルーム、エリンギ、平茸…計550g
人参…80g
玉ねぎ…80g
サラダ油…適量
水…5000ml
豆乳（成分無調整）…1000ml
じゃがいも…200g

1

えのき茸は石づきを除き、ほかは軸も細かく切って寸胴鍋（写真は直径20cmの寸胴鍋）に入れる。キノコは、多くの種類を合わせたほうが、旨味に厚みが出て、香りも良くなる。

2

人参と玉ねぎは、ぶつ切りにしてサラダ油で炒めて甘味を引き出し、野菜のエグミをとる。炒めて、キノコの寸胴鍋に加える。玉ねぎは香りが出すぎるので入れ過ぎないほうがよい。

3

水を加えて火をつける。沸いたら中火~弱火にし、炊きながら途中、浮いてくるアクは取り除く。

4

半分くらいになるまで煮詰める。煮詰めたら漉す。

5

じゃがいもは皮付きのままみじん切りにする。じゃがいもで、スープにコクをプラスする。

6

じゃがいものみじん切りをサラダ油で炒める。しっかり火を通す。

7

じゃがいもをしっかり炒めたら、豆乳を加えて混ぜながら沸かす。豆乳は成分無調整のものがいい。

8

きのこのスープ500mlを7に加える。これを細かい網で漉して完成。

VEGETARIAN RAMEN

ベジタリアン向けラーメンの 塩ダレ

昆布と椎茸を水出ししただしでは、キノコスープと合わせたときは弱いので、
微粉末にしてだし感を強くして塩ダレを作る。

［材料］
羅臼昆布…30g
干し椎茸…5g
水…500ml
塩…適量（昆布と干し椎茸のだしの塩分濃度を計り、塩分濃度20%にする分量）

1
だし昆布、干し椎茸をブレンダーで微粉末にする。昆布の割合を多くしたほうがいい。とろろ昆布は酢を使っているので不向き。

2
微粉末と水と合わせて火にかける。沸いたらよく混ぜ合わせる。混ぜたら漉す。濃度があるので漉すのに時間がかかる。

3
漉しただし5mlに水50mlを合わせて濃度計で計る。これを塩分濃度20%にする割合の塩を、漉しただしに加えて混ぜてよく溶かす。塩ダレ36mlにスープ360mlを合わせてラーメンを作る。

VEGETARIAN RAMEN

ベジタリアン向けラーメンの 車麩チャーシューもどき

高野豆腐を味付けしてトッピングにしてもいいが、丸い車麩は見た目にも
チャーシューに似させられるので活用した。

［材料］
車麩…3個
サラダ油…適量
日本酒…40ml
濃口醤油…90ml
上白糖…35g
水…130ml

1
醤油、砂糖、日本酒、水を合わせて、車麩を浸す。30分置いたら返して、また30分浸す。

2
ペーパータオルの上に取り出して、上からもペーパータオルで軽く押さえて水気を取る。

3
車麩を半分に切り、片方はもう半分に切る。フライパンに薄くサラダ油をしいて熱し、切った車麩を並べて中火で焼く。両面焼いたら1のタレを加え、からめる。

4
両面を焼いたらペーパータオルの上に置いて油を切ってからトッピングする。

ベジタリアン向けラーメンの 麺

玉子を使わない麺だけでなく、外国人の関心を引くように緑茶を練りこんだ麺にした。キノコと豆乳のあっさりしたスープと合わせるので、細麺にした。

［材料］
中力粉…2kg
強力粉…2kg
粉末緑茶…10g
かん水溶液（かん水1%）…1700ml
塩…80g

1
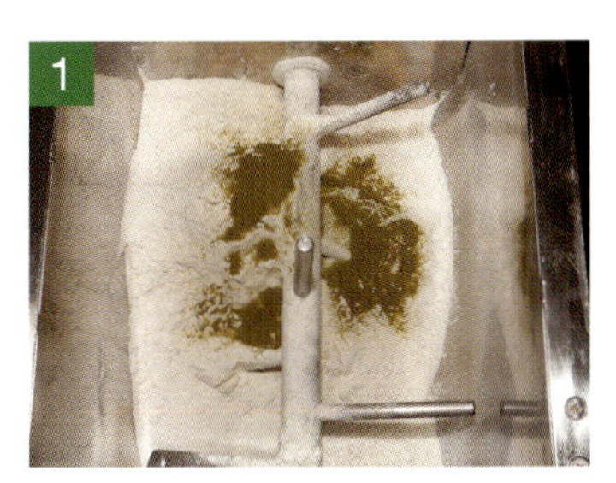
粉末緑茶と中力粉強力粉を合わせる。粉末緑茶は水に溶かせばそのまま飲めるタイプのものを使用。

2
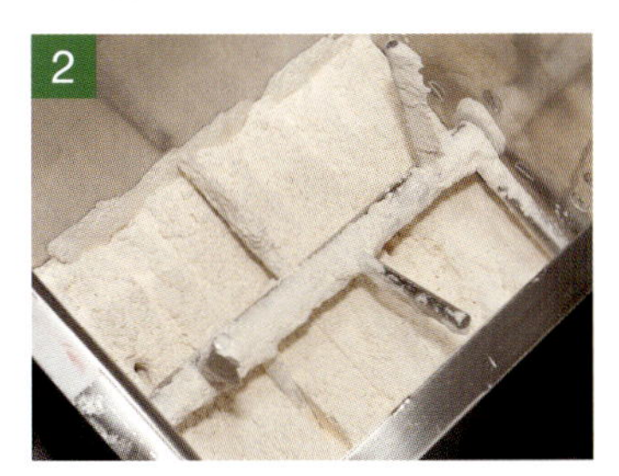
粉だけで撹拌する。粉末緑茶を加えているので少し長めの3～4分撹拌する。

3

かん水、水、塩を混ぜたかん水1%の溶液を加え、溶液が粉全体にまわってから10分撹拌する。バラガケし、3ミリ厚の粗麺帯を2つ作る。

4

2本の粗麺帯を3ミリ厚で1回合わせる。2ミリ厚で圧延を1回かけてビニールでおおって1時間ねかせたのち切り出し。

5

1ミリ厚に圧延しながら10番の切り歯で切り出し。

5

も切り出したら手もみする。もんでから、1日～2日（30時間ほど）ねかせてから使うのがベスト。140ページのイスラム教徒用ラーメンには、かん水1%で切り歯20番の麺を使用。ただし、イスラム教徒はアルコールが禁止なので、アルコールを含んだ洗浄剤や布巾で清掃した製麺機で作った麺はハラール認証されない。他の調理器具同様に、使い分けて専用の機械を使用するのが正統だ。

ベジタリアン向けラーメンの トッピング野菜

メンマ的な、歯ざわりのいいアクセントをプラスするトッピングを合わせた。

［材料］
レンコン…適量
ごぼう…適量
エリンギ…適量
サラダ油…適量

1
ごぼうは表面の汚れを削って、皮付きのまま油で揚げて香りのいいトッピングに

2

レンコン、ごぼう、エリンギをパリッとした食感に素揚げする。ペーパータオルの上において、油をよく切ってトッピングする。

ラーメンプロデューサー 宮島力彩

HALAL RAMEN

イスラム教徒向けの調理技術

イスラム教の教えに基づいた、イスラム法において合法的もののことを「ハラール」という。豚肉がダメ、お酒がダメなのことは有名だが、鶏肉でも骨は使ってはいけない場合もあるし、さばき方で使っていい鶏肉とダメな鶏肉に分かれる。厳密には専用の道具で作らなくてはいけない。今回は「ハラール認証」を受けた鶏肉とラム肉でスープを作り、トッピングも鶏チャーシューとラムソテーで。醤油ダレはハラール認定醤油とみりん風調味料で作った。

鶏ミンチとラムミンチのスープ。
作り方は142ページ

干し椎茸、羅臼昆布とハラール認証濃口醤油のタレ。
作り方は141ページ

ラムソテー。
作り方は142ページ

切り歯20番、かん水1%の細麺。

鶏チャーシュー。
作り方は141ページ

HALAL RAMEN

イスラム教徒向けラーメンの 醤油ダレ

エビ、カニのカギ爪のある甲殻類、貝類はイスラム教徒向けには使えない。アルコールが使えないので、みりん風調味料を使い、醤油も削り節もハラール認定のものを選んだ。

[材料]
- 干し椎茸…1個
- 羅臼昆布…50g
- みりん風調味料…250ml
- ハラール認証濃口醤油…500ml
- ハラール認証混合削り節…50g
- 塩…適量（最後の調整で使用）

昆布、干し椎茸は砕いて、調味料と鍋で合わせる。みりんではなく、みりん風調味料を使用。

火にかけて、沸く直前に弱火に落して30分ほど炊く。

焦がさないように混ぜながら炊く。

30分ほど炊いて漉す。冷暗所で1週間ほどねかせた後、味見をして塩を加えて調整する。

HALAL RAMEN

イスラム教徒向けラーメンの とりチャーシュー

鶏肉なら使っていいわけではないので、もし提供するなら、ハラール認定マークの付いた袋の写真を掲示するなどしたほうが、安心だろう。

[材料]
- 鶏モモ肉（骨なし）…4枚
- ハラール認証濃口醤油…350ml
- みりん風調味料…150ml
- 上白糖…70g
- 水…600ml
- サラダ油…少々

ハラール認定鶏肉。日本のネットショッピングモールでも販売されている。

調味料を合わせて火にかけ、砂糖をしっかり溶かす。

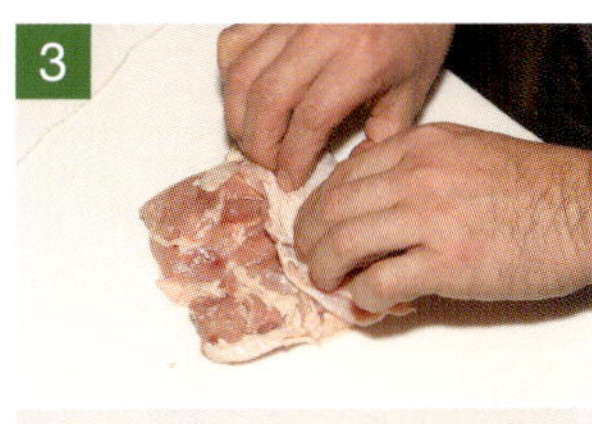

鶏モモ肉は、皮側を外にして巻いて、タコ糸で巻いて縛る。

テフロンのフライパンに薄く油をしいて鶏モモ肉の表面を焼く。

鶏モモ肉を焼いたら、2のタレの中に入れて火にかける。

タレが沸いたら弱火にし、鶏モモ肉はときどき転がしながら20分ほど炊く。竹串を刺して抜いたときに血が出てこないようになればオーケー。

HALAL　RAMEN

イスラム教徒向けラーメンの ラムソテー

骨付きはダメなので、骨を除いてソテーすること。

［材料］
- ハラール認証ラムチップ…2本
- ニンニクすりおろし…5g
- 玉ねぎすりおろし…5g
- ごま油店…少々
- 鶏チャーシューの煮汁…200g
- 豆板醤…少々

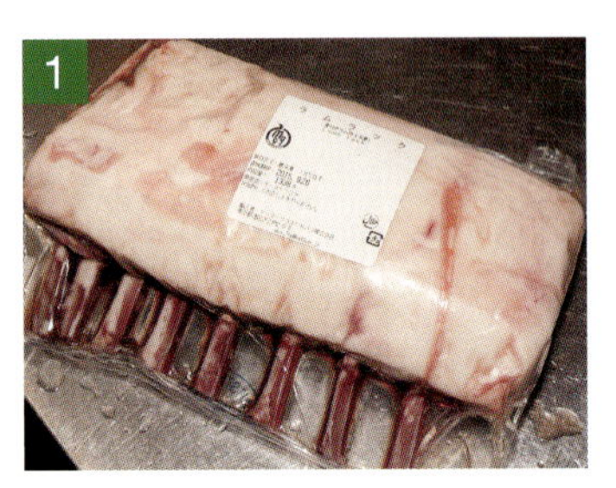

鶏肉同様に、ラム肉なら全て使用可能ではないので、ハラール認定のものを選ぶのがよい。

タレの材料を合わせて、そこにラムを浸けて1日置く。

サラダ油をしいたフライパンで、両面をよく焼く。

HALAL　RAMEN

イスラム教徒向けラーメンの スープ

鶏ミンチとラムミンチのWスープに。見た目は豚骨スープのイメージのほうがウケるので、ブレンダーで乳化させて仕上げた。イスラム教徒向けでは、香辛料の制約はないので、タレ、スープづくりの段階でスパイスで工夫をする余地はあるだろう。もちろん、香味油でラードは使えないが。

■鶏スープ

［材料］
- ハラール認証鶏モモ肉…1kg
- 水…2000ml

■ラムのスープ

［材料］
- ハラール認証ラム肉…250g
- 水…1000ml
- ニンニク…1片
- ねぎの青葉…20cmほど
- 生姜（スライス）…2～3枚
- 緑茶の茶葉…ひとつまみ

■鶏スープ

鶏の骨は使えない。既成品の鶏ミンチでは軟骨が入っている可能性があるので、モモ肉をフードプロセッサーでミンチにする。

鶏ミンチに少しずつ水を加えて混ぜていく。

肉の粒々感を手でつぶして、ミンチをしっかりと水全体に溶け込ませる。

火にかける。ここで野菜は加えない。野菜を加えると鶏肉の香りが弱くなってしまうので。沸くまで混ぜ続ける。沸いたら中火～弱火（弱火に近い火加減）に落して約25分炊く。脂を出し、それを乳化に生かしたいのでモモ肉を使った。

目の細かい網で漉す。

■ラムのスープ

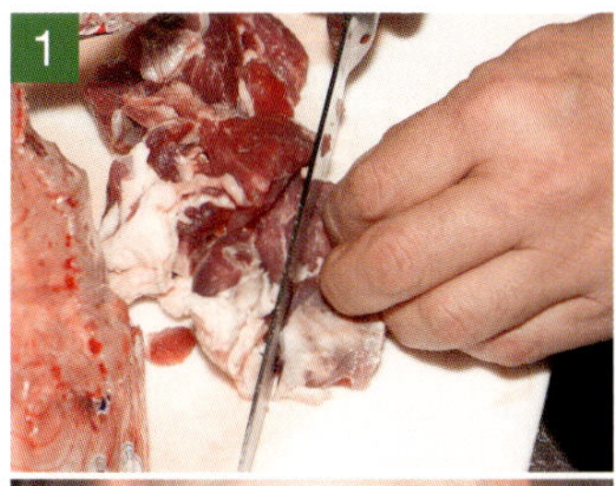

ハラール認定のラム肉を使用。脂の部分は使わない。ラムの香りを出さないスープにするため。

脂を除いたラム肉をミンチにし、水と合わせる。まず、半量の水と合わせてよくもみ、残りの水を加えて水にミンチをとかす。

ニンニク、生姜、ねぎの青葉、緑茶の茶葉を加える。2で水の代わりに緑茶を使ってもいいが、ラムの風味が弱くなるので、ラムを食べ慣れた人には物足りないかもしれない。

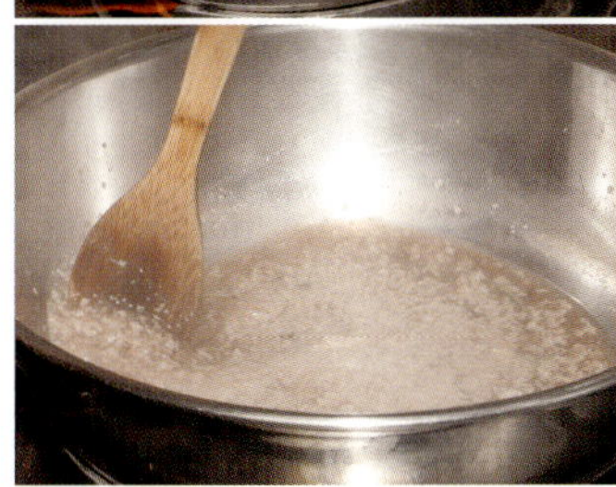

火にかけて、沸くまでよく混ぜ続ける。沸いたら中火～弱火の火加減にして25分ほど炊く。

目の細かい網で漉す。

仕上げ

鶏ミンチのスープ1250mlに、ラムミンチのスープ440mlを合わせる。鶏スープ4対ラムスープ1の割合だが、割合は好みなので調整を。ラムスープの割合を増やすほどスープの匂いは強くなる。

ブレンダーにかけて、乳化させて白濁させる。このスープ360mlに醤油ダレ（P.141）36mlを合わせてラーメンを作る。

宮島力彩

不採算に悩むラーメン店主への再建指導をおこなう傍ら、独立開業の支援としてラーメン屋育成ジムを運営。海外からの参加者も増え、多くの、そして広域にラーメン店主・つけ麺屋店主を輩出している。ラーメンプロデュース業の草分けであり、海外でのラーメン店開業の支援もおこなっている。

限定麺の開発プロセス

いまやラーメン店の一つのメニュージャンルとして定着している「限定麺」。魅力的な限定麺を作る店は、どのように発想を展開させて完成に至っているのか。その開発プロセスに迫ります。

「上質な旬の食材から発想を広げて四季を感じる一杯に仕上げます」

饗（もてなし） くろ㐂（き） ●東京・浅草橋

大将 **黒木直人**さん

有名料亭やイタリア料理店で修業を積んだ後、外食企業に勤務し、マーケティングや人材育成、メニュー開発などを経験。飲食業歴20年を経て、2011年6月に『饗 くろ㐂』をオープン。多彩な料理経験から生み出される限定麺にも定評がある。

「本物・上質」のコンセプトに沿った季節感ある限定麺を年間約40種類提供

料亭、イタリア料理店、創作ダイニングなど、様々なジャンルの飲食店で経験を積んだ黒木直人さんが開いた『饗 くろ㐂』。「本物」「上質」をコンセプトに、吟味した素材で作るクオリティの高いラーメンで、1日に250食を売る大人気店となっている。

そんな同店では、定期的に出す「限定麺」も名物の一つ。ほぼ毎月2回出し、夏場には「くろ㐂の夏麺」と称して週替わりで登場する。1年間で開発する限定麺の数は約40種類。これまでに提供した数は100種類を超え、今では限定麺を目当てに開店時間早々に訪れる固定ファンをしっかり掴んでいる。

限定麺を提供する理由について、黒木さんは「ラーメンで季節を感じてほしいから」と話す。

「お客様が丼を見て〝春が来たんだなぁ〟などと感じてもらえるようなラーメンを作りたい。和食のようにラーメンでも四季を感じることができたら食べる楽しみが広がるし、旬の食材を知るなど、いろんな発見もしてもらえるからです」。

限定麺に使用するスープ、タレ、トッピング、麺は、基本的にそのメニュー専用のものを考える。季節感を表現するために、まず旬の食材を並べていくつかピックアップし、決めた食材を軸に各パーツを開発していく。その順番は、丼を見てまず目に入り、季節感が最も表現しやすいトッピングが最初。次に、トッピングに使う旬の食材に合うスープとタレ。全体のまとめ役として重要な役割を果たす香味油。そして、最後に決めるのが麺。日本食の基本とされる〝口内調理〟の視点から、麺は咀嚼の回数で味わいにも大きく影響を与えるため、全体の味のバランスを考慮して決める。

トッピングの組み合わせは、ラーメンの基本のトッピングに当てはめて考えるのが一つのパターン。チャーシューの代わりになる肉か魚介、青菜の代わりになる旬の野菜、メンマの代わりになる口直しの食材、と当てはめながら、彩りも考えて決めていく。

たとえば、1月の「牡蠣塩そば」では、旬のカキをメインに、新春らしい菜の花で青みを添え、口直しとしてごぼうや金時人参、大根といった根菜を別々にカツオだしで炊いたものをトッピング。刻んだ柚子皮をあしらう、といった具合だ。トッピングには時季の食材を使うのが基本だが、その中でも産地にこだわった素材を軸に発想を広げる場合もある。

また、「本物」「上質」をコンセプトにする同店では、一つひとつ手間をかけて丁寧に仕込むことも大事なキーワード。たとえばたけのこも店でぬかを使って茹でて、旬ならではの香りを楽しんでもらう。たけのこ本来の香りを知らない若い人にも、素材の魅力を知ってもらう機会になる。

「限定麺は常連のお客様のために作っているともいえます。初めてのお客様にはまず定番の塩ラーメンを味

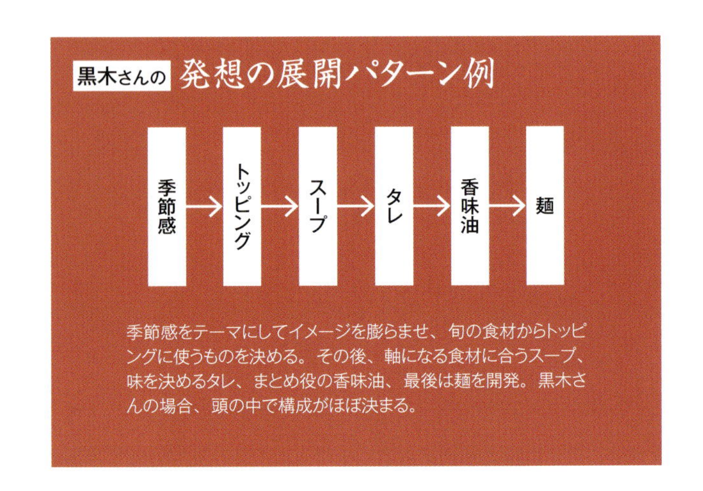

季節感をテーマにしてイメージを膨らませ、旬の食材からトッピングに使うものを決める。その後、軸になる食材に合うスープ、味を決めるタレ、まとめ役の香味油、最後は麺を開発。黒木さんの場合、頭の中で構成がほぼ決まる。

黒木さんの 限定麺のキーワード

季節感

「丼を見て季節を感じる麺」が大きなテーマ。肉、魚介、野菜など旬の素材をトッピングに使い、なるべくその時季でしか味わえないものを選んで季節を伝える。これまで9～11月は定番麺のブラッシュアップ期間に充てていたが、今年からは秋の限定麺も提供予定。

本物・上質

食材、味、盛りつけなどトータルで「上質なラーメン」を追求。旬の食材を探して産直で仕入れたり、できる限り無農薬や減農薬の野菜を選んだりと、使う食材を厳選。料理人としての経験を活かし、こうした食材のよさを活かす調理法で、本物の味を提供する。

丁寧な仕込み

トッピングからスープ、タレ、香味油、麺に至るまで、定番麺とは別に限定麺専用のものを仕込むのが基本。素材は店で一から下ごしらえし、トッピングは必要に応じてオーダーごとに仕上げて、素材本来のおいしさを味わってもらう。

鯛塩そば 1000円（税込）

販売／2015年4月後半の半月

マダイ、たけのこ、わかめなど春の食材を組み合わせた、春一色の限定麺。サイドメニューとして、限定麺と相性のよい「鯛飯」も揃えた。昼夜各30食を用意し、毎日1時間ほどで売り切れになる人気を得た。

テーマ：とことん春を感じさせる一杯

メイン食材

タイ

発想の原点

春が旬の魚「タイ」は、黒木さんが初めて限定麺を作ったときメインに使った、思い入れのある食材。タイだけでとるスープと、トッピングの「鯛の酒塩」を軸に、どれをとっても春を感じる一杯を目指した。

トッピング

タイの切り身をオーダーごとに酒、塩、昆布で炊いた「鯛の酒塩」を軸に、春の食材を使ったトッピングを考案。
長崎の知人が送ってくれた新鮮なたけのこと石巻十三浜のわかめを使った「たけのこ真薯」、オーダーごとにさっと茹でた春キャベツ、わけぎ、生メンマで、春をとことん感じる丼に仕上げた。
さらに、香りづけに刻み柚子と、ラーメンらしさを出すためチャーシューも加えた。

スープ

タイを丸ごと一尾味わってもらうため、「潮汁」の手法を用いた、タイの頭のみでとるスープを採用。
塩を振って1日おき、塩抜きした後に焼いて、昆布や生姜、酒などでゆっくり炊く。タイならではの上品な旨味を抽出した臭みのない澄んだスープで、春らしい味を楽しませる。

タレ

タイの旨味が凝縮したスープをメインにするため、シンプルな塩ダレを使用。

香味油

鶏脂、生姜、長ねぎ、大量のカツオ節で作る。ほのかな鶏の香りでラーメンらしさを表現。

麺

太麺だとスープよりも麺の存在感が勝ってしまうため、切り歯22番の細麺に。また、具材全体が女性らしいイメージに仕上がったので、バランスをとるために麺は男性っぽく、地粉を使った歯ごたえのある低加水麺にした。

鯛飯 200円（税込）

限定麺専用のご飯メニューを同時に開発・提供することが多い。今回は、タイを湯引きし、醤油ダレ、練り白ごま、卵黄、三温糖で作った特製ごま醤油で和えて、ご飯にのせたもの。まずはそのまま味わい、途中で「鯛塩そば」のスープをかけて鯛茶漬けとしても楽しめるよう、タイは2切れのせている。「鯛塩そば」を注文した人の99%が一緒に注文。

わってもらい、常連の方には季節ごとの限定麺を食べていただき、いろんな発見をしてもらえたらいいですね」という黒木さん。

限定麺の告知方法は、提供開始日の1週間ほど前からブログで予告する。毎日、小出しに情報を伝え、期待感を高めてもらう売り方だ。常連客は「次はどんなものを食べさせてくれるのか」と、限定麺を心待ちにしている人も多いという。

自ら毎月築地市場へ出向き、食材のはしりを知って限定麺に反映

限定麺は自分自身にとって様々な発見があるのも作るメリットだと、黒木さんはいう。「普段の仕込みでやらないことに取り組むのは、食材と向き合うという意味で、自分自身も気づきが多い。限定麺の開発で得た発見を定番メニューに反映させ、ブラッシュアップにつなげたいですね」。

黒木さんは多彩な料理の経験があり、開発の際は頭の中で構成を組み立て、短時間で限定麺ができ上がるという。食材選びのヒントは、月1回は必ず出向く、築地の市場にある。「市場へ行くと、食材の出始めや初物といった〝はしり〟がわかる。時季の表現をするためには、はしりの食材を選ぶことも重要です」。そのほか、洋食のスープ店やデパ地下に並ぶバラエティ豊かなサラダ総菜も、季節感を重視した商品を出しているので、参考にすることが多い。

「ラーメンを日本そばのレベルまで持っていくこと」を目指しているという黒木さん。日本そばは、具材やそばに練り込む食材で季節感を表現し、価格も1000円以上に値付けされる。同店の限定麺も、高コストな上に丁寧な仕込みを行うため、1000 ～ 1500円という高単価をつけるが、昼･夜各30食ほどを仕込んで、ほぼ毎日売り切る人気だ。限定麺の固定客の中には、これまでの100種類をほぼ食べたお客もおり、商品力の高さでしっかりとファンを掴んでいる。

「目標は季節ごとに定番のラーメンを作ることです。〝このラーメンの季節がやってきたんだな〟とお客様に思わせる、その季節が来るのを待ち遠しくさせるような限定麺を作っていきたいですね」。

黒木さんの限定麺クリエイション

冷やしカレーそば 1000円
販売／2014年8月25日～30日

食材よりも「カレー味」で「夏」を表現した一品。豆乳や魚介だしで作るカレースープを軸に、トッピングは蒸しかぼちゃ、パプリカのピクルス、ケイジャンチキン、ローストトマトなど。煮干しマー油、バジルオイルで複層的な味わいを表現。麺は粗挽き全粒粉入りのもちもち麺を合わせた。

牡蠣塩そば 1100円
販売／2015年1月後半の半月

冬の食材・カキをテーマに、トッピングとタレ、スープに使い、素材の甘味や苦味を楽しませる一杯。三浦産大根など旬の根菜を同じ長さの拍子切りにし、カツオだしで別々に炊いてトッピング。イカ煮干しオイルとカキ塩ダレ、カキと鶏でとったスープに、もちもちと弾力のある平打ち麺を組み合わせた。

芹塩そば 1000円
販売／2015年2月後半の半月

春の七草の一つで、2月～春先に芽を伸ばす「セリ」を軸に開発した麺。セリと相性のよい鴨脂、塩ダレ、鶏のスープ、平打ち麺。トッピングはセリをメインに、香ばしく焼き色をつけた鶏肉、薄味で炊いた大根、最後に柚子皮をあしらって香りを添え、冬の終わりの味覚を丼の中にまとめた。

鶉そば 1200円
販売／2015年2月24～26日

ジビエの時期にはうずらを使用。肉で季節を表現することもある。うずらやトマトなどのスープに、醤油ダレ、鴨脂、軟骨ごとミンチにした野性味溢れるうずらだんご、うずらの卵、青ねぎとミニトマトのおひたしを添え、うずらに合うくるみオイルの香りで仕上げた。麺はシルキーな多加水の細麺。「ラーメンWalker」との2月のコラボメニューとして提供。

鴨と山菜の春の和えそば 1200円
販売／2015年3月30～31日

「ラーメンWalker」との3月のコラボメニュー。鴨のスープと脂、醤油ダレ、ふすまを練り込んだ平打ち手もみ麺。トッピングは、鴨挽き肉とたけのこで作ったそぼろを土に見立て、粘り気のあるうるいを薬味に、こごみ、ふき、行者ニンニクで新芽の芽吹きを表現。鴨肉のローストと味玉ものせた。

上記2品の掲載協力　ラーメンWalker東京23区2015/発行：KADOKAWA

食材との出会いから生まれた限定麺も

北海道産アスパラガス

冷やしアスパラガスそば 1500円
販売／2014年5月25日

新緑を思わせる一品。北海道産グリーンアスパラガスのおひたしを主役に、アスパラガスの冷たいスープ、鶏ムネ肉のスモーク、甘味のある北海道産シマエビ、イクラの醤油漬け、黒胡椒、新玉ねぎ、ナッツ系の香りがある玉絞めのごま油で仕上げた。

宮城県十三浜産わかめ

醤油わかめそば 1000円
販売／2015年3月16～20日

石巻十三浜のわかめをテーマにした限定麺は、3月の風物詩として毎年提供。店で茹でるたけのこ、醤油のもろみに漬け込んで低温で調理したローストポーク、同じもろみをベースにしたタレ、イワシやサンマ節、豚背ガラなどで炊いたスープを合わせた。

住所／東京都千代田区神田和泉町2-15　四連ビル三号館1階
電話／03-3863-7117
営業時間／11時30分～15時、18時～21時　※水曜は昼のみ営業
定休日／金曜日（『紫　くろ㐂』として営業）・日曜日・祝日

限定麺の開発プロセス

「食材を無駄にしない発想を大切にし、記憶に残る一杯を目指しています」

らーめん いつ樹 ●東京・青梅

店主 **伊藤真啓**さん

1979年生まれ、東京都出身。2007年に(有)渡なベスタイルを退職。2007年7月東京・青梅に鯛だしラーメンを名物とした『らーめん　いつ樹』を開業。その後も鮮魚系の個性派店を生み出し、現在4店舗を展開している。

捨てられかねない食材を活用し、おいしいラーメンとして生まれ変わらせる

鮮魚のアラや身を使う鮮魚系ラーメンの先駆け店『らーめん　いつ樹』をはじめ、独創性のあるラーメンづくりで注目を浴びる伊藤真啓さん。伊藤さんはラーメン店開業を目指す前、病院施設で給食調理に従事していた経歴を持つ。その頃「限られた予算の中で皆がおいしいと喜んでくれる料理を作るためにどうしたらよいか」と考えて、徹底して食材の無駄を無くし、使い尽くすようになっていったという。例えば葉付き大根なら、残った葉の部分でもう一品、皮も捨てずにきんぴらにするといった具合だ。食材の有効利用は伊藤さんの創作の原点になり、そのため、ラーメンの開発、さらには限定麺の開発においては、捨てられそうな素材、もったいない素材を探すところからまず始まる。よく使う素材は、得意とする魚介が中心で、中骨や頭などのアラ、潰れてしまったウニなど形だけが悪い流通の規格外品、充分食べられるが鮮度が落ちて生食ではおいしさが劣るものなど。そして、それら食材と向き合って「どうしたら素材が活き、おいしく食べられるラーメンにできるか」を踏まえて、レシピを組み立てていく。「他の料理では使いにくい食材を活かしてあげるには、ラーメンという料理が一番向いていると思います」と伊藤さん。香味野菜などを使ったり、調理法を工夫して素材をフォローしていくことができるからだ。食べ物を大事にするという思いは、伊藤さんのラーメン開発のベースになっている。

開業後しばらくは、作りたいラーメンに合う食材を探しに市場に行くこともあった。しかし余剰などに困って相談にくる築地の業者から、来るもの拒まずで食材を買いあげていたところ、「あそこに持っていけば何でも買ってくれる」との評判が業者間でどんどん拡大。こうして食材を手に入れられる土壌を築いたことは、新たな食材との出会い、そしてオリジナリティの高いラーメン開発につながっている。

最初に味のゴールを設定。ゴールに向かって各要素を組み立てる

『らーめん　いつ樹』の定休日には、スタッフが一日店長を務め、スタッフ自身が開発したオリジナル限定麺のみを提供する店になる。独立に向けて力を蓄えさせるために7年程前から始めたもので、伊藤さんは味を見る程度でほとんど口を出さない。ただ1つだけ助言するのは、行き当たりばったりで作ったら偶然おいしくなった、“なんとなく出来ちゃった”ラーメンはダメだということ。伊藤さん自身は、必ず最初に味のゴールを決め、そこに行き着くためのルートとしてレシピを作っていく。長年この作業を続けてきたことで、いまでは試作をしなくとも頭の中で仕上がりの味を完成できるという。

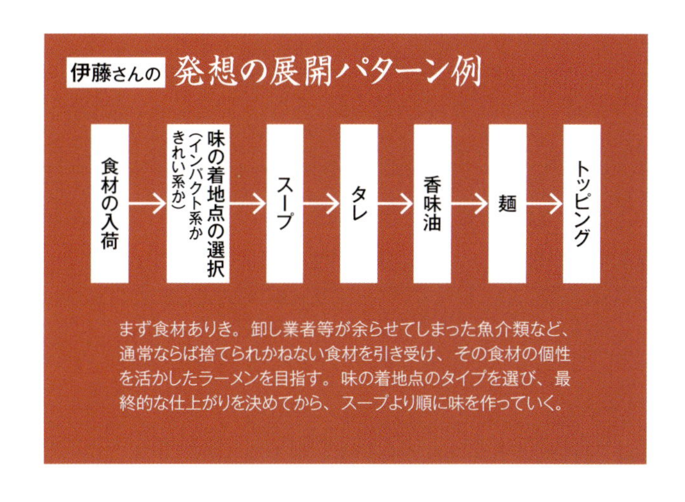

まず食材ありき。卸し業者等が余らせてしまった魚介類など、通常ならば捨てられかねない食材を引き受け、その食材の個性を活かしたラーメンを目指す。味の着地点のタイプを選び、最終的な仕上がりを決めてから、スープより順に味を作っていく。

伊藤さんの 限定麺のキーワード

記憶

目指すのは記憶に残る一杯。ラーメンでは、見た目や味より香りが一番記憶を呼び起こす効果が大きいと考え、香りを重視して味わいを作る。そのため使用食材の香りが強い限定麺が多く、“くさい=うまい”をコンセプトの一つにしている。

わかりやすさ

飲食店関係者ではない一般の人がラーメンを食べに来て、何が入っているかわかりやすいこと。同じような一般の人にそのラーメンの味を伝えようとした時に、はっきり伝えられるような、わかりやすく、伝えやすい味わい作りを心掛けている。

食材の発掘

自分が使わなければ捨てられかねないような食材を、おいしいラーメンに商品化し、活かしきることを重視。業者から頼まれたら断らずに必ず引き受けて、工夫をこらして限定麺として提供してきた。あまりに難しい食材の場合、カレー風味等にアレンジすることも。

テーマ：マグロ頭の有効利用

食材の入荷

トッピング
マグロの頭に可食部があるかをみて、のど肉がトッピングとして使えると判断。無い場合は同じ魚種の身肉などを別に仕入れる。

味の着地点の選択

『いつ樹』の立地・客層の場合、アグレッシブな味が好まれるので、マグロを前面に打ち出した「インパクト系」に決定。

さらに

中華そば鮪重ね	濃厚らーめん鮪搾り
あっさりしながらもインパクトのある味。マグロのだしの味わいを感じさせる仕上がりに。	濃厚で強い味に。動物系を使わずとも、魚だけで豚骨や鶏白湯のような濃度と食べ応えを。

マグロの頭だけでとる「鮮魚スープ」を両品とも味の軸に。
炊く際の火力を変えて「あっさり」（弱火で炊いた清湯）と「濃厚」（強火で炊いた白湯）を作る。どちらも、臭み消しの香味野菜類は使わず、アクも取りすぎず、あえてクセを出した味に仕上げる。
さらに、両スープともマグロ節でとっただしを合わせ、旨味を深めている。「鮮魚スープ」に同じ魚種の「乾物だし」を掛け合わせる手法は、伊藤さんのスープづくりの奥義。

イメージしたスープとのバランスから淡口醤油のタレに決定。
スープのマグロのフレッシュ感を活かしつつ、インパクトを後押しする力強いタレにするため、ナンプラーを用いる。
スープにイノシン酸が豊富なので、タレには昆布や干し椎茸を多く使い、旨味の相乗効果を狙う。

スープのクセを強調するように、油もマグロの頭由来のもので強い香りを表現。

麺

中華そば鮪重ね	濃厚らーめん鮪搾り
スープの味を壊さないよう、麺の味がスープに溶け出ない表面のツルツルとした麺に。	スープの味のカドを取るため、徐々に麺の味が溶け出す表面のザラザラとした麺に。

全体のバランスを踏まえて醤油煮にする。

中華そば鮪重ね 750円（税込）
販売／2015年4月 1日限定

マグロ節でとっただしに、マグロの頭を軽く焼いて煮出しただしを“重ね”、マグロの風味を強めた。マグロの頭を弱火で煮た香味油、マグロののど肉の煮込みを組み合わせる。

濃厚らーめん鮪搾り 800円（税込）
販売／2015年4月 1日限定

上掲の「中華そば鮪重ね」と同様の素材を使いながら、マグロの頭を炊いてスープをとるときに強火でガンガンに煮込むことで、濃厚でこってり、乳化したマイルドなスープに。

伊藤さんの考える味のゴールのうち、まず決めるのが「インパクト系」か「きれい系」かという味の方向性。前者ならばあえて野菜を加えなかったり、アクを取らずに炊いたりして、クセのあるインパクトの強い味を目指す。後者ならば香味野菜を入れたりアクをこまめに取ったりして、きれいな味わいに仕上げるのだ。

「インパクト系」と「きれい系」のどちらを選ぶのかは、立地や客層も考慮して判断する。ディープなファンが多い青梅の『らーめん　いつ樹』ではインパクト系が多く、においを気にしがちなサラリーマン客やフリ客が多い神田『鮮魚らーめん　五ノ神水産』では、きれい系にすることが多くなる。ただしどちらのパターンでも、「記憶に残る、クセがある」ことは社風として徹底。特に記憶に残りやすい「香り」を重視しており、「くさい＝うまい」がモットーだ。

「見た目や味は忘れやすく、香りの方が記憶を刻む力が強いと思います」と伊藤さん。特に駅からも遠く、目的客中心で集客する『らーめん　いつ樹』では、10人食べて２人がおいしいと思ってくれればよいと考えて、限定麺でも個性的な味わいを追求している。

伊藤さんは食材そのものを限定麺のテーマに掲げ、ひと口食べただけでテーマ食材を感じる、わかりやすい味の構築を行うことが多い。食材の味を強調させるために、乾物とフレッシュの状態、それぞれのだしをとり、同じ食材の異なる旨味、香りを引き出して“重ねて”使う手法も定番だ。例えばマグロの限定麺では、マグロの頭を軽く焼いて煮出したスープと、乾物のマグロ節でとっただしを重ねている。さらにこの時はマグロの頭を弱火で煮出して浮かんできた脂を香味油として使い、マグロを“三層重ね”にしてさらに強いインパクトを打ち出すことに成功した。タレもスープに合わせて毎回変えており、マグロのラーメンの場合は生のマグロのフレッシュ感を消さないように、あえてクセのあるナンプラーを使用している。トッピングは、その時の食材の中から食べられるところを探し、スープなどに合わせて調味することが多いという。

麺は自家製で、スープとの相性を考慮し配合から変えて作る。濃厚な「インパクト系」スープに合わせる場合、食べ飽きしないようにスープに少しずつ麺の成分が溶け出して味がマイルドになっていくように、表面をザラザラに仕上げたりもする。一方「きれい系」では、スープの味わいを壊さないように、ツルツルして溶け出しにくい表面に仕上げる。

限定麺を開発する時は、毎回スープ、タレ、麺まですべてそのメニュー専用で開発。余ったので引き取って欲しいなどと相談され、突然やってくる食材に合わせて、伊藤さんは実に月８～12種類程の限定ラーメンを開発し続けてきた。継続したことが、限定麺を楽しみに足しげく通うファン客獲得につながっている。

伊藤さんの 限定麺クリエイション

「いつ樹」の限定麺　食材の入荷があった時に不定期で提供

「親子らーめんタラタラコ」850円
販売／2015年2月下旬　1日限定

冬が旬のタラを使い、骨と身、卵を使ってラーメンに。タラの骨で白身魚特有の淡白な白湯をとり、味や塩分も控えめに調整。明太子は上にのせてスープに溶かしながら食べる仕掛けにし、味の融合や変化も楽しませる。

「あん肝らーめん」880円
販売／2015年3月上旬　1日限定

“あん肝”をテーマに、どぶ汁をヒントにしてラーメンを開発。魚介だしであん肝を炊き、ペースト状にしてアンコウのアラでとったスープに溶かし込む。具にもアンコウの切り身、あん肝の酒蒸しをのせ、アンコウ尽くしに。

「和えつけ麺　ブリだらけ」880円
販売／2015年4月上旬　1日限定

旬のブリを刺身でたっぷり味わってもらいたいと開発。麺の上にブリの刺身を150g並べ、大根おろしとねぎを添える。醤油、酒、みりんで作ったタレを添え、刺身だけで食べてもよし、つけ汁につけ、しゃぶしゃぶ感覚でさっと温めて食べてもよしという“和えつけ”スタイルに導いた。つけ汁のスープにはブリの頭やアラを使い、焼いたのち強火で炊いてとろっとした質感のスープに。醤油で味をまとめ、魚特有のクセのある味に仕上げた。

「猪らーめん」850円
販売／2015年4月上旬　1日限定

“地ものを食す”がテーマ。知人の猟師が地元で獲った猪を丸ごと一頭仕入れ、骨でだしを取り、肉は醤油味でシンプルに煮込んでトッピング。猪のクセを出し、猪の風味を満喫してもらう。

ほかにもオリジナル限定麺の数々が登場!

2014年 5月「冷やしらーめん海老浅利」
8月「冷やしウニつけ麺2」
11月「丹波山村から大ナメコらーめん」
12月「濃度らーめん　牡蠣リッチ」

「29の日」限定麺　毎月29日は「肉」をテーマにした限定麺を提供

「いつ樹的ぶっかけ麺　肉骨茶」900円
販売／2015年1月

ぶつ切り豚肉の煮込み料理・マレーシアの肉骨茶（バクテー）をラーメンで表現。マレーシアで買ってきた漢方薬を調味に使用し、本格的ながら日本人にもなじみやすい味に。魚介だしをきかせたエスニック風ラーメンに仕上げた。

「肉汁らーめん　ラムジャンク」900円
販売／2015年2月

ラーメン二郎風、かつラムを使い、「ジンギスカンを丼ぶり一杯で表現する」をテーマに開発。羊の骨を強火で炊き、羊の脂や香ばしさ、肉汁感をスープに打ち出す。あっさりとこってりの中間位のライトな白湯風のスープ。山盛りのもやし、キャベツ、ラム脂でコンフィにしたラム肉をトッピング。

毎月曜日はスタッフが担当する限定麺を提供

定休日の月曜日には、独立を目指したり、やる気のあるスタッフに店を任せ、そのスタッフが開発したオリジナルの限定麺のみで営業。将来独立する際のシミュレーションになり、お客側からもいつもと趣向の変わった一杯が楽しめると好評。

住所／東京都青梅市新町5-3-7
電話／0428-34-9144
営業時間／11時～15時、17時～21時
［土曜日·日曜日·祝日］11時～21時
定休日／月曜日（『い月』として営業し、スタッフ考案の限定麺を提供）

レギュラーメニューの

ブラッシュアップ研究

「いつ来てもおいしい」と感じてもらうには、同じ味を守るよりも進化を続けることが大切であるという考えは、先人たちが辿り着いた成功の奥義の一つ。自店の味を構築すること＝ゴールではなく、自分自身の理想に向かって果てしない味の探求が続くと、トップランカーとして活躍する人々は異口同音に話します。

また、ラーメンは、シンプルな見た目に反し、それぞれのパーツにはいくつもの材料が使われており、組み合わせのバランスによっても味は変わります。複雑味を帯びた味の構築のなか、一旦は納得いくまで完成させたものを、さらなる高みを目指して追求していくには、どういったところに着目し、どのような形で改良を進めていくべきなのか、その手法は1つでないことも確かです。

そこで本企画では、不動の人気を得た状況下でも、既存メニューと向き合い、よりよいものへと挑み続けている作り手の方に登場してもらい、それぞれのブラッシュアップについて伺います。

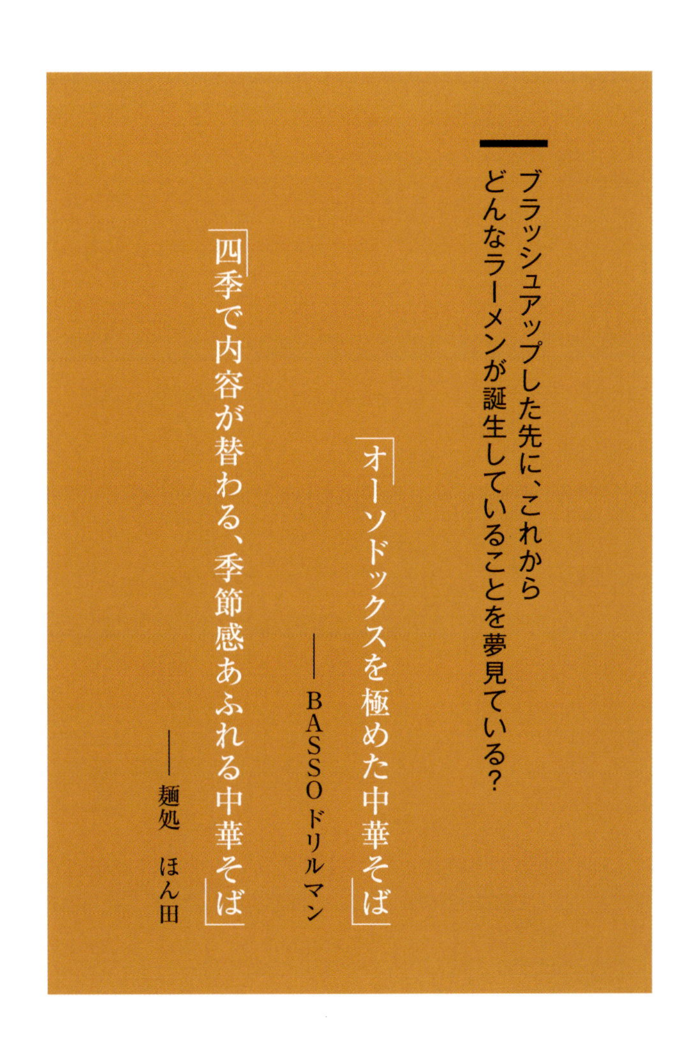
ブラッシュアップした先に、これから
どんなラーメンが誕生していることを夢見ている？
「オーソドックスを極めた中華そば」
――BASSO ドリルマン
「四季で内容が替わる、季節感あふれる中華そば」
――麺処　ほん田

BASSOドリルマン

●東京・池袋

店主 **品川隆一郎**さん

「安心して来てもらえる味」を目指して

『BASSOドリルマン』の店主・品川隆一郎さんは、自身の故郷である秋田の天然醸造丸大豆醤油や比内地鶏などを用いた、スタンダードな中華そばやつけそばを開発。その後も、旨味にパンチのある「濃厚中華そば」や、油そば「ABURASSO」といった定番メニューを作ってきた。

「味づくりは“自分が食べたいと思う味”が前提。お客様が求める味も考慮しますが、流行の味を取り入れるという考えはあまりなく、むしろ流行と違う味で勝負したい。その方が、店は長続きするのではないかと考えます」という品川さん。そうした理念から、同店の基本味は開業以来、「中華そば」に代表される鶏主体の醤油ラーメンになっている。

定番メニューのブラッシュアップは「ほぼ毎日考える」というほど、品川さんにとって尽きることのないテーマ。ブラッシュアップの理想形は、お客から「味が変わったね」といわれない範囲で少しずつおいしさを進化させることだ。

「いつも来ていただいているお客様が食べて違和感を感じず、どんどんおいしくなっていくのが理想。味がコロコロ変わると、お客様に安心してきてもらえなくなります。うちの味が好きで来てくださるお客様を裏切りたくないので、接客も含めて安心して来てもらえるような調整をいつも心がけています」という品川さん。以前、自家製麺を手もみ麺に変えたことがあった。しかし、常連客にはのどごしがよくなめらかなストレート麺のイメージが強くあり、お客から「以前の麺の方がいい」という声が殺到し、1週間で元に戻したという。そうした経験もあり、いきなり大幅に変えるのではなく、少しずつ進化させる方針がよいと考えている。

スープや麺も日々、少しずつ改良を続ける

ブラッシュアップはパーツごとに日々、少しずつ行っている。

まずスープは、比内地鶏や地養鶏など上質な鶏とゲンコツを加えた動物系スープに、魚介だしを重ねたものが基本。これらスープに使う食材を大きく変えることなく、鶏と豚、魚のバランスを調整したり製法を見直したりして常にブラッシュアップを意識し続け、おいしさに磨きをかける努力をしている。

たとえば、開業して7年目に知人の紹介で福島の

作り手の思考を垣間見る
ブラッシュアップ 一例

濃厚中華そば（並盛り）850円（税込）

コクがありながらさっぱりと食べられる、中華そばの進化形。上質な醤油が香る濃厚な鶏豚骨魚介スープに、コシが強くつるつるとのどごしのよい自家製中太麺がマッチ。

醤油ダレ

狙い → 深みのある味わいを出す

開店以来、タレのベースとして愛用する秋田の天然醸造丸大豆醤油「百寿」はそのままに、付き合いのあるラーメン店で使っていた「弓削田醤油」が気に入り、ブレンド用の醤油に採用。より味わいに深みを出した。

狙い → まろやかさを加える

一時期は魚介だしを入れず醤油のキレを重視したタレを作っていたが、現在はまろやかさも必要と考え、魚介だしを加えるようになった。

スープ

狙い → 旨味の強化と調理時間の短縮

2014年頃から福島の老舗ラーメン店の店主から、画期的なスープづくりを伝授。ガラの下処理を見直し、雑味が出過ぎず、旨味を逃がさず凝縮させたスープを、短時間でとる手法に切り替えた。その結果、鶏を主体により濃厚な旨味のあるスープがとれるようになり、炊く時間も1～2時間ほど短縮されて、光熱費が減額するという効果も出た。

メンマ

狙い → 食べやすい太さに

以前は極太と極細の2種類のメンマを仕込んでいたが、他店でちょうどよい中間サイズのメンマを発見。業者に頼んで、同じサイズのものを探してもらった。現在は1種類を仕込むため、手間も半減した。

同業者との情報交換が重要なツール
仕入れ業者の協力も必要不可欠

老舗ラーメン店で勉強をさせてもらった経験も、大変役に立ったという。

「ガラの下処理を見直して、ほどよい雑味を残しながら、食材のポテンシャルを引き出せる製法を教わり、去年の暮れからその手法に変えました」という品川さん。炊く時間も以前より１～２時間ほど短くなり、調理時間の短縮、さらに光熱費が抑えられるという効果も生まれた。

品川さんが日頃から力を注いでいる自家製麺も、ブラッシュアップを欠かさないものの一つ。東池袋大勝軒系列の店で修業し、小麦粉の銘柄こそ違うものの、修業時代の製法をベースに取り組んできた。「でも、卵を使わない製麺をする店がある、ということが心に引っかかって。これまで当然と思って使っていた食材をはずすのはとても勇気のいることでしたが、卵なしの麺にチャレンジしようと思いました」という品川さん。卵が作り出す旨味や食感がなくても、小麦粉で表現できるよう、配合や熟成など製法を一から組み立て直した。半年間かけてようやく提供し始めたが、まだ現状には満足していない。「もっと小麦の香りがふわっときて、モチモチしていてプチッと歯切れの良い麺を作りたい」と、さらなるブラッシュアップを続けている。

コストダウンが目的のブラッシュアップも

卵を使わない麺にチャレンジしたのは、原価面も要因の一つだ。近年は原材料価格が高騰し、ラーメン業界もその煽りを受け、最近は原価の見直しがブラッシュアップの目的になることも多い。その際も、単に原価を下げるだけでなく、よりおいしいラーメンの提供を目指している。

コストダウンを目的にブラッシュアップさせたのが、チャーシューだ。同店は若者客が多く、基本的にチャーシューはたくさん盛りたい方針だが、豚肉の価格も高騰している。今まではバラや肩ロースを

製麺にも注力する品川さん。オリジナルブレンド粉を作ったり、最近は縦型ミキサーを導入したりと、おいしさへの追求に余念がない。

ABURASSO（中盛り）800円（税込）

モチモチとして小麦の風味が豊かなストレート太麺を主役に、専用醤油ダレやラー油、ねぎなどをからめて食べる。チャーシューもたっぷり盛り、若年層を中心に一番人気のメニュー。

自家製麺 狙い → 小麦の味をストレートに活かす

「製麺には卵を使う」という固定概念があったが、あるとき卵を使わない麺が気になり、製麺工程の組み立てを一から見直し、半年間かけて開発。卵を除くことで失われる風味、旨味、食感を、小麦粉で表現する方向性で試作を繰り返し、2014年末頃から提供を開始した。麺の材料から卵を外したことで原価が下がり、その分、小麦粉の質を高めるなど、ほかの材料に原価をかけられるようになった。現在も、もっと粉の香りが強く、もちっとしながらも歯切れの良い麺を目標に改良中。

チャーシュー 狙い → 価格高騰による原価調整

これまでは豚肉のバラや肩ロースを使用していたが、豚肉の価格の高騰、さらに若い客層が多いため「たくさんトッピングして満腹になってほしい」という思いもあり、比較的安価な「モモ肉」に着目。その中でも「内モモ」を丁寧に処理したものを業者に頼んで卸してもらっている。赤身はパサつきやすいので、低温調理によってしっとりした食感になるよう工夫。

油そば専用ダレ 狙い → 味に深みを出す

「ABURASSO」専用ダレは、チャーシューの煮汁がベース。以前、チャーシューは醤油のみで仕込んでいたが、現在は酒やみりんなどの調味料を使って味を深め、油そばのおいしさアップに反映。

信念として持ち続けているものは？

お客様を裏切らない、いつも安心して来てもらえるラーメンを作ろうという想い

仕入れ業者もブラッシュアップに貢献してくれる大事な協力者。納品時だけでなく、一緒に食事に行って材料をはじめとする味づくりについて相談することも多く、信頼を寄せている。譲れることは譲り、互いに支え合って良好な関係を維持することも必要だ。

使っていたが、比較的安価なモモに目をつけた。ただ、モモのかたまりを仕入れると下処理でロスが多く出るため、業者に挽き肉で使われる内モモを丁寧に処理してもらい、仕入れることにした。製法もパサつきが補える低温調理に切り替えた。あまり肉質が赤いと気にする人も多いので、ギリギリの温度と加熱時間で赤みを抑え、脂身がなくともしっとりおいしくなるよう工夫。その結果、中華そばにはチャーシューを３枚、つけそばや油そばはそれ以上を盛ることができるようになり、評判も高まった。

しっかり仕込みを行って定番メニューを磨く

ブラッシュアップを成功させる秘訣は「同業の店主や仕入れ業者との交流」と品川さんはいう。壁にぶつかったときも、同業の人たちは親身になってアドバイスをくれることがよくある。日頃から同業者との付き合いを大切にし、絶えず情報交換を行うことも必要だという。

仕入れ業者との付き合いも重要。「こういう食材を使いたい」と自分の理想を伝えると、一生懸命に食材を探してくれ、欲しい食材にたどりつけることがある。普段からスタッフにも「業者さんは仲間」ということを伝え、信頼関係を築くように話している。

また、ブラッシュアップの心がけとして、品川さんは「いつもよく見て確認する習慣をつけておくこと」を挙げる。たとえば、ガス火の状態が悪くなると火加減も変わり、いつもの味が出せなくなる。毎日繰り返す調理もしっかり見ていれば違和感に気づき、早めに修正できて大きな失敗も防げる。まずは毎日の仕込みをしっかり行った上で、店を長く続けるためのブラッシュアップに取り組むべきだという。

ブラッシュアップした先に、これからどんなラーメンが誕生することを夢見ている？

オーソドックスを極めた中華そば

おもなメニュー

中華そば（並盛り）　800円
濃厚中華そば（並盛り）　850円
ABURASSO（油そば／並盛り）　800円
つけそば（並盛り）　850円
HOT BASSO（辛口つけそば／並盛り）　950円

BASSOドリルマン

2007年6月にオープン。駅から遠い住宅街立地にあって、自家製麺を使った「つけそば」や「中華そば」のおいしさで人気を獲得。

住所／東京都豊島区西池袋2-9-7
電話／03-3981-5011
営業時間／11時30分～15時30分、18時～21時
定休日／月曜日（祝日の場合は翌火曜日）
http://www.drill-man.com

麺処 ほん田 本店

●東京・東十条

店主 本田裕樹さん

食材探しや食べ歩きで得た発見を活かす

2008年2月にオープンした『麺処　ほん田』。店主の本田裕樹さんは弱冠21歳でこの店を開業し、当初から完成度の高いラーメンを提供。その後も人気を維持し続け、現在は3店舗の支店を持つまでに成長している。

同店は住宅街にあるため、本田さんは幅広い客層に受け入れられる味を追求。鶏ベースの"あっさり"スープを使った、醤油味と塩味のラーメン。そして、豚骨ベースの"こってり"スープを使った、濃厚豚骨魚介ラーメンとつけ麺。この4つのメニューを柱に、様々な年代から支持を集める店となった。

本田さんは常に味の向上を目指し、これらのメニューをそれぞれ少しずつブラッシュアップしている。よいと思う食材を見つけたときや、他店を食べ歩いて「こういうやり方もあるんだ」と発見したとき、取り入れることが多いという。

たとえば、開店6年目のブラッシュアップでは、これまで"あっさり"のスープは一晩ねかせて翌日の営業で使用していたが、他店のやり方を取り入れ、ねかせずその日に使ってみた。鶏のフレッシュな香りが漂い、これまでとは違った魅力が出て、自分自身も勉強になったという。

ときには、偶然の出来事がブラッシュアップにつながることもある。スープのブラッシュアップと同じ時期、低温調理で作るチャーシューの火通りが甘く、レア気味に仕上がったことがあった。さらに火を通すためオーブンで焼いてみたところ、香ばしさが出ておいしさがアップ。それ以来、オーブン焼きを取り入れ、チャーシューを多く使うメニューが以前よりよく出るようになった。

次のステップへ進むため全面改良も

こうして少しずつブラッシュアップを重ねてきたが、開業して7年が経ち、「同じ味を提供していては常連客がだんだん飽きてくるのではないか」と、本田さんは考えるようになった。以前は味がブレないよう気をつけていたが、最近は一定の味を出すよりも、来るたびに味が少しずつ進化することを楽しみに来店する人が多いように感じた。そこで、開業から8年目に突入したタイミングで、新たなチャレンジとして、看板メニューである「香味鶏だしらーめん」の全面改良に乗り出した。

作り手の思考を垣間見る
ブラッシュアップ 一例

醤油ダレ 狙い → **醤油そのもののおいしさを表現**

使う醤油から見直し、2種類の濃口醤油をベースに、生醤油で香りを、たまり醤油でコクが出せるよう、計5種類を独自にブレンド。醤油本来の風味を活かしたタレに仕上げた。

スープ 狙い → **より旨味を高める**

全体的に材料を増やし、注文ごとに魚介だしを合わせるWスープに変更。味玉に使う「那須御養卵」の鶏のガラに変え、浄水器も「πウォーター」を導入したところ、いいだしがよく出るようになった。

香味油 狙い → **スープの香りを活かす**

これまでは鶏油のほかに、玉ねぎやニンニク、生姜など香味野菜で作った油も加えていた。しかし、新しいスープの香りを邪魔すると考え、スープの香りが立つよう煮干し油に変更した。

麺 狙い → **食べ応えのある麺に**

喜多方ラーメンや佐野ラーメンをイメージした、切り歯12番の平打ち麺を「心の味製麺」に特注。注文ごとに手で力強くもんで縮れさせ、スープの絡みがよく食べ応えのある麺に改良した。

手揉み中華蕎麦 770円（税込）

「あっさりしていて食べ応えのある中華そば」を目指し、「香味鶏だしらーめん」を一新。手もみ平打ち麺と、上質な醤油の風味を活かしたスープの組み合わせを楽しませる。

食べ歩きや食材の探求を常に実行
コンセプトからの見直しも時には必要

改良の軸にしたのは、質の高い醤油。これまで本田さんは醤油の際立ったラーメンがあまり好きではなかったが、最近は醤油ラーメンの店が増え、食べ歩くうちに「今風に作れば醤油ラーメンもおいしい」と思えるようになった。そこで、高級スーパーに並ぶ様々な醤油の小瓶を買い集めて味見したところ、醤油自体がとてもおいしいことを再認識。醤油を活かした「中華そば」に大幅リニューアルすることを決めた。

醤油は濃口と生を各２種類、たまりを１種類の計５種類を厳選。これらに酒やみりん、はちみつといった調味料を加えて３日間ねかせ、醤油ダレを開発した。このタレを、鶏をベースに豚骨や香味野菜などで炊いたスープで割って、醤油の風味を引き立てた中華そばが完成。スープも一部改良し、味玉で使用する「那須御養卵」の鶏ガラに変え、全体的に材料を増やして、旨味を厚めに出すようにした。また、以前は動物系素材と魚介素材を同じ寸胴鍋で炊いていたが、注文ごとに小鍋で合わせるＷスープに変更し、より味の調整が利くようにした。

さらに、麺のリニューアルにも着手。今までは切り歯24番の細麺を使っていたが、麺そのものでも目新しさが出せるよう、食べ応えのある手もみの平打ち麺に変えた。

「手揉み中華蕎麦」の醤油ダレは「にほんいち醤油」の国産丸大豆醤油をメインに、島根の「井上古式じょうゆ」、茨城「紫峰の滴」など計５種類で、醤油の香りや風味、コクを出した。

麺を依頼している『中華蕎麦とみ田』の富田治氏と小麦粉の配合から開発した、切り歯12番の平打ち麺。注文ごとに強く手もみして弾力を出す。

同店が開業当初から重視している香味油も、ニンニクや玉ねぎで作るこれまでのものは、野菜の甘い香りがタレやスープの香りを邪魔すると考え、スープに合う煮干し油に変更した。

「７年の間に自分の味覚も変わって、一口目からおいしいより、食べ終わった後の余韻として、じんわりとおいしさを感じるような中華そばを作りたいと思いました」という本田さん。評判の味を大きく変えるのは勇気のいることだが、本田さんは「今までのラーメンの作り方はうちで修業したスタッフに教えてきたので、僕は次のステップへ進むために、新

濃厚豚骨魚介　味玉つけ麺 880円(税込)

豚骨と魚介の味わいをバランスよく楽しませる、定番のつけ麺。
つけ汁は"こってり"スープに専用ダレ、一味唐辛子、酢など。
魚介風味か柚子風味が選べる。

スープ　狙い → **つけ麺に合うようさらに濃厚に**

つけ麺をよりおいしく食べてもらえるよう、スープの旨味を濃厚にした。"こってり"スープの方もゲンコツ、豚頭、モミジなど材料を増やし、仕上げに加える煮干しなども増量して、引きのあるおいしさを表現。

つけ麺用醤油ダレ　狙い → **塩分を控えて甘味をアップ**

2種類の濃口醤油、酒、みりんという材料はそのままに、配合を改良。自身の味覚の変化から、塩分を控えた方がおいしいと感じるようになり、醤油の量を調整して甘味を引き立たせた。

トッピング　狙い → **全体を薄味に**

チャーシューは低温調理の後、150~160℃のオーブンで30~40分ほど焼き、香ばしさを出すようにしたところ、よく売れるようになった。全体的に薄味の方がおいしいと感じるようになり、ブランデー入りのタレに漬け込む味玉も、ブランデーと塩分を減らして薄味に変更。

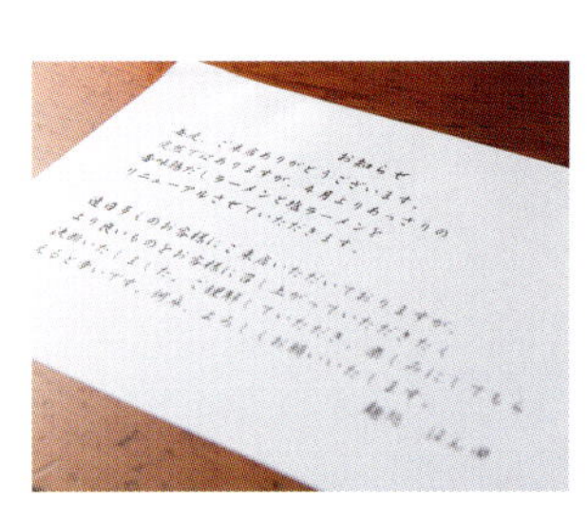

「よりよいものを」という思いで、定番メニューを一から改良。大幅な変更だったので、卓上にお知らせをおき、お客に店の真意を伝えた。

信念として持ち続けているものは？

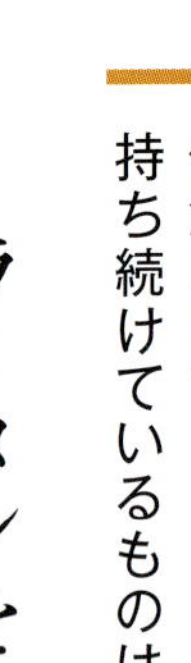

ラーメンを通して人を驚かせたり喜ばせたりしたいという気持ち

しい味で一から勝負します」とプラスに考えている。

一方、もう一つの“こってり”スープで作る「濃厚豚骨魚介らーめん」と「つけ麺」は大きく変えず、少しずつブラッシュアップに着手している。こちらもスープの材料を全体的に増やして旨味の濃度を上げ、タレは塩分を控えて甘味が出るよう変えた。

本田さんは今、つけ麺のおいしさをもっと広く伝えていきたいと考えている。『東池袋大勝軒』の山岸一雄氏の孫弟子にあたる本田さんにとって、つけ麺は原点ともいえるものであり、「今後もよりよいものにしていくべく、ブラッシュアップを図っていきたい」と、決意も新たにしている。

「おいしくしよう」と努力する姿勢が大事

ラーメン業界は特に流行のサイクルが早く、あちらこちらで新店もオープンしていて、人気店を営む本田さんでも、常にブラッシュアップの必要性を感じているという。

「いつも100点を目指しながらも、創意工夫してチャレンジしていきたい、と最近は考えるようになりました。重要なのは常においしくしようと努力している姿勢を、お客様に見せることではないか。その気持ちが伝われば、コンセプトから見直して定番の味を変えても、お客様に理解してもらえるのではないかと思っています」。今はお客を飽きさせないよう、挑戦し続けることを大事にしたいという。

そのために、質の高い食材を常に探し求め、ラーメン店に限らず様々なジャンルの店を食べ歩いて、ブラッシュアップに活かすようにしている。

「ミシュランガイドの三ツ星店にいくと、味だけでなく、盛りつけや食べさせ方でも楽しませる工夫をしていると感じます。そうしたこともラーメンに取り入れてみたいですね」と本田さんはいう。

ブラッシュアップした先に、これからどんなラーメンが誕生することを夢見ている？

四季で内容が替わる、季節感あふれる中華そば

おもなメニュー

手揉み中華蕎麦　770円
濃厚豚骨魚介つけ麺　780円
濃厚豚骨魚介らーめん　780円

麺処 **ほん田** 本店

老若男女を問わず幅広く食べてもらえるラーメンとつけ麺で、絶えず行列のできる人気店。赤羽、十条、大宮などに支店もある。

住所／東京都北区東十条1-22-6
電話／03-3912-3965
営業時間／［月・木・土曜日］11時30分～16時　［火・金・日曜日］11時30分～16時、18時30分～22時
定休日／水曜日
http://www.honda-japan.jp

ラーメン最新技術

人気店の素材選び、味の構成、技と工夫

発行日　2015年5月29日　初版発行
　　　　2017年2月21日　第2版発行

編者　旭屋出版編集部編
発行人　早嶋　茂
制作者　永瀬正人
発行所　株式会社旭屋出版
　　　　東京都港区赤坂1-7-19キャピタル赤坂ビル8階　〒107-0052
　　　　電話　03-3560-9065(販売)
　　　　　　　03-3560-9066(編集)
　　　　FAX 03-3560-9071(販売)

　　　　旭屋出版ホームページ　www.asahiya-jp.com

　　　　郵便振替　00150-1-19572

●編集　井上久尚　鈴木絢乃
●デザイン　冨川幸雄(有限会社スタジオリーウェイ)
●取材　大畑加代子、松井さおり、三上恵子
●撮影　後藤弘行、曽我浩一郎(旭屋出版)、井浪勇一郎、川井裕一郎、
　　　佐々木雅久、野辺竜馬、よねくらりょう、和田　博

印刷・製本　凸版印刷株式会社

ISBN978-4-7511-1145-1　C2077

定価はカバーに表示してあります。